学ぶ人は、
変えて
ゆく人だ。

目の前にある問題はもちろん、
人生の問いや、
社会の課題を自ら見つけ、
挑み続けるために、人は学ぶ。
「学び」で、
少しずつ世界は変えてゆける。
いつでも、どこでも、誰でも、
学ぶことができる世

旺文社

大学入学
共通テスト
地理B
集中講義

駿台予備学校講師
宇野 仙 著

旺文社

大学入学共通テストの特徴

「大学入学共通テスト」とは？

　「大学入学共通テスト」（以下「共通テスト」）とは，2021年1月から「大学入試センター試験」（以下「センター試験」）に代わって実施される，各大学の個別試験に先立って行われる全国共通の試験です。
ほぼすべての国公立大学志望者，私立大学志望者の多くがこの試験を受験し，大学教育を受けるための基礎的な学習の達成度を判定されます。

共通テストの特徴は？

　単純な知識を問うだけの問題ではなく，**「知識の理解の質を問う問題」「思考力，判断力，表現力を発揮して解くことが求められる問題」を重視する**とされています。
「地理B」では，多様な図・表を活用して，データに基づいた考察・判断を行う資料問題や，文章や資料を読み解きながら基礎的な概念・理論・考え方を活用して考察する問題などが出題されます。

共通テストとセンター試験のちがいは？

　センター試験では「教科の内容を覚え，正しく理解できているか」といった知識理解の面が重視されていましたが，共通テストでは**「習得した知識を正しく活用することができるか」といった知識の運用力**まで試されます。
必要な学習内容はかわりませんが，知識を問われるだけでなく，地理に関わる事象の空間的な規則性を分析して地域性を捉える，地域の変化や構造について考え，課題を理解するなど，多面的・多角的に考察する力が求められます。

どのように対策すればいい？

　センター試験と同じように，まずは知識のインプットが必要です。
その上で，問題を解きながら知識を定着させ，さらに応用問題で知識活用の道筋を学び，アウトプットのトレーニングを行うとよいでしょう。
本書では，共通テストの対策に必要な学習を1冊で完成することができます。本書を使い，知識のインプットからアウトプットまで，効率的に学習を行ってください。

本書の利用法

本書の特長

- **必修40テーマと厳選された学習項目**

  「地理B」必修の40テーマと重要な学習項目を厳選し，掲載しています。要点が凝縮され，情報が無駄なく詰まっているため，最短距離で理解を深めることができます。

- **出題頻度によるテーマ・学習項目のランク付け**

  過去5年分（2015〜2019年）のセンター試験「地理B」を分析し，「どのような問題がよく出題されるか（頻度）」「その問題は，どのレベルまで理解が必要か（深度）」ということを rank や ★ で示しています。**センター試験の出題頻度は共通テストにも引き継がれると考えられる**ため，出題頻度を参考にして，さらに効率のよい学習が可能です。

- **取り組みやすいコンパクトな構成**

  1テーマ6〜8ページを基本とし，効率的かつ短期間での学習が可能です。「地理B」をこの本ではじめて勉強する人でも，無理なく取り組むことができます。

- **豊富な演習問題（チャレンジテスト）**

  テーマごとに「チャレンジテスト」があり，覚えた知識をすぐに演習問題で確認，定着させることができます。

本書の構成

1テーマの構成

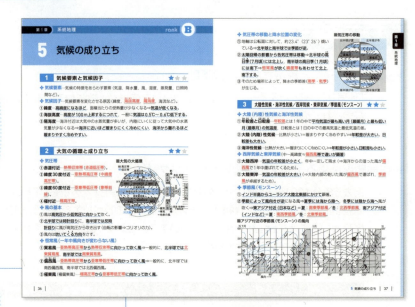

テーマの要点整理
必要かつ十分な要点を厳選しまとめた学習項目を、出題頻度とともに掲載しています。

ここが共通テストのツボだ！
各テーマで、「ここだけ覚えておけば確実に得点できる！」というポイントや、受験生が苦手とするポイントを解説しています。直前期にこのページだけ読むのも効果的です。

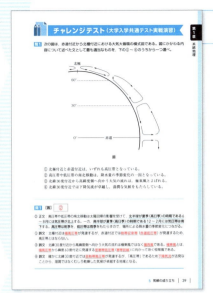

チャレンジテスト

共通テストの試行調査やセンター試験問題で構成されています。解いたあとは必ず解説を読み，共通テストを解くための視点や考え方を確認しましょう。

巻末に，重要用語・欧文略語をまとめた索引をつけています。

本書を使った学習方法

共通テスト「地理B」対策の学習には，2つの重要な柱があります。

1	必要な学習内容を覚え，理解する	インプット
2	共通テストレベルの問題を解き，理解を深める	アウトプット

基本的な学習内容を覚え，理解できたと思ったら（＝**1**），演習で解答を導き出せるかどうかを試します（＝**2**）。
そこで解けなかった問題は理解があいまいということなので，解けなかった問題の解説を読み，さらに**1**に戻り，あいまいな知識を定着させましょう。

一見難しそうな問題も，必ず基礎知識に基づいてつくられているので，**1**⇄**2**の学習サイクルを確立すれば，難問にも対応できるようになります。知識を確実に定着し，活用できるようになるまで，何度もくり返し学習を行ってください。

| 5

もくじ

大学入学共通テストの特徴 ……………………………………………… 2

本書の利用法 ……………………………………………………………… 3

第1章　系統地理 ……………………………………………………… 9

1	統計地図と地形図の読図	rank A	10
2	大地形	rank B	16
3	平野地形	rank C	24
4	海岸地形とその他の小地形	rank B	30
5	気候の成り立ち	rank B	36
6	世界の気候区分と植生・土壌	rank A	42
7	異常気象と自然災害	rank B	48
8	環境問題①	rank C	54
9	環境問題②	rank C	58
10	日本の地形・気候・自然災害	rank B	64
11	おもな作物の特徴	rank C	70
12	世界の農業地域区分とおもな家畜	rank B	76
13	世界と日本の林業・水産業	rank C	84
14	世界と日本の食料問題	rank B	90
15	エネルギー資源と鉱産資源	rank B	96
16	発電と再生可能エネルギー	rank C	102
17	工業立地と工業地域	rank B	108
18	工業の発達と現状・課題,日本の工業	rank A	116
19	第3次産業・交通・通信と世界の観光	rank B	122
20	世界と日本の貿易	rank C	130

21	世界の人口分布と人口増加	rank C	136
22	先進国と発展途上国の人口問題	rank C	142
23	人口移動	rank C	148
24	集落の成り立ちと村落・都市の立地・形態	rank C	154
25	都市の発達，機能と生活	rank A	160
26	世界の都市・居住問題	rank C	166
27	日本の人口・人口問題，都市と都市・居住問題	rank B	172
28	世界の衣食住と言語・宗教	rank B	178
29	世界の民族・領土問題	rank C	184
30	国家・国家群	rank C	192

第2章 地誌 ... 199

31	東アジア	rank C	200
32	東南アジア	rank B	206
33	南アジア	rank C	212
34	西アジアと中央アジア	rank B	218
35	アフリカ	rank B	224
36	ヨーロッパ	rank A	232
37	ロシアと周辺諸国	rank B	242
38	アングロアメリカ	rank C	248
39	ラテンアメリカ	rank B	256
40	オセアニアと極地方	rank B	262

〔編集担当〕廣瀬由衣　〔編集協力〕株式会社友人社
〔装丁デザイン〕内津剛(及川真咲デザイン事務所)　〔本文デザイン〕伊藤幸恵
〔本文組版〕図書印刷株式会社　〔図版作成〕株式会社ユニックス
〔写真提供〕アフロ　時事通信フォト

「自然環境」は，地形や気候が「なぜそうなるのか」というメカニズムを意識した上で，とくに共通テストで狙われやすい自然災害の分布の共通性や傾向性を捉えるようにしましょう。各テーマに該当する地図帳の世界地図を活用するのが効果的です。

「産業」は，各産業の特徴を踏まえた上で，最新の統計集を用いて各指標の上位国・地域に見られる共通性を地理的分布から捉えるようにしましょう。

また，同じ指標でも新旧の違い，つまり「変化」にも注目しましょう。

「文化」は，先進国と途上国の違い，同じ地域（アジア，アフリカ，ヨーロッパ，南北アメリカ，オセアニア）の中における違いを把握するようにしましょう。

また共通テストでは，各テーマの課題設定による出題が増えます。

人口問題，都市居住問題，食料問題，人種・民族問題，領土問題などの背景や原因を理解しておくようにしましょう。

系統地理　　　　　　　　　　　　　　　　　　　　rank

1 統計地図と地形図の読図

1 さまざまな地図　★★★

- ❖ **GIS（地理情報システム）**…地理情報と地図を組み合わせて，データベース化し，さまざまな情報を検索・解析できるシステム。
- ① **ハザードマップ（防災地図）**…災害（地震・火山活動・水害など）の被害を予測したり，実際に災害が発生した際の避難経路・場所などを示したりした防災目的の地図。
- ❖ **統計地図**…絶対的な数値を示すのに適した絶対分布図と，地域ごとに相対比較した数値を示すのに適した相対分布図に分けられる。
- ① **等値線図**…平面的な分布状態を図式的に表すため，同じ値をもつ地点を線で結んで示した地図。属性・分布状況が感覚的にわかりやすい。
- ② **ドットマップ**…ある統計指標の数量を1種類の点で表した地図。分布を詳細に捉えやすい。
- ③ **図形表現図**…行政など地域ごとの比較をする際に，絶対値の大きさに応じて図形の大きさを変えて表現した地図。絶対値を表す場合に適する。
- ④ **階級区分図**…行政など地域ごとの比較をする際に，統計数値に合わせて色調を塗り分けた地図。一般に相対値（密度・比率など）を表現する場合に適する。
- ⑤ **メッシュマップ**…地図を同じ大きさの方眼で区切って，統計指標の数量に合わせて色分けした地図。行政などの地域を超えた広がりを捉えやすい。
- ⑥ **流線図**…物資や人，自動車交通などの経路，方向，量などを帯状の矢印線を用いて示した地図。

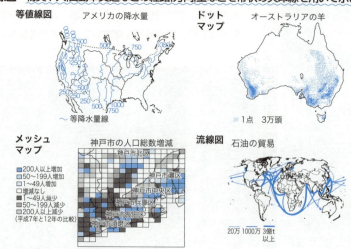

2　地形図 ★★★

❖ 等高線の種類

縮尺　種類	1/50,000	1/25,000	書き表し方
計曲線	100m間隔	50m間隔	
主曲線	20m間隔	10m間隔	

❖ 地図記号

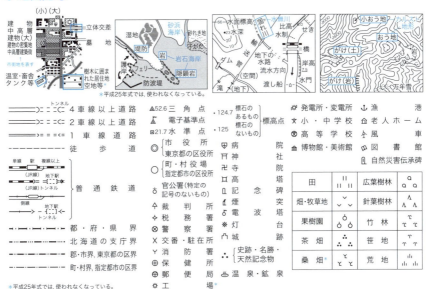

*平成25年式では、使われなくなっている。

❖ おもな地形図の読図のポイント

①**扇状地**…谷口を中心に等高線が扇状に等間隔で広がる。集落・水田⇒**扇端**、果樹園・桑畑など⇒**扇央**。「涸れ川」の地図記号⇒**水無川**,「涸れ川」の地図記号ではなくなった地点⇒湧水する**扇端**。鉄道や道路が河川の下を通過、または河川付近の等高線が下流側に向かって凸型⇒**天井川**。

②**氾濫原**…低平な土地⇒等高線から自然堤防と後背湿地の見極めは難しい⇒土地利用から判断。集落，畑・牧草地＝**自然堤防**，水田＝**後背湿地**。三日月（湾曲）型の水域⇒**三日月湖**（**河跡湖**）＝旧流路。

③**河岸段丘**…河川と並行に走る等高線の間隔が密＝段丘崖⇒**段丘崖下**（＝**湧水地**）には古くからの集落，段丘面（＝水はけが良い）には畑，果樹園，桑畑など。

④**台地（洪積台地）**…河川が流れ，等高線はあるが，河川と並行に走る等高線が見えにくい≒**台地**（**洪積台地**）の地形図。土地利用⇒水田＝沖積平野，畑・住宅団地・工業団地・ゴルフ場＝台地面，水田に隣接した集落＝台地の崖下（湧水地）、地名⇒「谷」・「津」＝台地の崖下（谷部分），「台」・「島」・「新田」＝台地面。

ここが共通テストのツボだ!!

ツボ① 図形表現図と階級区分図

表現する指標が絶対値か相対値かで判断!

① **図形表現図**(**絶対値を表すのに適当**)…図形の大きさによって、行政などの地域ごとの統計数値を比較できる地図。

図1 図形表現図の例

もし「人口増減率」という相対値を図形表現図で示そうとすると、人口増減率＋2%も、－2%も絶対値がどちらも「2」という大きさなので、図形が同じ大きさになって判断がつかなくなってしまう。

② **階級区分図**(**相対値を表すのに適当**)…統計数値に合わせて色調を塗り分け、行政などの地域ごとに数値を比較できる地図。

図2 階級区分図の例

「面積が増加するとそれにつれて増加する性質を表すのには不適当」→もし「人口」という絶対値を階級区分図で示そうとすると、「人口密度」が低い地域でも、面積が大きい地域の場合、「人口(総数)」は多い値を示してしまう。人間の「人口の多い、少ない」という感覚は、「人が密集している様」と認識していることと近いため、ズレが生じてしまう。

ツボ② 鳥瞰図や立体図の見方のコツ

鳥瞰図や**立体図**を分割して目安を立て、地図上でも同様に分割してチェック!

※ 地図中の「→」が鳥瞰図や立体図の中心なので、「→」上に鉛筆などをのせて眺めてみると、中心からどのあたりに大きな起伏があるのかがつかみやすい。

図3 硫黄島の鳥瞰図

12

チャレンジテスト（大学入学共通テスト実戦演習）

問1 大分市で多くの保育所待機児童*が報告されていることを知ったリョウさんは、保育所不足の原因について図1のような仮説をたてた。図1中の**資料A〜C**には、仮説を考えるもととなった資料として、図2中の**ア〜ウ**がそれぞれ当てはまる。A〜Cとア〜ウとの組合せとして最も適当なものを、下の①〜⑥のうちから一つ選べ。

(平成30年度大学入学共通テスト試行調査〈改〉)

*保育所への入所を希望して入所できない児童のうち、一定の基準を満たす者。

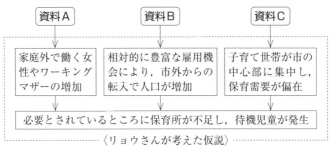

図1

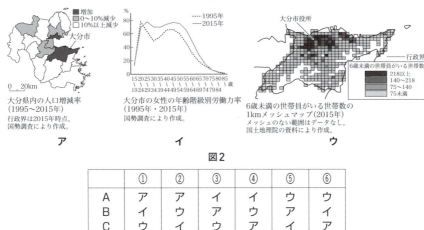

図2

	①	②	③	④	⑤	⑥
A	ア	ア	イ	イ	ウ	ウ
B	イ	ウ	ア	ウ	ア	イ
C	ウ	イ	ウ	ア	イ	ア

問1 ［答］ ③

仮説の検証に当たりどの資料が適当かを判断させる、共通テストの試行調査で出題された新傾向の問いである。**資料A**は「家庭外で働く女性やワーキングマザーの増加」とあるので、<u>女性の労働力</u>に関する資料を見れば検証できる。よって、**イ**が**資料A**と対応する。**資料B**は「市外からの転入で人口が増加」とあるので、大分市を含む県内における<u>人口増減</u>に関する資料を見れば検証できる。よって、**ア**が**資料B**と対応する。**資料C**は「子育て世帯が市の中心部に集中し、保育需要が偏在」とあるので、<u>保育</u>を必要とする6歳未満の乳幼児がいる世帯数の分布がわかれば検証できる。よって、**ウ**が**資料C**と対応する。

問2 交通網の発達にともなう地域への影響を統計地図で表現することになった。地図表現の方法について述べた文として下線部が適当でないものを，次の①～④のうちから一つ選べ。

① 近隣の花巻空港発着の国際チャーター便就航の影響を表現するため，異なる年次における市内観光地を訪れる外国人客数を図形表現図で示す。
② 自家用車の普及にともなうバス交通への影響を表現するため，異なる年次における地区別バス利用者の割合を階級区分図で示す。
③ 東北自動車道の開通が地域経済に与える影響を表現するため，開通前後における地区別の小売店数をドットマップで示す。
④ 東北新幹線開業にともなう通勤行動への影響を表現するため，開業前後における鉄道各駅周辺の駐車場収容台数を流線図で示す。

問2 [答] ④

④ 誤文：流線図は，物や人の移動（量）を表すのに適当な地図であるので，「駐車場収容台数」という動きのない事象を表すのには不適当である。
① 正文：図形表現図は，絶対値を表すのに適当な地図なので，「外国人客数」という絶対値を示すのには最適である。
② 正文：階級区分図は相対値を表すのに適当な地図なので，「地区別バス利用者の割合」という相対値を表すのには最適である。
③ 正文：ドットマップは，分布を表すのに適当な地図であり，下線部の前文に「東北自動車道の開通が地域経済に与える影響」とあることから，小売店の分布をドットマップで示せば，どこにどれだけ増えたか（減ったか）ということがわかりやすい。

問3 サクラさんは，図1中の静岡駅を午前10時に出発した列車に乗り，焼津駅までの車窓からの景観を観察した。図2は安倍川駅付近の拡大図であり，図3は用宗―焼津間の拡大図である。車窓からの景観を説明した文として最も適当なものを，次の①～④のうちから一つ選べ。　　　　　　　　　　　　　　（平成29年度大学入学共通テスト試行調査〈改〉）

① 静岡駅を出て安倍川を渡る際に地形図と見比べたところ，地形図で示された位置と，実際に水の流れている位置が異なっていた。
② 図2の安倍川駅を出発すると，車窓の進行方向の右側に山地が見え，市街地より山側の斜面は全体が針葉樹林に覆われていた。
③ 用宗駅付近を走行している際に，日差しは進行方向の右側から差し込んでいた。
④ 用宗―焼津間のトンネルを出た所からビール工場までの間，進行方向の左側に海が見えた。

図1

図2

図3

地理院地図により作成。問3の地図はすべて同様。

問3 [答]

　本問は，移動方向や距離，時刻等の前提条件をもとに，複数の<u>地理院地図（地形図）</u>からの読み取りを問う，新傾向の読図問題である。まず問題文から，静岡駅を午前10時に出発した列車に乗って焼津駅に向かうとわかるので，北から南に向かって移動していく際の車窓から見た風景を判断することになる。

① 正文：図1の<u>地理院地図</u>で示されている安倍川の流路は，およその位置が示されているわけであり，例えば大雨が降った直後と雨がしばらく降っていない時期では，河川の流量が大きく変わることは容易に想像がつく。よって，実際に水の流れている位置が多少異なっていてもとくに不思議なことではない。

② 誤文：車窓の進行方向の右側とは，図2の左側（西側）である。その中で，<u>等高線</u>の間隔が密な部分が広がる山の斜面（「大和田」，「小野寺」，「井尻」付近）を見ると，一部「針葉樹林」の記号もあるが，大部分は「果樹園」の記号が見られる。よって，「全体が針葉樹林に覆われていた」は言い過ぎである。

③ 誤文：図1を見ると，静岡駅と用宗駅との空間距離は地図中のスケールから，約6kmであるとわかる。問題文中に「午前10時に出発」とあるので列車の速度を考えれば，少なくとも同じ午前10時台に用宗駅付近を走行していることに疑いの余地はない。よって，太陽がまだ南中する時間の前と考えれば，まだ東側，つまり進行方向に対して左側から日差しが差し込んでいると考えることができる。

④ 誤文：「用宗―焼津間のトンネルを出た所」というのは，図3を見て考えるとよい。ほぼ中央付近に焼津駅につながる「東海道本線」があり，そのすぐ西側に「サッポロビール工場」とある。また，図3の北部にはJR線の「東海道本線」が破線になっており，そこがトンネルであるとわかる。よって，この区間の車窓から見た風景の進行方向の左側，つまり図3中の東側に注目すると，<u>等高線</u>が密になっている山がちな地形を見ることができるので，その山が視界を遮り，海を見ることは難しいと判断できる。

2 大地形

1 大地形の分類

✤ **大地形**…内的営力によって形成された地形のことで，さらにどの時代に造山運動を受けたのか（≒「いつ山ができたのか」）で分類される。

① **先カンブリア時代**…<u>安定陸塊</u>（安定大陸）
低平な平原や高原（≒侵食平野）が広がる。<u>鉄鉱石</u>の埋蔵が多い。

② **古生代**…<u>古期造山帯</u>
低くなだらかな山地や山脈（標高1,000m前後）が広がる。<u>石炭</u>の埋蔵が多い。

③ **中生代〜新生代**…<u>新期造山帯</u>（アルプス・ヒマラヤ造山帯，環太平洋造山帯）
高峻な山地や山脈（標高3,000m級・超）が広がる。<u>銅鉱</u>，すず鉱などの埋蔵が多い。

■大地形の分布とおもな山脈

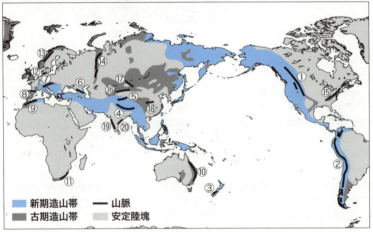

①ロッキー山脈　②アンデス山脈　③サザンアルプス山脈（以上，環太平洋造山帯）
④ヒマラヤ山脈　⑤クンルン山脈　⑥カフカス山脈　⑦アルプス山脈　⑧ピレネー山脈　⑨アトラス山脈
　　　　　　　　　　　　　　　　　　　　　　　　　　　　（以上，アルプス・ヒマラヤ造山帯）
⑩グレートディヴァイディング山脈　⑪ドラケンスバーグ山脈　⑫ペニン山脈　⑬スカンディナヴィア山脈
⑭ウラル山脈　⑮アパラチア山脈　⑯テンシャン山脈　⑰アルタイ山脈　⑱チンリン山脈　⑲西ガーツ山脈
⑳東ガーツ山脈

2 プレートテクトニクスとプレート境界

❖ **プレートテクトニクス**…大陸移動説を科学的に裏付ける考え。
① **プレート**…地殻と上部マントル部分。地球の表面は十数枚のプレートによって構成される。
② **プレートの移動**…マントル対流にともなうプレート移動によって，大陸の移動や大地形の形成，地震・火山活動が生じると考えられている。ドイツの気象学者A.ウェゲナーが1912年に発表した「大陸移動説」が基になっている。

❖ **プレート境界**…地震が多い。
① **広がる境界**（プレートが生まれるところ）…火山や，海底には海嶺（大西洋中央海嶺など），陸地上には地溝（湖）（アフリカ大地溝帯など）が形成される。
② **狭まる境界**（プレートが消えるところ）…大陸プレートどうしが衝突する場所には大山脈（ヒマラヤ山脈など）が形成される。また，海洋プレートが沈降する場所には海溝が形成され，並行して火山前線（火山フロント）が形成される⇒弧状列島（島弧）（日本列島，フィリピン，インドネシアなど），大山脈（陸弧）（アンデス山脈など）。
③ **ずれる境界**（プレートがすれ違うところ）…一般に海底に多く見られるが，陸上に形成された例としてサンアンドレアス断層がある。

❖ **ホットスポット**…プレートの境界から離れたプレートの内部において，局所的に形成されたマグマだまりによる火山活動がみられる場所（ハワイ諸島など）。

■地震・火山の分布

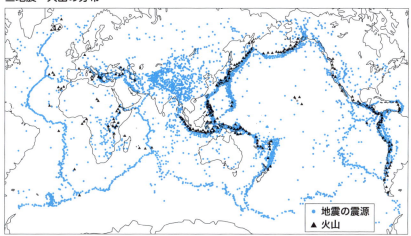

ここが共通テストのツボだ!!

ツボ ① 大地形の分布

大地形は，新期造山帯の「範囲」→おもな古期造山帯の「場所」→残りの地域が安定陸塊とおさえる。また，新期造山帯並みに標高が高い場所（標高3,000m級・超）として，中国西部内陸に位置するテンシャン山脈，アルタイ山脈（ともに古期造山帯）とアフリカ大陸東部のアフリカ大地溝帯周辺（安定陸塊）もおさえておこう。

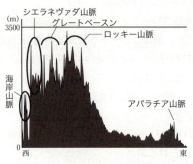

北アメリカ大陸の北緯40度付近の断面図

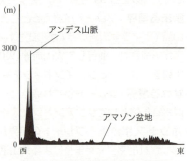

南アメリカ大陸の南緯5度付近の断面図

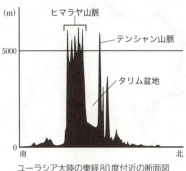

ユーラシア大陸の東経80度付近の断面図

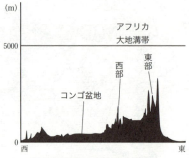

アフリカ大陸の赤道付近の断面図

ツボ ❷ 広がる境界と狭まる境界の地形

図1 広がる境界の地形の形成過程

1. プレート（地殻＋上部マントル）
　―――――――↓

2. マントルが上昇。 火山を形成。

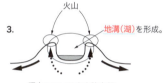

3. 地溝（湖）を形成。

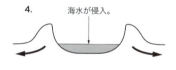

現在のアフリカ大陸東部

4. 海水が侵入。

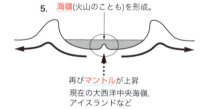

現在の紅海

5. 海嶺（火山のことも）を形成。

再びマントルが上昇
現在の大西洋中央海嶺、
アイスランドなど

図2 狭まる境界の地形の形成過程

大陸プレート VS 大陸プレート

1.

大陸プレート　　大陸プレート

2. 大山脈を形成（火山は少ない）。

現在のヒマラヤ山脈

大陸（海洋）プレート VS 海洋プレート

1.
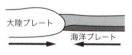
大陸プレート　　海洋プレート

2. 元の位置に戻ろうとする。
　⇒地震・津波が発生
　海溝を形成。

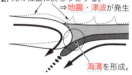

火山を形成。
⇒弧状列島や陸弧を形成。
　（島弧）

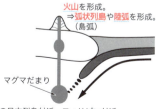

マグマだまり

現在の日本列島付近、フィリピン付近、
インドネシア付近、南アメリカ大陸西部付近など

2 大地形 | 19

ツボ ❸ 広がる境界と狭まる境界の分布

広がる境界は大陸移動の動きから共通性を捉え，**狭まる境界**は太平洋の縁辺部に集中，とおさえよう！

① **広がる境界**の分布…かつてゴンドワナ大陸を構成していた，アフリカ大陸から北東へインド亜大陸が，東方へオーストラリア大陸が，西方へ南アメリカ大陸が，南方へ南極大陸が離れていった⇒アフリカ大陸と各大陸の間には，**広がる境界**の**海嶺**が存在。

② **狭まる境界**の分布…北アメリカ大陸の西方を除いて，太平洋の縁辺部に海洋プレートが沈み込む**狭まる境界（海溝）**が集中している。また，それ以外の場所として，インド・オーストラリアプレートの衝突による**インド半島周辺〜インドネシアのスンダ列島付近**と**カリブ海東方の小アンティル諸島付近**。

図3 大陸の移動と現在のプレートの分布

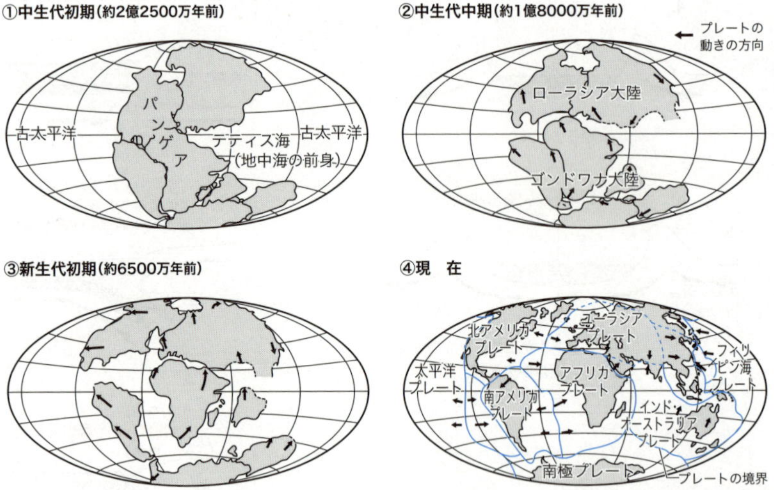

①中生代初期(約2億2500万年前)　②中生代中期(約1億8000万年前)

③新生代初期(約6500万年前)　④現　在

出典：De Grote Bosatlas 2012

チャレンジテスト（大学入学共通テスト実戦演習）

問1 次の図中の海域ア～エにみられる地形の特徴とその成因について説明した文として適当でないものを，下の①～④のうちから一つ選べ。

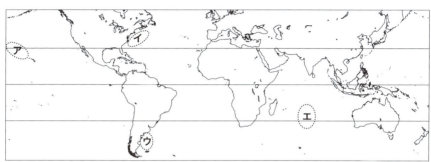

Atlas du 21ᵉ siècle などにより作成。
緯線は30度間隔。

図

① 海域アには，水没したかつての火山島が，プレートの移動方向に連なってみられる。
② 海域イには，海洋プレートの沈み込みによって形成された海溝がみられる。
③ 海域ウには，大陸棚や，深海へ向かって緩やかな傾斜をもった斜面がみられる。
④ 海域エには，地下から上昇したマグマによってつくられた海嶺がみられる。

問1 [答]

② 誤文：海域イは，もともと一つの大陸が広がる境界によってユーラシア大陸から離れただけの北アメリカ大陸の東部に位置するので，沈み込む狭まる境界である海溝は見られない。よって，誤文で正解となる。

① 正文：海域アおよびハワイ諸島をのせた太平洋プレートは，現在北西に移動中である。海域アの海山群は，太平洋プレートが現在のハワイ島付近に存在するホットスポット上を通過した際に形成された火山島であり，次第に今の位置に移動した。

③ 正文：海域ウは，南アメリカ大陸の南東部に位置し，大西洋中央海嶺に向かって，大陸から地続きの浅い海底の大陸棚，水深が4,000m近い大洋底が広がる。

④ 正文：海域エはインド洋の中央付近であり，そのインド洋はアフリカ大陸やインド大陸，オーストラリア大陸が，広がる境界を境に，各大陸が離れていく過程で形成された海洋なので，現在の各大陸間のほぼ中央付近には，広がる境界である海嶺が存在する。

問2 下の表は，図中のA～Dのいずれかの地域*における火山の数と，1991年～2010年に発生したマグニチュード4以上の地震発生数を示したものである。Bに該当するものを，表中の①～④のうちから一つ選べ。

*それぞれの面積は等しい。

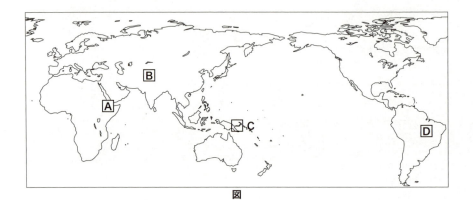

図

表

	火山の数	地震発生数
①	69	480
②	47	9,965
③	0	4,681
④	0	3

Smithsonian Institutionの資料などにより作成。

問2 [答]

B：**インド大陸**と**ユーラシア大陸**の衝突によって形成された大山脈がみられる場所である。よって，大陸プレートどうしの**狭まる境界**で，**新期造山帯**でもあるため，地震の多発地域ではあるが，火山は形成されない。よって，③が正解となる。

A：**アフリカ大地溝帯**（**リフトヴァレー**）を中心に，ここから続く広がる境界の**紅海～アデン湾**部分を示しており，火山は多い場所であるが，陸域は安定陸塊が大部分のため，地震はあまり多くはない。よって，①となる。

C：ニューギニア島の東部地域を示しており，海洋プレートが沈み込む**狭まる境界**にあたる場所であり，また現在でも**造山運動**が活発な**新期造山帯**の部分にあたるため，地震も火山も大変多い場所である。よって，②となる。

D：南アメリカ大陸の東部の**アマゾン盆地**の一部から**ブラジル高原**付近を示しており，**安定陸塊**にあたりプレート境界でもないため，火山も地震もほとんど起こらない。よって，④となる。

問3 地球には多様な海底地形がみられる。次の図2中の①～④は，図1中の線A～Dのいずれかに沿った海底の地形断面を示したものである。線Bに該当するものを，図2中の①～④のうちから一つ選べ。ただし，深さは強調して表現してある。

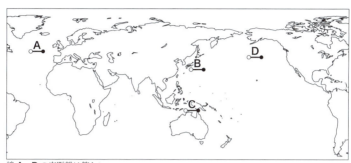

線A～Dの実距離は等しい。

図1

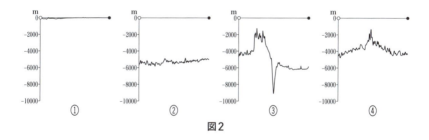

図2

問3 ［答］ ③

線B：日本列島に近い南東部に位置することから，海洋プレートが沈み込む<u>狭まる境界</u>の<u>海溝</u>がみられる場所と判断し，水深6,000m以深の溝地を示す③となる。

線A：大西洋の中央付近に位置することから，<u>大西洋中央海嶺</u>が南北に通過している場所と判断し，海底の地形断面の中央付近に山のような起伏をもつ④となる。

線C：オーストラリア大陸とニューギニア島の間に位置することから，オーストラリア大陸から続く<u>大陸棚</u>が広範囲に広がる場所と判断し，水深が浅い海底を示す①となる。

線D：北アメリカ大陸の北西沖に位置することから，とくにプレート境界がみられない場所のため，<u>大洋底</u>と呼ばれる水深4,000m～6,000mの平坦な海底を示す②となる。

第1章　系統地理　　　　　　　　　　　　　　　　　　　　　　rank

3　平野地形

1　平野地形の分類　★☆☆

- 侵食平野
  - 準平原……長い間，侵食を受け，起伏がほとんどない地形（楯状地，残丘）。
  - 構造平野……楯状地の周辺部に堆積してできた水平な地層が侵食を受けた平野（卓状地，ケスタ，メサ，ビュート）。
- 堆積平野
  - 沖積平野……河川の堆積作用により形成された平野（谷底平野，扇状地，氾濫原，三角州）。
  - 海岸平野……三角州の前面や浅海底の堆積面が隆起してできた平野。
  - 台　　地（洪積台地）……河川の堆積作用による平野や海岸平野が，土地の隆起や海水面の低下によって台状に変化したもの⇒沖積平野の周縁部に多い（河岸段丘，海岸段丘）。

■侵食平野の地形

2　沖積平野　★☆☆

✿ **谷底平野**……河川が上流部において流路を横方向に移動しながら侵食し，運搬された土砂が谷底に堆積してできた平野。谷底平野では河岸段丘を形成している場合がある。

✤ **扇状地**…河川勾配が急激に変わる**山地から平地の境目付近**において，**谷口から砂礫が扇状に堆積してできた地形**。**扇状地は上流側から順に扇頂・扇央・扇端**に分けられる。

① **扇頂**…**水利に恵まれ早くから集落は発達したが**，背後に山がせまるため，大規模な集落はみられない。

② **扇央**…**砂礫が厚く堆積し透水しやすい**ため，地下水面が深く水利に恵まれない。そのため，用水路ができるまで集落はほとんどみられず，**古くは桑畑**，**現在では果樹園**や**畑**として利用されてきた。また，河川は洪水時以外，**伏流して水無川**となることが多い⇒洪水による水害を防ぐため**人工堤防が築かれると**，行き場を失った**砂礫が次第に河床に堆積していく**⇒**周囲の土地よりも河床が高い天井川**が形成されることがある。

③ **扇端**…**伏流していた水が湧水する**ため，**古くから集落が立地**（⇒湧水帯に沿って列村を形成）し，**水田としても利用**されてきた。

✤ **氾濫原**…扇状地より下流の緩傾斜地を**蛇行する河川**の水が，洪水時に流路から溢れ出て土砂を堆積させた地形。

① **自然堤防**…**洪水時に流路から溢れ出た砂礫が河道沿いに堆積し形成された微高地**。**水害の影響が小さかったため**，古くから集落が立地し，**畑としても利用**。

② **後背湿地**…洪水時に流路から溢れ出た**砂泥**が**自然堤防**の背後に堆積し形成された**低湿地**。一般に**水田として利用**。

③ **三日月湖（河跡湖）**…**蛇行する河川の流路が移動した際に**，旧河道の一部に水がたまってできた湖沼。

✤ **三角州（デルタ）**…河川の流速が減じ，運搬力が著しく低下する**河口付近で**，**砂や泥土が堆積し**，**形成された低湿地**。土壌は**肥沃**であるため古くから農地（おもに水田）として利用され，今日では**大都市**となっているところが多い。ただし，**低地のため洪水や高潮といった水害に見舞われやすい**。

① **円弧状三角州の代表例**…**ナイル川**（アフリカ）

② **鳥趾状三角州の代表例**…**ミシシッピ川**（アメリカ合衆国）

③ **カスプ（尖）状三角州の代表**

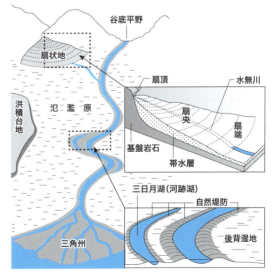

■**沖積平野の地形**

3 平野地形

例…テヴェレ川やポー川(どちらもイタリア)

3 台地(洪積台地)

扇状地や三角州，海岸平野などが土地の隆起や海面低下で，現在の河床や海面よりも高くなった結果できた地形(河岸段丘や海岸段丘が多い)。

台地は，水を得にくく起伏もあるため，日本では開発の進まないところが多かった。しかし，近世(江戸時代)以降は用水路が建設され，畑などに利用されるようになった。近年(戦後)，都市化の進展した大都市圏の郊外にあたる台地では，新興住宅地や工業団地，ゴルフ場などの開発が進んだ。

■段丘地形の形成

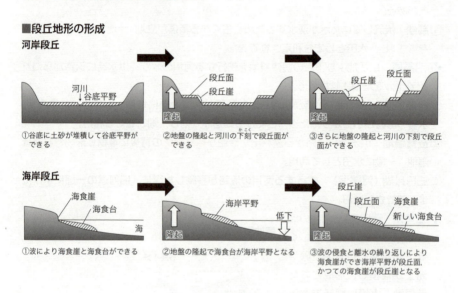

ここが共通テストのツボだ!!

ツボ ① ケスタ

ケスタは，侵食平野にみられる地形の一つ。硬層と軟層が交互に堆積した場所が，地表に露出し侵食作用を受けると，硬層が侵食から取り残されやすいため急傾斜，軟層が侵食されやすいため緩傾斜となり，非対称（鋸歯状，波状）の丘陵地形をつくる（パリ盆地やロンドン盆地など）。

図 ケスタ地形―パリ盆地

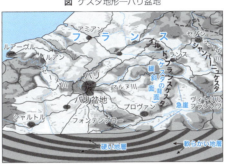

ツボ ② 沖積平野と災害

① 谷底平野の災害

　山間部の谷底に形成された狭い平野のため，大雨時には洪水や土石流，山沿いの急な斜面では地すべりや斜面崩壊（土砂崩れ）が生じやすい。

② 扇状地の災害

　山地と平地の傾斜の転換点に位置するため，扇頂から扇央にかけては，土石流などの土砂災害が生じやすい。また，扇央から扇端は平常時は水無川となっているが，増水時には傾斜をもった地表面を水が流れ下るため洪水が生じやすい。

③ 氾濫原の災害

　旧流路や後背湿地では低湿で地盤が軟弱なため，洪水による被害が長引いたり，地震による被害（液状化現象など）が生じやすい。

④ 三角州（デルタ）の災害

　海岸付近で低湿かつ地盤が軟弱なため，洪水や高潮，地震による液状化現象が生じやすい。また，広大な平地が広がっているため，水田や都市が発達していることが多く，農業・工業・生活用水として地下水が過剰に汲み上げられ地盤沈下が生じ，その結果，浸水の可能性が高いゼロメートル地帯（海抜０ｍ未満の土地）も一部に見られる。

チャレンジテスト（大学入学共通テスト実戦演習）

問1 人々の生活の場は，自然の特性を生かして形成されていることがある。次の図は，日本の河川の上流から下流にかけての地形を模式的に示したものであり，下のア～ウの文は，図中の地点A～Cにおける典型的な地形と土地利用の特徴について述べたものである。A～Cとア～ウとの正しい組合せを，下の①～⑥のうちから一つ選べ。

（平成30年度大学入学共通テスト試行調査〈改〉）

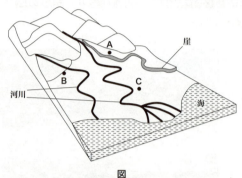

図

ア 河川近くの砂などが堆積した微高地は古くからの集落や畑などに，河川から離れた砂や泥の堆積した水はけの悪い土地は水田などに利用されてきた。
イ 砂や礫（れき）が堆積して形成された土地で，地下にしみこんだ伏流水が湧き出しやすく，水が得やすいため集落が形成されてきた。
ウ 3地点の中では形成年代が古く，平坦な地形で，水が得にくいため開発が遅れる傾向があり，用水路の整備にともない水田や集落の開発が進んだ。

	①	②	③	④	⑤	⑥
A	ア	ア	イ	イ	ウ	ウ
B	イ	ウ	ア	ウ	ア	イ
C	ウ	イ	ウ	ア	イ	ア

問1 [答]

　模式図からAは河川の上流部に位置し，河川から崖を隔てて一段上がった平坦面の<u>台地</u>（洪積台地）の一つである<u>河岸段丘</u>上に位置する。Bは山地と平地の境目付近に形成された<u>扇状地</u>の「扇形」をした末端部にあたる<u>扇端</u>付近に位置する。Cは蛇行する河川の近くにあることから，<u>氾濫原</u>の<u>自然堤防</u>や<u>後背湿地</u>がみられる付近に位置する。
　次に選択肢の文は，アは「河川近くの砂などが堆積した微高地～」とあることから<u>自然堤防</u>，「河川から離れた砂や泥の堆積した水はけの悪い土地～」とあることから<u>後背湿地</u>と判断し，Cと対応する。イは「砂や礫が堆積～伏流水が湧き出し～」とあることから，<u>扇状地</u>の<u>扇端</u>の湧水帯と判断し，Bと対応する。ウは「3地点の中では形成年代が古く，平坦な地形で，水が得にくいため開発が遅れる傾向～」とあることから，<u>沖積平野</u>が形成された時代より一時代前の更新世（洪積世）に形成された<u>台地</u>（<u>洪積台地</u>）の<u>河岸段丘</u>面と判断し，Aと対応する。

問2 地震にともなう液状化現象の発生範囲は地形と関係がある。次の図は、東日本大震災時のある地区における液状化発生範囲と、同じ地区の地形の分布を示したものであり、図中の**ア〜ウ**は、旧河道、自然堤防、台地のいずれかである。地形名称と**ア〜ウ**との正しい組合せを、下の①〜⑥のうちから一つ選べ。

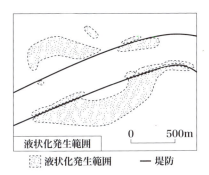

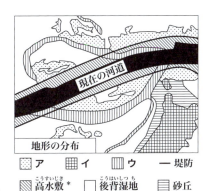

*河川敷のうち洪水時のみに水が流れる一段高い場所。
国土交通省の資料などにより作成。

図

	①	②	③	④	⑤	⑥
旧河道	ア	ア	イ	イ	ウ	ウ
自然堤防	イ	ウ	ア	ウ	ア	イ
台地	ウ	イ	ウ	ア	イ	ア

問2 [答] **⑤**

液状化現象とは、水分を多く含む、おもに砂でできた緩い地盤において、地震の揺れによって地盤が液体状になることをいう。これにより、砂交じりの水が地表に噴出し、建物が傾いたり、マンホールが浮き上がったりする。

　液状化発生範囲と地形の分布を照合すると、およそ**ウ**の分布と対応していることがわかる。よって、**ウ**はかつて川が流れていた低地で、現在でも地層中に水分を多く含んでいる旧河道と判断できる。旧河道が蛇行していることから氾濫原の地形を想定し、おもに旧河道沿いに分布する**ア**は自然堤防となる。最後に残った**イ**は、液状化現象も全く起こっておらず、現在の河道や旧河道から離れた場所にあることから、水分をほとんど含んでいない硬い地盤をもつ台地となる。

4 海岸地形とその他の小地形

1 離水海岸と沈水海岸

❖ **離水海岸**…海面下にあった土地が，海水面の低下や地盤の隆起で**水面から離れ形成**。
① **海岸平野**…土砂の堆積した平坦な海底が離水して形成。⇒千葉県の九十九里浜，アメリカ合衆国南東部の大西洋岸平野など。
② **海岸段丘**…海岸平野や陸化した岩石海岸で波食作用によって海食崖ができ，その海食崖よりも陸側にできた平坦地。

❖ **沈水海岸**…陸地だった土地が，海水面の上昇や地盤の沈降にともなって**水没して形成**。
① **リアス海岸**…山地の谷部分が河川による侵食を受け，**V字谷**を形成し沈水した海岸地形。複雑で入り組んだ海岸線をもつ。天然の良港となるが，津波による被害が大きい。⇒スペイン北西部のリアスバハス海岸，三陸海岸，若狭湾など。
② **フィヨルド**…山地の谷部分が氷河による侵食を受け，**U字谷**を形成し沈水した海岸地形。複雑で入り組んだ海岸線をもつ。⇒スカンディナヴィア半島西岸，カナダの太平洋岸，ニュージーランド南島南西岸，チリ南部など。
③ **エスチュアリ（エスチュアリー／三角江）**…低平な地域を流れる河川の河口部が沈水して，ラッパ状の入り江となった地形。**大規模な港湾機能をもつ都市が発達しやすい**。⇒ヨーロッパの大部分の河川，セントローレンス川，ラプラタ川など。

2 岩石海岸と砂浜海岸

❖ **岩石海岸**（≒**侵食作用が強い**）…一般に沈水海岸に多く，波の侵食によって形成された海食崖や海食洞，波食台など。
❖ **砂浜海岸**（≒**堆積作用が強い**）…河口付近の土砂などが波や沿岸流（海岸に平行する潮流）によって運搬・堆積してできた地形。
① **砂嘴**…沿岸流によって砂礫が沖合に向かってくちばし状に堆積した地形。⇒野付半島，三保松原など。
② **砂州**…沿岸流によって砂礫が入り江や湾を閉ざすように直線状にのびた地形。⇒天橋立，弓ヶ浜など。
③ **ラグーン（潟湖）**…砂州によって海と隔てられた水域。⇒サロマ湖，霞ヶ浦，中海など。
④ **陸繋島**…陸繋砂州（トンボロ）によって陸地とつながった島。⇒函館山，潮岬，志賀島など。
⑤ **陸繋砂州（トンボロ）**…陸繋島と陸地をつなぐ砂州。⇒函館，串本，海の中道など。

■海岸にみられる地形

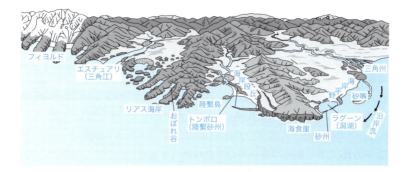

3　氷河地形　★☆☆

- ❖ **大陸氷河（氷床）**…現在，<u>南極大陸</u>と<u>グリーンランド</u>のみに分布。氷期には大陸氷河は北アメリカ大陸の北緯40度付近まで，ヨーロッパの北緯50度付近まで発達。
  ① **モレーン**…<u>大陸氷河</u>や<u>山岳氷河</u>の末端部に堆積してできた岩屑からなる小丘（≒やせ地で農耕不適）。
  ② **氷河湖**…氷河によってえぐり取られた凹地に水がたまった氷食湖や，モレーンによる堰止湖。
- ❖ **山岳氷河（谷氷河）**…ヒマラヤ・アルプス・アンデス山脈など高山地域に分布。日本の北アルプスや日高山脈では，氷期に山岳氷河が発達。山岳氷河地形あり。
  ① **カール**…山頂付近が氷食を受け形成された半椀状の凹地。
  ② **ホーン（尖峰）**…山頂付近が氷食を受けた際に取り残された尖った峰。

■ヨーロッパと北アメリカにおける最終氷期の最寒冷期（およそ2万年前）の氷河

出典：Physical Geography

■大陸氷河と山岳氷河

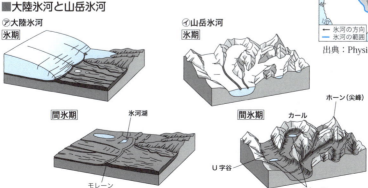

4　カルスト地形

石灰岩がCO_2を含む雨水等によって溶食されてできた地形⇒**湿潤地域に多い**。スロベニアの**カルスト地方**が名前の由来。日本にも多い。⇒山口県の**秋吉台**（日本最大），福岡県の平尾台など。

- 溶食によってできた凹地が見られる⇒**ドリーネ**(小)・ウバーレ(中,ドリーネが連合したもの)・ポリエ(大,盆地状)。

■カルスト地形

❖ **鍾乳洞**…地中に染みこんだ水の溶食作用によってできた**地下の洞穴**。
❖ **タワーカルスト**…**熱帯や亜熱帯の溶食が活発な地域**において，石灰岩の台地の一部が溶食から取り残され，**山状・塔状に残った地形**。⇒**中国南東部の桂林（コイリン）地方**やベトナムのハロン湾など。

5　サンゴ礁

石灰を主成分とした造礁サンゴによる**生物地形**。生育の最適条件は，海水温度が温かく，光合成が可能な透明度の高い浅海底⇒**低緯度の暖流が流れる大陸東岸部を中心に分布**。
① **裾礁（フリンジングリーフ）**…海岸線を縁取るように発達したサンゴ礁。⇒**南西諸島**などの高緯度側で見られるサンゴ礁など。
② **堡礁（バリアリーフ）**…海岸線から少し離れ，礁湖をもつサンゴ礁。⇒**オーストラリア北東部の**グレートバリアリーフ（世界最大のサンゴ礁）など。
③ **環礁（アトール）**…中央の島が水没し，その島を取り囲む形（環状）に発達しているサンゴ礁。⇒**モルディブ**，**ツバル**など。

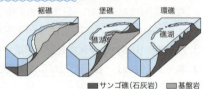
■サンゴ礁の基本型

❖ **サンゴ礁の環境問題**…近年，サンゴ礁を起源とする島は，地球温暖化による海面上昇から水没が懸念。また，サンゴ礁は地球温暖化による**白化現象**や海の酸性化，陸上の開発での海水汚染で，**消滅の危機**。

6　乾燥地形

❖ **ワジ**（涸れ川，涸れ谷）…乾燥地域の**水無川**。通常時は隊商路として利用される。地下水面が高いため，周辺部には集落が立地しやすい。
❖ **外来河川**…上流に湿潤な集水域をもち，乾燥地域を貫流する河川。⇒**ナイル川**，**ティグリス川**，**ユーフラテス川**，**インダス川**など。
❖ **レス**…細土が風によって運搬・堆積した土壌または地形。⇒**ゴビ砂漠**などからの砂漠土が偏西風や季節風によって運搬・堆積した**ホワンツー（黄土）高原**など。

ここが共通テストのツボだ!!

ツボ ❶ 氷期の大陸氷河の分布と氷河地形

氷期の**大陸氷河**は、北アメリカ大陸ではカナダ東部の**ハドソン湾**を中心に北緯40度付近まで、ヨーロッパでは**バルト海**、ボスニア湾を中心に北緯50度付近まで分布していた。

そのため、氷河の中心があった**ハドソン湾**や**バルト海**、ボスニア湾周辺には、**氷河湖**や**モレーン**が数多く見られる。また、かつて**大陸氷河**が分布していた上記の地域は、氷食によるやせ地が多く、耕作には不適なため、**酪農**が中心になっている。

図 北極圏周辺の氷河と永久凍土の分布

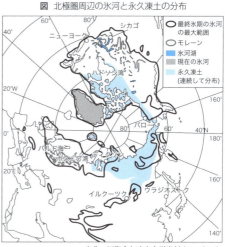

出典：国際永久凍土会議資料(1998)ほか

ツボ ❷ 成因からみた湖沼の特徴

① **氷河湖**（五大湖、アルプス山脈、ヒマラヤ山脈など）⇒かつて**大陸氷河の中心**であった場所（上記参照）や山岳氷河がある場所に多く分布。氷河の強い侵食作用から湖の周辺一帯も平坦化している。

② **地溝湖**（バイカル湖、タンガニーカ湖、死海など）⇒世界的に見て**水深が深い**。細長い形状のものが多い。湖の周辺は急崖となっていることが多い。

③ **カルデラ湖**（田沢湖、洞爺湖など）⇒火山地形が見られる場所に多く分布。円形状のものが多い。湖の周辺は山に囲まれている。日本の湖で水深が深いものはカルデラ湖。

④ **ラグーン**（**潟湖**）（サロマ湖、中海など）⇒水深は浅く、湖面標高は０ｍ。海と接続している場合、汽水湖となり養殖業が盛ん。**ラグーン**（**潟湖**）周辺の低地に位置している「水の都」と呼ばれる**ヴェネツィア**は、近年、地球温暖化による海面上昇から冠水することが多くなっている。

4 海岸地形とその他の小地形

チャレンジテスト（大学入学共通テスト実戦演習）

問1 次のア～ウの文は，図中のA～C付近のいずれかにみられる特徴的な地形について述べたものである。ア～ウとA～Cとの正しい組合せを，下の①～⑥のうちから一つ選べ。

図

ア　風で運ばれたレスが厚く堆積している高原がみられる。
イ　石灰岩が侵食されたタワーカルストがみられる。
ウ　氷河によって形成されたモレーンがみられる。

	①	②	③	④	⑤	⑥
ア	A	A	B	B	C	C
イ	B	C	A	C	A	B
ウ	C	B	C	A	B	A

問1　[答]　

　アの文中の<u>レス</u>とは，「風積土」と訳され，氷河の侵食によって生じた細土や砂漠の細土が，<u>偏西風</u>や<u>季節風</u>によって運搬・堆積した土壌である。氷河性のレスは，ヨーロッパや北アメリカの最終氷期に大陸氷河に覆われていた周辺に分布し，砂漠性のレスは，<u>ゴビ砂漠</u>からの砂漠土が<u>黄河</u>中流域の<u>黄土（ホワンツー）高原</u>に多く堆積している。よって，本問の地図ではBと対応する。
　イの文中の<u>タワーカルスト</u>とは，熱帯・亜熱帯カルストと呼ばれ，溶食の速度が速い，低緯度の気温が高く，雨が多い場所に見られやすい。よって，中国南東部の桂林（コイリン）付近のCと対応する。
　ウの文中の<u>モレーン</u>とは，「氷堆石」と訳され，氷河が広がったり，狭まったりする過程で，運搬・堆積した岩屑による小丘状の地形のことである。<u>モレーン</u>は，大陸氷河や山岳氷河の末端部に取り残される形で形成されやすい。よって，本問の地図では，山岳氷河が発達するヒマラヤ山脈近くのAと対応する。

問2 次の図は，アドリア海沿岸のヴェネツィア（ベネチア）周辺の地形を示したものである。図に関連したことがらについて述べた下の文章中の下線部①〜④のうちから，適当でないものを一つ選べ。

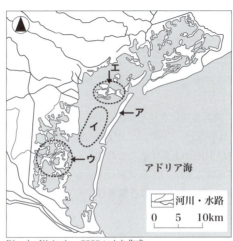

図

　ヴェネツィア（ベネチア）周辺には，河川や海の営力によって形成された様々な地形がみられる。沿岸流で運ばれた砂や泥などによって構成されるアの①砂州がみられ，それによってアドリア海と隔てられたイの水域は②潟湖（ラグーン）に位置する。この水域には，河川が運搬した砂や泥などによって形成されたウのような③陸繋島がみられる。エの島々に立地する旧市街地は，砂や泥が干潮時に現れる④干潟の高まりを利用して形成された。

問2 ［答］

　③が誤りである。ウの地形は，図中からも③の前文からも「河川が運搬した砂や泥などによって形成」された**三角州（デルタ）**である。
　沿岸流で運ばれた砂や泥などが直線状に堆積してできた地形は**砂州**であり，その**砂州**によって閉ざされるようになった水域は**潟湖（ラグーン）**である。よって，①と②は正しい。また，**干潟**とは河川によって運搬・堆積した砂泥からなる**平坦地**が，満潮時に水没，干潮時には海面上に出現する地形をいう。一般に河口域や湾奥に見られやすい。よって，エの④も正しい。

5 気候の成り立ち

1 気候要素と気候因子

- **気候要素**…気候の特徴をあらわす要素（気温，降水量，風，湿度，蒸発量，日照時間など）。
- **気候因子**…気候要素を変化させる原因（緯度，海抜高度，隔海度，海流など）。
① **緯度**…高緯度になるほど，面積当たりの受熱量が少なくなる⇒**気温が低くなる**。
② **海抜高度**…高度が100 m上昇するにつれて，一般に気温は0.5℃〜0.6℃低下する。
③ **隔海度**…海洋付近は大気中の水蒸気量が多いが，内陸にいくに従って大気中の水蒸気量が少なくなる⇒**海洋に近いほど暖まりにくく冷めにくく，海洋から離れるほど暖まりやすく冷めやすい**。

2 大気の循環と成り立ち

- **気圧帯**
① **赤道付近**…熱帯収束帯（赤道低圧帯）。
② **緯度30度付近**…亜熱帯高圧帯（中緯度高圧帯）。
③ **緯度60度付近**…亜寒帯低圧帯（寒帯前線）。
④ **極付近**…極高圧帯。

■大気の大循環

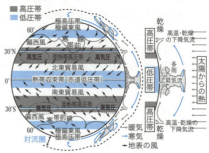

- **風の基本**
① 風は**高気圧から低気圧**に向かって吹く。
② **北半球では時計回り**に，**南半球では反時計回り**に風が高気圧から吹き出す（自転の影響⇒コリオリの力）。
③ 風向は**吹いてくる方向**をさす。
- **恒常風（一年中風向きが変わらない風）**
① **貿易風**…亜熱帯高圧帯から熱帯収束帯に向かって吹く風⇒一般的に，北半球では北東貿易風，南半球では南東貿易風。
② **偏西風**…亜熱帯高圧帯から亜寒帯低圧帯に向かって吹く風⇒一般的に，北半球では南西偏西風，南半球では北西偏西風。
③ **極東風**（極偏東風）…極高圧帯から亜寒帯低圧帯に向かって吹く風。

❖ 気圧帯の移動と降水位置の変化

① 地軸は公転面に対して，約23.4°（23°26′）傾いている⇒北半球と南半球では季節が逆。
② 太陽回帰の影響から各気圧帯は移動⇒北半球の高日季（7月頃）には北上し，南半球の高日季（1月頃）には南下⇒恒常風が吹く緯度帯もあわせて北上，南下する。
③ そのため場所によって，降水の季節差（雨季・乾季）が生じる。

■気圧帯の移動

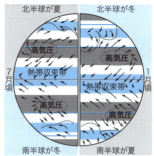

3　大陸性気候・海洋性気候／西岸気候・東岸気候／季節風（モンスーン）

❖ 大陸（内陸）性気候と海洋性気候

① 年較差と日較差…年較差とは1年の中で平均気温が最も高い月（最暖月）と最も低い月（最寒月）の気温差，日較差とは1日の中での最高気温と最低気温の差。
② 大陸（内陸）性気候…比熱が小さい＝暖まりやすく冷めやすい⇒年較差が大きい。日較差も大きい。
③ 海洋性気候…比熱が大きい＝暖まりにくく冷めにくい⇒年較差が小さい。日較差も小さい。

❖ 西岸気候と東岸気候（中～高緯度≒偏西風帯で違いが顕著）

① 大陸西岸…気温の年較差が小さく，年中一定して降水（⇒海洋からの湿った風が偏西風で1年中運ばれてくるため）。
② 大陸東岸…気温の年較差が大きい（⇒大陸内部の乾いた風が偏西風で運ばれ，季節風が卓越するため）。

❖ 季節風（モンスーン）

① インド半島からユーラシア大陸北東部にかけて顕著。
② 季節によって風向きが逆になる風⇒夏季には海から陸へ，冬季には陸から海へ風が吹く⇒東アジア付近（日本など）＝夏：南東季節風／冬：北西季節風，南アジア付近（インドなど）＝夏：南西季節風／冬：北東季節風。

■アジア付近の季節風（モンスーン）の風向

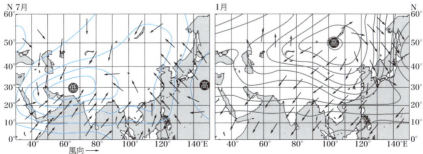

ここが共通テストのツボだ!!

ツボ ① 気圧帯の北上・南下の影響

各気圧帯は，太陽回帰の影響から北上・南下する⇒**北半球**の夏季（高日季：6〜8月）には北上し，**南半球**の夏季（高日季：12〜2月）には南下する。

図1 気圧帯の北上・南下と降水位置の変化／降水量の季節変化

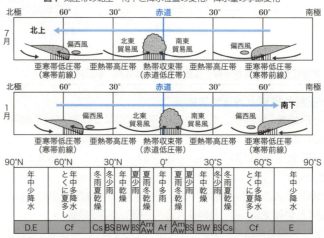

ツボ ② 気温の年較差

気温の**年較差**（最暖月平均気温と最寒月平均気温の差）は次の気候因子の順に判断する。

① 緯度⇒**低緯度**側で**年較差**が小さい，**高緯度**側で**年較差**が大きい。

※ ただしヨーロッパ西部や北アメリカ大陸のアラスカ・カナダの太平洋岸は，**暖流**上を吹く**偏西風**の影響が強いため，例外的に高緯度でも**年較差**は小さい（冬でも温和）。

② （ほぼ同緯度なら）海岸or内陸⇒海岸側で**年較差**が小さく，内陸側で**年較差**が大きい。

③ （緯度30度〜60度付近で海岸なら）西岸or東岸⇒西岸で**年較差**が小さく（海洋からの湿潤な**偏西風**の影響が強い），東岸で**年較差**が大きい（大陸からの乾燥した**偏西風**の影響や季節風の影響が強い）。

図2 緯度別の年平均気温と気温の年較差

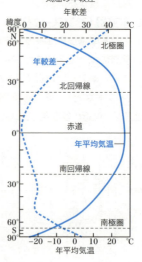

チャレンジテスト（大学入学共通テスト実戦演習）

問1 次の図は，赤道付近から北極付近における大気大循環の模式図である。図にかかわる内容について述べた文として最も適当なものを，下の①〜④のうちから一つ選べ。

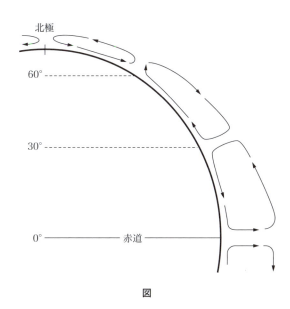

図

① 北極付近と赤道付近は，いずれも高圧帯となっている。
② 高圧帯や低圧帯の南北移動は，降水量の季節変化の一因となっている。
③ 北緯30度付近から高緯度側へ向かう大気の流れは，極東風とよばれる。
④ 北緯30度付近では下降気流が卓越し，湿潤な気候をもたらしている。

問1 ［答］

② 正文：高圧帯や低圧帯の南北移動は太陽回帰の影響を受けて，北半球が夏季（高日季）の時期である6〜8月には気圧帯が北上する。一方，南半球が夏季（高日季）の時期である12〜2月には気圧帯は南下する。高圧帯は乾季を，低圧帯は雨季をもたらすので，場所による降水量の季節変化につながる。

① 誤文：北極付近は極高圧帯が発達するが，赤道付近では熱帯収束帯（赤道低圧帯）が発達するため，高圧帯とはならない。

③ 誤文：北緯30度付近から高緯度側へ向かう大気の流れは極東風ではなく偏西風である。極東風とは，極高圧帯から緯度60度付近に発達する亜寒帯低圧帯（寒帯前線）に向かって吹く恒常風である。

④ 誤文：確かに北緯30度付近では亜熱帯高圧帯が発達するが，「高圧帯」であるため下降気流が活発なことから，湿潤ではなくむしろ乾燥した気候が卓越する地域となる。

問2 次の図2は，いくつかの地点における最寒月と最暖月の月平均気温，および最少雨月と最多雨月の月降水量を示している。図2中のA～Dは，図1中に示した地点ア～エのいずれかである。エに該当するものを，下の①～④のうちから一つ選べ。

図1

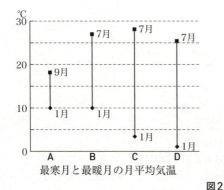
最寒月と最暖月の月平均気温

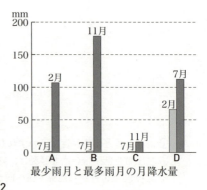
最少雨月と最多雨月の月降水量

図2

① A　② B　③ C　④ D

問2 [答] ④

　まず「最寒月」と「最暖月」から気温の年較差を意識する。本問では，地点ア～エがほぼ同緯度に位置することから，次に海岸部か内陸部かを考える。唯一内陸部に位置するイは年較差が大きいと考え，CかDとなる。次に海岸部にある残った3地点のうち，唯一大陸の東岸に位置するエは年較差が大きいと考え，イと同様にCかDとなる。イが位置するカスピ海より東側は内陸砂漠が広がる。よって，年中降水量が少ないCがイとなる。一方，北アメリカ大陸東岸に位置するエは，年中湿潤な気候となることからDがエとなり④が正解となる。ちなみに残ったアとウはどちらも地中海性気候（Cs）で夏乾燥冬湿潤となるが，地中海に面し暖流の影響を受けるアは最暖月の気温がより高く，外洋である太平洋に面し沖合を寒流が流れるウは最暖月の気温がより低くなる。よって，Aがウ，Bがアとなる。

問3 島の北部を北緯20度が通過するハワイ島では，おもにこの地域を吹く恒常風と地形によって，さまざまな気候が生まれている。次の図中の雨温図ア〜ウは，地図上の地点A〜Cのいずれかに対応する。これらの組合せとして正しいものを，下の①〜⑥のうちから一つ選べ。

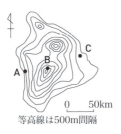

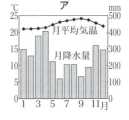

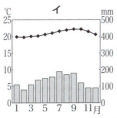

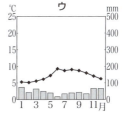

"Atlas of Hawaii"などにより作成。

図

	①	②	③	④	⑤	⑥
ア	A	A	B	B	C	C
イ	B	C	A	C	A	B
ウ	C	B	C	A	B	A

問3 [答]

　まず問題文からハワイ島が位置する緯度を意識する。「島の北部を北緯20度が通過する」とあるので，ハワイ島付近を吹く恒常風は<u>北東貿易風</u>であると特定できる。よって，<u>海洋からの湿った風が吹きつける島の北東側に位置する地点Cは，風上側で年中雨が多い**ア**</u>となる。次は焦って一つの面だけで考えないようにしたい。なぜなら残った地点Aは<u>北東貿易風</u>の風下側にあたる西岸，地点Bは内陸部に位置しているため，どちらも雨が少ない可能性があるからだ。そこで判断根拠で使いたいのが，<u>問題文にもあった地形</u>である。与えられた地図に等高線が示されており，<u>地点Bは標高が3,500m付近に位置している</u>ことがわかる。よって，<u>地点Bは</u><u>気温の逓減</u><u>の影響を考え，年中一定して気温が低くなる**ウ**</u>となり，残った**イ**が地点Aとなる。

6 世界の気候区分と植生・土壌

1 ケッペンの気候区分 ★★★

ドイツの気候学者ケッペンは，**植生の違いに注目して，気温と降水量の指標のみで気候を区分**した。

❖ **気候区分（気候帯と気候区）**

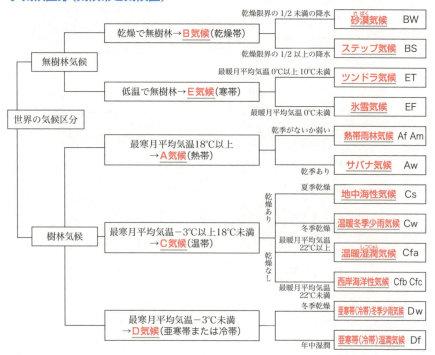

2 植生 ★★☆

❖ **熱帯**
① **熱帯雨林**：多種多様な常緑広葉樹の多層からなる密林，硬木。
② **サバナ**：疎林，長草草原（雨季のみ）…バオバブ，アカシアなど。
③ **マングローブ林**：熱帯・亜熱帯の汽水域（海水と淡水が混じり合う水域）に見られる熱帯樹木の総称。

♣ 乾燥帯
① **ステップ**：<u>短草草原</u>（イネ科の植物が多い）。
② **砂漠**：植生なし（塩性土壌）。

♣ 温帯 ⇒ <u>広葉樹林</u>（亜寒帯の近くなどに **広葉樹と針葉樹の混合林**）
① **常緑広葉樹林** ≒ **低緯度側**（大陸東岸部、日本では西南日本中心）
　<u>硬葉樹</u>：<u>Cs（地中海性気候）</u>…耐乾性の<u>オリーブ</u>，<u>コルクガシ</u>など。
　照葉樹：カシ，シイ，クスなど。
② **落葉広葉樹林** ≒ **高緯度側**（ヨーロッパ，日本では東北日本）…ブナ，ナラ，カエデなど。
③ **温帯草原** ≒ **年降水量500mm～750mm**の地域（プレーリー，パンパ，プスタ）…
　イネ科の草本を中心とした<u>長草草原</u>⇒<u>小麦</u>などの穀倉地帯。

♣ 亜寒帯（冷帯）⇒ <u>針葉樹林</u>（<u>タイガ</u>＝大規模な針葉樹林帯）
　トウヒ，モミ，マツ，スギなどの<u>針葉樹</u>⇒<u>軟木</u>（→木材加工しやすい），**純林**（＝単一の樹種で構成されている森林→伐採・搬出が簡便）⇒「経済林」＝<u>林業・木材加工業が盛ん</u>。

♣ 寒帯
① **ツンドラ**：夏季のみ<u>コケ</u>などの<u>地衣類</u>・<u>蘚苔類</u>が植生。
② **氷雪**：植生なし。

3　成帯土壌（気候・植生の影響）と間帯土壌（母岩の影響） ★★☆

	土壌	特色	土壌の利用	分布地域
成帯土壌	湿潤	<u>ラトソル</u>	赤褐色。腐植が溶脱したやせた土壌。鉄分やアルミニウム分を多く含む。	農耕（焼畑）	**熱帯の多雨地域（A）**
		<u>褐色森林土</u>	暗褐色。温暖湿潤で腐植が進み農耕に好適。	農耕が可能	温暖多雨の湿潤地域（Cfa・Cfb）
	半乾燥	<u>チェルノーゼム</u> <u>プレーリー土</u>	厚い腐植層をもつ**黒色で肥沃な土壌**。	穀倉地帯	ウクライナ南部（BS） 北アメリカの<u>プレーリー</u>（Cfa） 南アメリカの<u>パンパ</u>（Cfa）
	乾燥	栗色土	腐植が弱いアルカリ性。灌漑で農地化。短草草原。	農耕（灌漑）	砂漠の周辺地域（BS）
		砂漠土	不毛地。強アルカリ性。	不毛地	砂漠地域（BW）
	寒冷	<u>ポドゾル</u>	灰白色。**酸性のやせた土壌**。農耕不適。	森林。<u>タイガ</u>（針葉樹林）	亜寒帯地域（Df・Dw）
		ツンドラ土	灰褐色。地衣類・蘚苔類。農耕不適。	地衣類・蘚苔類	シベリア・カナダ北部（ET）

	土壌	特色	土壌の利用	分布地域
間帯土壌		<u>テラロッサ</u>	<u>石灰岩</u>が風化した**赤色の土壌**。	果樹栽培	地中海沿岸地域
		<u>テラローシャ</u>	<u>玄武岩</u>の風化した肥沃な赤紫色の土壌。	コーヒー栽培	<u>ブラジル高原</u>
		<u>レグール</u>	<u>玄武岩</u>の風化した有機物に富んだ**肥沃な黒色の土壌**。	綿花の栽培	<u>デカン高原</u>
	特殊な母材	<u>レス（黄土）</u>	<u>ゴビ砂漠</u>などからの風積土。細砂や粘土質の肥沃な土壌。 <u>大陸氷河</u>で削られた堆積物が風によって運ばれた肥沃な土壌。	畑作に適する	<u>黄河</u>流域 欧州（<u>プスタ</u>）

ここが共通テストのツボだ!!

ツボ ① 気候区の分布

各気候区には分布の規則性・傾向がある⇒地図帳等に掲載されている，ケッペンの気候区分の図を必ず確認しよう！とくに赤道と南北緯40度を意識しながら！植生や成帯土壌との対応も忘れずに！

① **Af（熱帯雨林気候）**⇒赤道周辺。
② **Aw（サバナ気候）**⇒Af周辺の低緯度。
③ **BW（砂漠気候）**⇒緯度20〜30度付近，大山脈の風下側（パタゴニア），大陸の内陸部（中央アジア〜中国西部），低緯度の大陸西岸の海岸砂漠（ペルー・ナミビアなど）。
④ **BS（ステップ気候）**⇒BW（砂漠）気候の周辺部。
⑤ **Cs（地中海性気候）**⇒緯度30度〜40度の大陸西岸。
⑥ **Cw（温暖冬季少雨気候）**⇒低緯度のAw気候に接する高原など（大陸西岸なし）。
⑦ **Cfa（温暖湿潤気候）**⇒緯度30〜40度の大陸東岸。
⑧ **Cfb（西岸海洋性気候）**⇒緯度40〜60度の大陸西岸。
⑨ **Df（亜寒帯湿潤気候）**⇒北半球の高緯度のみ（北緯40〜70度付近）。
⑩ **Dw（亜寒帯冬季少雨気候）**⇒ユーラシア大陸北東部のみ。
⑪ **ET（ツンドラ気候）**⇒北極海沿岸やチベット高原，アンデス山脈などの高山地域。
⑫ **EF（氷雪気候）**⇒南極・グリーンランド（北アメリカ大陸に含む）のみ。

図 気候・植生・土壌の関係

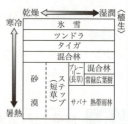

ツボ ② 土壌

成帯土壌は，気候や植生の影響を意識しておさえる！

① **ラトソル**…熱帯（高温多雨）→養分が流出，鉄分・アルミニウムは残る→やせ地＆赤褐色（鉄分などが酸化）。
② **ポドゾル**…亜寒帯（冷涼湿潤）→落ち葉の分解が進まず（＝腐植層に乏しく），酸化して土中の鉄分を溶かす→やせ地＆灰白色（色が抜けて）。
③ **チェルノーゼム・プレーリー土**…半乾燥の短草草原や長草草原→乾季に枯れた草が腐植層に→肥沃土＆黒色土≒小麦の大生産地域。※腐植層が多いほど土の色は黒ずむ。

チャレンジテスト（大学入学共通テスト実戦演習）

第1章 系統地理

問1 次の図2は，図1中のア〜エのいずれかの線に沿って，低緯度から高緯度にかけての主な植生帯と土壌帯の出現順序を示した模式図*である。図2に該当する線として最も適当なものを，下の①〜④のうちから一つ選べ。

*海域は除いて示した。また，人為的な影響は考慮していない。

図1

R.H.ホイッタカー『ホイッタカー　生態学概説』などにより作成。

図2

① ア　② イ　③ ウ　④ エ

問1 [答] **②**

　図2の植生や土壌から，熱帯，温帯，亜寒帯，寒帯の地域を通過するルートを選びたい。図1上に赤道を必ず正確に書き入れて，植生分布と対応するケッペンの気候区の分布を考えてみよう。

　アのルートは，低緯度側から見ると，熱帯から始まり，その後メキシコ，アメリカ合衆国の南西部で乾燥地域を抜け，さらに常緑広葉樹の硬葉樹が見られる温帯のCs（地中海性気候）付近を通過していることから，該当しない。その後は，カナダ西部から北極海沿岸にかけては，亜寒帯，寒帯が見られる。

　イのルートは，西インド諸島からアメリカ合衆国本土で唯一熱帯が広がるフロリダ半島南部を抜けて，アメリカ合衆国の東部は北緯40度を境に以南が概ね温帯，以北が亜寒帯となる場所を通過している。その後，カナダの大部分にかけて広がるタイガが見られる亜寒帯，最後に北極海沿岸のツンドラが見られる寒帯付近を通過していることから，正解となる。

　ウのルートは，南半球側であるからそもそも亜寒帯は見られないので該当しない。アマゾン川の河口付近の熱帯から始まり，ブラジル南部からアルゼンチン北部にかけての温帯を抜けて，南部のパタゴニアにかけての乾燥帯に至る。

　エのルートは，世界最大のサハラ砂漠を通過していることから，広範囲に乾燥帯の植生が見られないといけないので，該当しない。ギニア湾よりやや内陸の熱帯から始まり，広大なサハラ砂漠を抜けて，地中海沿岸の硬葉樹が見られる温帯を抜けて，ヨーロッパ西部にかけて広がる同じく温帯のCfb（西岸海洋性気候）となる。終点付近のスカンディナヴィア半島西岸は，暖流の北大西洋海流の影響から高緯度でも温和な温帯の気候となっている。

6　世界の気候区分と植生・土壌　｜　45

問2 次の図2は，乾燥地域にあるいくつかの地点について，最暖月と最寒月の月平均気温を示したものであり，①～④は，図1中の地点A～Dのいずれかである。Bに該当するものを，図2中の①～④のうちから一つ選べ。

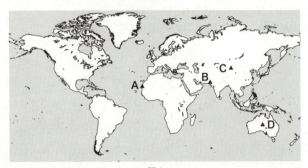

図1

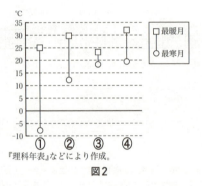

『理科年表』などにより作成。
図2

問2 ［答］

　本問は，最暖月と最寒月の気温が示されていることから，同じ乾燥地域でも気温の年較差等を意識して判断したい。
　まず，気温の年較差が最も大きい①は，4地点で最も高緯度かつ内陸に位置するCとなる。次に残ったA，B，Dはほぼ同緯度に位置するが，その中で唯一内陸に位置するDが，次に気温の年較差が大きい②となる。
　残った気温の年較差が小さい③と④は沿海部に位置するA・Bのいずれかであるが，アフリカ大陸北西岸に位置するAは，沖を流れる寒流のカナリア海流の影響による海岸砂漠に近い場所ではないかと類推すると，寒流の影響から最暖月気温が最も低い③となる。一方，アフリカ大陸やアラビア半島の東方にあたるBは，暖流の影響が強いため最暖月気温も最寒月気温も最も高い④となり，正解となる。

▼海岸砂漠のメカニズム

〈大陸西岸以外の中・低緯度地方〉　〈大陸西岸の中・低緯度地方〉

 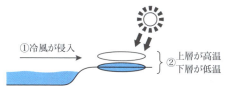

① 地表面が暖められ**上昇気流**が発生。

② 雲を形成し，降水あり。

① 寒流上の冷風が地表付近から侵入。

② （冷風は重いので下層にとどまり）**気温の逆転**により大気が安定。➡降水が少ない→砂漠を形成

7 異常気象と自然災害

1 熱帯低気圧と局地風

❖ **熱帯低気圧**（熱帯または亜熱帯地方に発生する低気圧の総称）
① 赤道直下では発生しない（自転の影響がないなど）。
② 低緯度の大陸東岸沖で発生しやすい（暖流の影響）。
③ 緯度30度付近より西から東へ進路を変える（偏西風の影響）。
④ 熱帯低気圧の名称（フィリピン東方沖⇒台風，インド洋やベンガル湾⇒サイクロン，メキシコ湾やカリブ海⇒ハリケーン）。

■世界の熱帯低気圧の発生域と経路

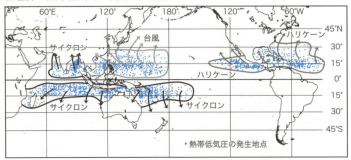

❖ **局地風**
① **フェーン**…アルプス山脈の北側の風下斜面に南から吹く高温乾燥風。同様のメカニズムによって生じる現象をフェーン現象という（⇒日本海側で生じやすい）。
② **ボラ**…ディナルアルプス山脈から風下側のアドリア海に吹き下ろす寒冷乾燥風⇒同様のメカニズムによって生じる現象として，ミストラル（フランスのローヌ川沿い）や日本の太平洋側の嵐（六甲おろし，赤城おろしなど），関東地方の空っ風などがある。
③ **やませ**…日本の北海道，東北地方の太平洋側に初夏に吹く冷涼湿潤風で，冷害の原因となる。

■ヨーロッパのおもな局地風

2 異常気象

❖ エルニーニョ現象
① **原因と特徴**…<u>南東貿易風</u>が弱まることによって，暖かい海水が表層部に流れ込み，深層部からの冷水湧昇流が生じにくくなって，太平洋赤道域のおもに南アメリカ大陸西岸沖の<u>海面温度が異常に上昇する現象</u>。<u>エルニーニョ現象</u>とは逆に，南東貿易風が強まり，冷水湧昇流が活発化し，太平洋赤道域のおもに南アメリカ大陸西岸沖の海面温度が異常に低下する現象を<u>ラニーニャ現象</u>という。

② **気象への影響**…<u>太平洋西部のインドネシアやオーストラリア東部</u>などでは，<u>少雨となり干ばつが発生しやすい</u>。一方，<u>太平洋東部のペルー沿岸部などでは大雨による災害が起こる場合がある</u>。また，<u>日本では冷夏や梅雨明けの遅れなどを引き起こす</u>場合がある。

❖ ヒートアイランド現象
…都市内部の地表の気温が，周辺部よりも高くなっている現象。都市化の進展によって，<u>コンクリート建造物やアスファルトの道路からの輻射熱やエアコンや自動車などからの排出熱</u>が多いこと，都市周辺部に比べ<u>気温調節機能をもつ緑地が少ない</u>ことが要因である。

3 自然災害

❖ 火山の災害と恩恵
① **災害**…噴石，火山灰，火山ガス，<u>火砕流</u>（高温の火山灰や火山ガスなどが一体となって高速で山体を流下する現象），溶岩流，大雨による土石流や泥流など⇒農地や宅地への被害，<u>航空機の飛行障害，地球規模での異常気象（気温低下）</u>など。

② **恩恵**…<u>温泉</u>や<u>地熱発電</u>，<u>観光資源（景観美）</u>，鉱産資源，<u>貯水</u>，火山灰や溶岩が<u>風化し形成された肥沃土</u>，信仰の象徴など。

❖ 沖積平野の災害と都市型水害
① **沖積平野の災害**…傾斜をもつ<u>扇状地</u>では<u>洪水</u>や<u>土石流</u>，低湿な<u>後背湿地</u>では<u>洪水</u>や<u>液状化現象</u>，同じく低湿で海岸付近に位置する<u>三角州</u>では<u>洪水</u>や<u>高潮</u>，<u>液状化現象</u>が生じやすい。また，<u>三角州</u>では都市が発達していることが多く，<u>地下水の過剰揚水による地盤沈下</u>も生じており，海抜0m未満の<u>ゼロメートル地帯</u>も見られる。

② **都市型水害**…都市化の進展にともない，<u>保水機能をもつ緑地の減少や透水性の低いアスファルト舗装など人工被覆の増加で，河川の急激な流量増加</u>につながりやすい⇒具体策：水源涵養林の整備，透水性の高い舗装や調整池，河川改修など。

7 異常気象と自然災害

ここが共通テストのツボだ!!

ツボ ① エルニーニョ現象のメカニズムとその影響

① **エルニーニョ現象**のメカニズム…通常の状態を，理解することが重要！

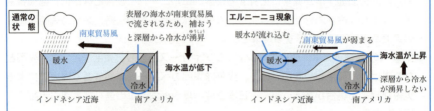

② **エルニーニョ現象**による影響

ツボ ② 自然災害の違い

近年，風水害（洪水や嵐など）による被害が増加傾向⇒人口増加を背景に**大規模開発による森林伐採**⇒保水機能低下，都市生活者の増加⇒古くからの居住者が避けてきた災害可能性の高い低地や傾斜地での居住者が増加＆**地球温暖化**による**熱帯低気圧**の強大化や豪雨・長雨の増加。

図 死者10名以上，避難者100名以上，非常事態宣言の発令，国際援助の要請のいずれかの状況をもたらした自然災害の合計

チャレンジテスト（大学入学共通テスト実戦演習）

問1 大気と海洋との相互作用は自然災害を発生させることがある。次の図中のA〜Dに示した地域でみられる災害をもたらす自然現象とその原因や背景について述べた文として下線部が最も適当なものを，下の①〜④のうちから一つ選べ。

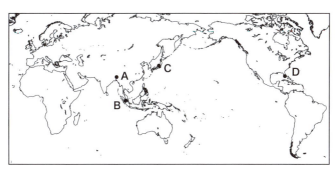

図

① A地域でみられる洪水の原因の一つとして，<u>インド洋付近に停滞する梅雨前線</u>がある。
② B地域でみられる干ばつの背景として，<u>太平洋西部の海水温が異常に上昇するエルニーニョ現象</u>などがある。
③ C地域でみられる豪雪の背景として，<u>太平洋からユーラシア大陸に向かって吹くモンスーン（季節風）</u>などがある。
④ D地域でみられる暴風雨の原因の一つとして，<u>大西洋の低緯度の海域で発生するハリケーン</u>などがある。

問1 [答]

④ 正文：Dのアメリカ合衆国南東部のフロリダ半島南部では，**メキシコ湾やカリブ海で発生した熱帯低気圧**の**ハリケーン**が襲来することがあり，暴風雨や洪水を引き起こすことがある。

① 誤文：A地域は**ベンガル湾**に面したバングラデシュ付近にあたり，確かに洪水は毎年のように起こるが，梅雨前線の影響ではなく**熱帯低気圧**の**サイクロン**によることが多い。

② 誤文：Bのインドネシアやオーストラリア北部では，**エルニーニョ現象**が起こると，高温乾燥状態が続き，干ばつが生じることがある。ただし**エルニーニョ現象**は，太平洋西部ではなく**太平洋東部のペルー沖の海面温度が異常に上昇すること**をいう。

③ 誤文：Cの東北地方の日本海側や北陸では，ユーラシア大陸から太平洋側に向かって吹く北西季節風が，日本海上で水分供給を受け，日本列島の中央部を縦走する脊梁山脈にぶつかることで豪雪となる。

7 異常気象と自然災害

問2 自然災害にともなう被害は，各地域の自然環境とともに社会・経済状況などに影響される。次の図は，1978年から2008年の期間に世界で発生した自然災害*について，発生件数**，被害額，被災者数の割合を地域別に示したものであり，図中のA～Cは，アジア，アフリカ，南北アメリカのいずれかである。A～Cと地域名との正しい組合せを，下の①～⑥のうちから一つ選べ。

*死者10人以上，被災者100人以上，非常事態宣言の発令，国際救助の要請のいずれかに該当するもの。

**国ごとの件数をもとに地域別の割合を算出。大規模自然災害の場合には，複数の国または地域で重複してカウントされる場合がある。

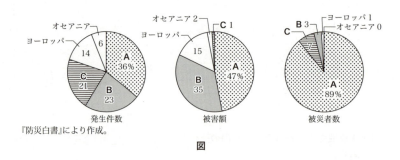

『防災白書』により作成。

図

	A	B	C
①	アジア	アフリカ	南北アメリカ
②	アジア	南北アメリカ	アフリカ
③	アフリカ	アジア	南北アメリカ
④	アフリカ	南北アメリカ	アジア
⑤	南北アメリカ	アジア	アフリカ
⑥	南北アメリカ	アフリカ	アジア

問2 [答] ②

Aはすべての指標において最も高い値を示し，発生件数に比べ被災者の割合が顕著に高いことから，世界の総人口の約6割が集中する<u>過密</u>地域で人的被害が大きくなるアジアとなる。Bは発生件数に対し被害額の割合が高く，被災者数の割合は最も低いことから，<u>資本を投じた高度な</u><u>インフラ</u>が整備され，防災対策が進んだ先進国のアメリカ合衆国やカナダを含む南北アメリカとなる。Cは発生件数に対し被害額の割合が顕著に低く，被災者数では発生件数が多いBを上回っていることから，<u>インフラ</u>の整備が進んでおらず，防災対策も不十分なアフリカとなる。

問3 次の図は，ある地域の火山防災マップである。図から読み取れることがらを述べた文として下線部が適当でないものを，下の①～④のうちから一つ選べ。

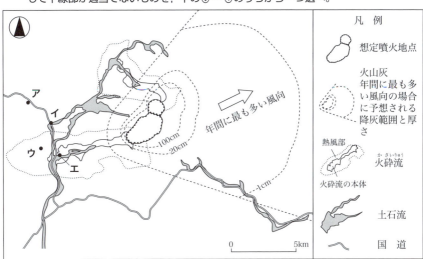

図

① 地点アの農地では，火山噴火が生じた場合，火山灰が降って農作物に被害が出る可能性がある。
② 地点イの国道では，火山噴火が終わった後にも，土石流が発生して通行ができなくなる可能性がある。
③ 地点ウの家屋は，火山噴火にともなって生じる火砕流の熱風で焼失する可能性がある。
④ 地点エの家屋は，土石流の影響によって損壊する可能性が低いのに対して，火砕流の被害を受ける可能性は高い。

問3 [答] ④

④ 誤文：地点エは，点線で示された火砕流の熱風部の範囲内にあたるだけでなく，土石流の範囲にも重なっている。
① 正文：確かに図中の火山防災マップでは，東側方向に火山灰の降灰範囲が示されているが，あくまで「年間に最も多い風向（≒偏西風）」の場合であり，風向が変われば当然火山灰の降灰範囲も変化する。よって，東風が強まり，想定噴火地点から西寄りに1cmの厚さの火山灰が同じ範囲まで降灰したとすると，地点アはその範囲に含まれ，農作物に被害が出る可能性がある。
② 正文：地点イには，土石流の凡例が示されており，確かに国道を通行できなくなる可能性がある。
③ 正文：地点ウは，火砕流の熱風部の範囲内にあたり，高温の火山ガスが火山砕屑物とともに高速で流下すると，家屋が焼失する可能性がある。

第1章　系統地理　rank C

8 環境問題①

1 水資源問題　★☆☆

❖ **水資源**…地球上の水のうち，**海水が約97.5%と圧倒的**であり，**陸水はわずか2.5%程度**である⇒陸水のうち**約7割を氷河や氷雪**が占め，**残り約3割が地下水**であり，河川水や湖沼水はごくわずか（地球上の水の総量の約0.01%）。

❖ **地下水**

① **被圧地下水**…不透水層によって挟まれた地下水⇒地下水面より低い位置に井戸口をもつ**掘り抜き井戸は自噴**する（自噴井）⇒オーストラリアの**グレートアーテジアン盆地**など。
② **自由地下水**…最も地表に近い不透水層上にある地下水。
③ **宙水**…局所的な不透水層上にレンズ状にたまった地下水。

■地下水

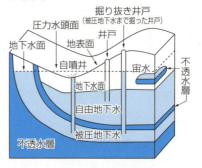

■世界各国の降水量など

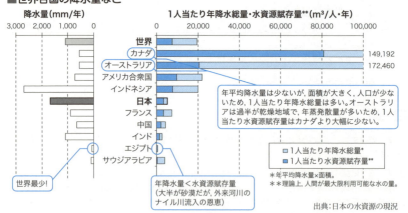

出典：日本の水資源の現況

■おもなアジア・アフリカ地域の水資源開発

地域	国	開発地域・開発名	内容
アジア	中国	黄河	下流域が天井川で，水不足に悩んできた黄河は有史以来，その治水，加えて利水が課題であった。1950年代後半から中流にサンメンシヤダム，上流にリウチヤシヤダムを建設し，多目的な利用を図ってきた。しかし，近年は下流の水不足の問題や**堆砂によるダム湖の埋積が進んでおり，ダムの機能低下**が指摘されている。
アジア	中国	長江	洪水防止・灌漑・発電を目的に長江中流の湖北（フーペイ）省に，**世界最大規模の多目的ダムである三峡（サンシヤ）ダム**が，2009年に完成した。しかし，ダム建設のため，**100万人以上の強制移住や生態系の破壊**などの諸問題を抱えている。
アジア	東南アジア	メコン川	インドシナ半島の国際河川であるメコン川では，**上流域の中国やラオスで現在100以上のダム開発計画**が進行している。その結果，メコン川の中流や下流では，とくに降水量が少ない年には魚の遡上や船舶の遡行が難しくなるほど水位が低下するといった事態が見られ始め，**水利権をめぐり上流域の国と下流域の国で対立**が生じ始めている。
アジア	中央アジア	アラル海周辺	中央アジアでは，**アムダリア川・シルダリア川**の水を**カラクーム運河**などによって導いて灌漑整備を行い，綿花栽培の拡大を図った。しかし，**アラル海**の水位低下による面積の縮小，塩害などの問題が生じている。
アフリカ	エジプト	ナイル川	1952年のエジプト革命後，急増する人口に対して食料を確保するため発電，洪水防止，灌漑による耕地拡大を目的として**ナイル川**にダム建設が計画され，1971年には旧ソ連の援助で**アスワンハイダム**が完成（工事の完了は1970年）した。綿花生産が伸びた一方で，**海岸線の後退や漁業資源の減少，塩害，歴史的遺産の水没の危機**などの環境問題が起こった。
オセアニア	オーストラリア	スノーウィーマウンテンズ計画	オーストラリアアルプス山脈の東南斜面の豊富な**スノーウィー川**の融雪水を，トンネルで**マリー（マーレー）川**に導き，山脈の西側の乾燥地域の灌漑と電力開発を目的とした。しかし，近年では，**過度な灌漑による塩害**が生じており，**農作物の生産性が低下**している。

2　酸性雨

❖ **原因**…**化石燃料の燃焼**（工場・自動車など）により**硫黄酸化物**，**窒素酸化物**を含むガスが発生⇒強酸性の雲を形成し，酸性雨（pH5.6以下）となる。

❖ **被害状況**…**森林の立ち枯れ**，**湖沼の酸性化による漁業資源の死滅**，**大理石の石造建築物の溶解**など。

❖ **被害地域**…工業化や**モータリゼーション**が進んだ，ヨーロッパ，アメリカ合衆国，日本，中国周辺⇒**偏西風**によって酸性の雲が流されるため，発生源付近から東方や北方にかけて被害地域が拡大しやすい。

❖ **対策**…排ガスのクリーン化や脱硫装置，**石灰散布による中和**など。「**長距離越境大気汚染条約**」が1979年採択，1983年発効。

ここが共通テストのツボだ!!

ツボ 1 大規模開発にともなう環境問題

● アスワンハイダムの功罪

エジプトは「ナイルの賜」＝外来河川のナイル川の恩恵（水や肥沃土）。

⇒ ただし，上流域が雨季と乾季が明瞭な気候のため，下流域のエジプトも年間を通して流量が不安定。

⇒ アスワンハイダムを建設し，灌漑整備（綿花や小麦の生産量が増加，米の栽培も可能に）や水力発電，工業化に活用。

⇒ しかし，ダム堤によって水や土砂，栄養塩類などが堰き止められたためさまざまな問題が発生。

⇒ ①海岸侵食，②下流側における漁業資源の減少，③肥沃土の減少，④過度な灌漑による塩害，⑤ダム湖誕生による歴史的遺産の水没の危機，⑥風土病のまん延。

● アラル海の面積縮小に関する問題

① アラル海周辺における問題

  (1) 河川からの淡水の流入量より蒸発量が多くなり，湖水の塩分濃度が上昇⇒プランクトンが死滅し漁業資源が激減。

  (2) 干上がった湖底に集積した塩分の飛散⇒塩害の拡大（住民の健康被害，綿花生産の停滞）。

② アムダリア川周辺における問題

  (1) 過度な灌漑による塩害（綿花生産の停滞，砂漠化）。

  (2) 上流側と下流側の国における水利権の問題。

ツボ 2 酸性雨の被害

偏西風が酸性雨の被害を広げる！

偏西風による影響のため，発生源から東方地域に酸性雨の被害が拡大しやすい⇒西ヨーロッパのドイツ・フランスの工業地帯から北ヨーロッパ（スウェーデン，フィンランド）へ，東アジアでは中国から日本や韓国へ，北アメリカではアメリカ合衆国の五大湖付近からカナダへ（越境被害）。

チャレンジテスト（大学入学共通テスト実戦演習）

問1 次の表は，いくつかの国における1人当たり水資源賦存量*と，国外水資源賦存量**の割合を示したものであり，①〜④はエジプト，中国，チリ，バングラデシュのいずれかである。エジプトに該当するものを，表中の①〜④のうちから一つ選べ。

*理論上，人間が最大限利用可能な水の量を指す。国内水資源賦存量と国外水資源賦存量の合計。
**隣接国から流入する河川水・地下水および国境をなす河川水の量。

表

	①	②	③	④
1人当たり水資源賦存量（m³）	722	2,017	7,932	52,849
国外水資源賦存量の割合（％）	97	1	91	4

統計年次は2008年〜2012年のいずれか。AQUASTATにより作成。

問1 ［答］

　エジプトは「ナイルの賜」といわれ，国土のほぼ全域が砂漠気候でありながら，外来河川のナイル川が水や肥沃土をもたらしている。よって，国外水資源賦存量の割合が高い①か③がエジプトとなる。同様に国外水資源賦存量の割合が高い国は，大河のガンジス川の下流域に位置するバングラデシュが該当する。1人当たり水資源賦存量に注目すると，①と③の差は10倍以上である。人口はエジプトが約1億人，バングラデシュが約1億7000万人であり，面積はエジプトの方が広く，この時点で両者に10倍以上の差はない。よって，両者の大きな差は，注釈から国内の水資源賦存量であることがわかる。バングラデシュは熱帯の多雨気候の地域なので，1人当たり水資源賦存量が多い③がバングラデシュ，その逆の①がエジプトとなる。

　ちなみに総人口が多いために1人当たり水資源賦存量が小さい②が中国，残った④がチリとなる。

9 環境問題②

1 砂漠化

- **原因**…異常気象による干ばつや温暖化による降水量の減少（自然的要因）＋**人口爆発**による**過耕作・過放牧・薪炭材の過剰伐採・過度な灌漑（塩害）**（人為的要因）。
- **被害状況**…土地の生産力が低下し、耕作不可能となり、餓死者や難民の発生へ。
- **被害地域**…サヘル（＝サハラ砂漠の南縁），ゴビ砂漠周辺，グレートプレーンズ，マリーダーリング盆地など。
- **対策**…ODA（政府開発援助）やNGO（非政府組織）などによる**植林（緑化事業）**や塩分が集積しにくい灌漑施設の整備（地下排水溝，マイクロ灌漑など）・地下ダムの建設。

2 熱帯林破壊

- **原因**…熱帯の途上地域における**商業目的（用材輸出・プランテーション農地拡大）**や**自給目的（焼畑周期の短縮，薪炭材獲得）**での過剰伐採。
- **被害状況**…土壌侵食，生態系の破壊，蒸散量の減少，光合成量の減少など。
- **被害地域**
① **ブラジルのアマゾン川流域**…大カラジャス計画（日本の援助）⇒カラジャス鉄山の開発，大牧場の建設，農地拡大（**大豆**・とうもろこし），道路建設（トランスアマゾニアンハイウェー）などで，熱帯林が大量伐採。
② **東南アジア**…過剰な焼畑，合板材などの輸出，プランテーション作物（油ヤシや天然ゴムなど）の大規模栽培，日本向けのエビの養殖池としてマングローブ林の伐採など。

3 オゾン層破壊

- **原因**…フロンガス（＝人体には無害。エアコンや冷蔵庫などの冷媒，ICの洗浄などに利用されていた）によって成層圏にあるオゾン層が破壊。
- **被害状況**…地表への**紫外線量が増加**し，皮膚ガンや白内障の原因。
- **被害地域**…南極上空のオゾンホールが顕著（北極上空にも見られることがある）。
- **対策**…先進国ではフロンガスを全廃し，代替フロンへ（⇒ただし**代替フロンの一部は高濃度の温室効果ガス**⇒段階的に**全廃**，先進国は2019年開始，2036年までに85％削減），「モントリオール議定書」。

4　地球温暖化

❖ **原因**…産業活動で排出される<u>温室効果ガス</u>（<u>二酸化炭素</u>・<u>メタン</u>、フロンなど）の影響。
❖ **被害状況**…<u>海水面の上昇</u>による水没や塩害、<u>生態系や農作物生産の変化</u>など。
❖ **被害（予想）地域**…低地が広がる<u>サンゴ礁</u>を起源とする島々（<u>モルディブ</u>、<u>ツバル</u>など）や<u>バングラデシュ</u>、オランダなど。
❖ **対策**
① 1992年リオデジャネイロで開催された「<u>地球サミット</u>」で「<u>国連気候変動枠組条約</u>」が締結。
② **京都議定書**…ロシアの批准により2005年京都議定書が発効。<u>温室効果ガス排出量の削減目標が義務化</u>（1990年比で2008～12年に先進国全体では－5.2％、アメリカ合衆国－7％、<u>日本－6％</u>、EU－8％）⇒日本、EUは達成。世界第2位の<u>二酸化炭素排出国であるアメリカ合衆国が離脱</u>し、<u>現在、世界最大の排出国である中国が途上国扱いで削減義務がない</u>ことが課題。
③ **パリ協定**…2015年末に196か国・地域が参加して採択された。京都議定書にはなかった<u>具体的な地球上の平均気温の上昇抑制目標が定められた</u>（世界の平均気温の上昇を産業革命以前に比べて＋2℃未満、＋1.5℃以内にも努力する）。また、<u>達成義務はないものの、すべての国・地域が自らの削減目標を作成・提出する義務を負う</u>⇒基準年などが各国・各地域によってバラツキが大きく、<u>アメリカ合衆国は2017年離脱を表明</u>。

■世界のCO₂排出量
（2016年・国別排出割合）
世界の排出量合計 約323億トン
中国 28.2％／アメリカ 15.0％／インド 6.4％／ロシア 4.5％／日本 3.5％／ドイツ 2.3％／その他 40.1％
出典：『世界国勢図会』

5　環境問題への取り組み

❖ **環境対策**
① **ナショナルトラスト**…自然や歴史環境を、募金や地元住民の資金をもとに保護する運動。
② **環境アセスメント（環境影響評価）**…乱開発を防ぐため、<u>事前に環境に及ぼす影響を調査・評価する手法</u>。
❖ **生物多様性に関するおもな条約**
① **ワシントン条約**…<u>絶滅のおそれのある野生動植物の国際取引を規制</u>し、その保護を行う。
② **ラムサール条約**…水鳥の生息地として重要な<u>湿地に関する条約</u>⇒<u>釧路湿原</u>など。
③ **生物多様性条約**…ワシントン条約やラムサール条約等を補完し、生物の多様性を包括的に保全し、生物資源の持続可能な利用、遺伝資源の利用から生ずる利益の公正かつ衡平な配分を行うための国際的な枠組み。
④ **バーゼル条約**…おもに<u>先進国からの有害廃棄物の発展途上国への越境防止</u>（⇒最近、問題視されている、<u>マイクロプラスチック</u>も対象へ）。

ここが共通テストのツボだ!!

ツボ ❶ サヘルの砂漠化による人口移動

サハラ砂漠南縁のサヘルは世界で最も砂漠化が著しい地域⇒耕地を失った人々が，水資源や就業機会に恵まれるギニア湾岸や大都市に移動⇒移住した先では，既存の住民との対立やスラムの形成など都市問題が発生。

ツボ ❷ マイクロプラスチックの問題

マイクロプラスチックとは，5mm以下の微細なプラスチックゴミ⇒含有，吸着する化学物質が食物連鎖に取り込まれ，海洋などの生態系に大きな悪影響⇒バーゼル条約を改正し，2021年からリサイクルが難しいプラスチックゴミの輸出入が制限。

ツボ ❸ 温室効果ガスの二酸化炭素濃度の推移

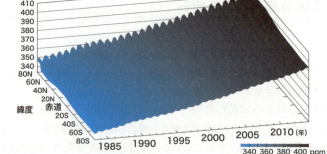

図 大気中の二酸化炭素濃度の推移（緯度別）

出典：気候変動監視レポート2014

① 年々，二酸化炭素濃度は上昇。
② 上昇率は北半球側の方が高い（人口が多く，工業も盛んなため）。
③ 高緯度寄りで二酸化炭素濃度の変動が大きい⇒高緯度で植生が多い地域（タイガ）では，夏と冬で光合成量に大きな違いが出る⇒夏には濃度低下，冬には濃度上昇。

チャレンジテスト（大学入学共通テスト実戦演習）

問1 砂漠化は世界各地で発生している地球環境問題の一つであるが，地域ごとに特徴がある。図中のA地域で進行している砂漠化の主な要因について述べた文として適当でないものを，下の①～④のうちから一つ選べ。

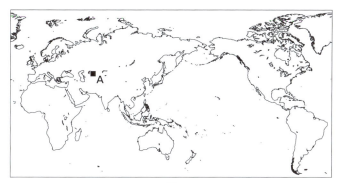

図

① 灌漑農業による河川水の過剰利用
② 気温の上昇による乾燥化
③ 酸性雨による草原の減少
④ 干上がった湖底から発生する砂塵

問1 [答]

　図中のA地域は，カスピ海から見て東側の位置を示しており，アラル海付近での大規模開発による環境問題が問われているとわかる。旧ソ連時代にこの地域では，アラル海に流入するアムダリア川やシルダリア川から大量に取水し，灌漑整備を行って綿花栽培地域を拡大した。しかし，アラル海への淡水の流入量が減り蒸発量の方が多くなったため，アラル海は面積が縮小してしまった。その結果，湖水の塩分濃度が上昇し漁業資源が死滅したり，干上がった湖底に集積した塩分や残留農薬等が混じった砂塵が偏西風によって飛散して塩害や住民の健康被害を招いたりしている。また，乾燥地域で過度な灌漑を行うと地中の塩分が地表に集積しやすくなるため，作物栽培が困難となる土壌の塩性化も生じている。よって，①，④は正文である。また近年の地球温暖化によって，乾燥地域では降水量が少なくなる傾向にあるため，②も正文である。
　残った③が誤文で正解となる。酸性雨は，化石燃料燃焼時に発生した硫黄酸化物や窒素酸化物が化学変化を起こし，強酸性の物質に変わって大気中の水蒸気に混じることによって生じる現象である。被害地域は，発生源となる，人口が多く工業化が進む地域に加え，偏西風等によって酸性雲が移動するため，工業地域の北方や東方にあたる地域である。A地域は人口密度も低く，工業化が進んだ地域にもあたらず，西方にもそのような場所は見られないため，酸性雨の被害はほとんどない。

問2 世界各地の森林の減少について述べた文として最も適当なものを，次の①〜④のうちから一つ選べ。

① アフリカの内陸部では，燃料となる薪の需要の増加が森林の過剰な伐採の一因となっている。
② オーストラリアの北東部では，先住民による大規模な焼畑農業が森林面積を減少させている。
③ 東南アジア島嶼部では，輸出用の茶を栽培するために，沿岸のマングローブが大規模に伐採されている。
④ ロシアの東部では，輸出用の砂糖を生産するためのテンサイ栽培の増加が森林の大規模な伐採の一因となっている。

問2 [答] ①

① **正文**：貧しいアフリカ内陸部では，化石燃料を使用することが難しいため，**燃料となる薪の過剰採取が森林伐採の一因**となっている。
② **誤文**：オーストラリア北東部では雨季と乾季が明瞭な気候を生かして，**サトウキビ農園が拡大している**ことが森林伐採の要因とされている。背景にあるのは，**バイオエタノール**の原料として，サトウキビが高価格で取り引きされるようになったことが大きい。ちなみにオーストラリアの先住民であるアボリジニーは狩猟民族である。
③ **誤文**：東南アジア島嶼部では輸出用の茶栽培を行っている場所もあるが，**茶は水はけが良い場所が適地となるため，マングローブが繁茂する潮間帯のような低湿地では栽培は困難**である。東南アジアにおける**マングローブ**伐採の要因は，エビの養殖池造成のためである。
④ **誤文**：ロシア東部のシベリアでは，冬の寒さが厳しく，降水量も少ないため耕作は難しい。**シベリアのタイガ伐採の要因は，輸出向けの用材を採取するため**などである。

問3 次の図は，二酸化炭素排出量の世界上位8か国について，1人当たり二酸化炭素排出量と，1990年を100とした指数で2011年の二酸化炭素排出量を示したものであり，円の大きさはそれぞれの国の二酸化炭素排出量を示している。図から考えられることがらとその背景について述べた文として適当でないものを，下の①～④のうちから一つ選べ。

(平成30年度大学入学共通テスト試行調査〈改〉)

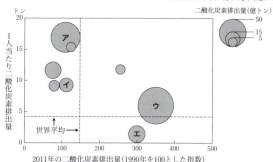

図

① アは，環境問題への対策が遅れており，1人当たり二酸化炭素排出量が8か国の中で最大となっている。
② ウは，急速な工業化によって，1人当たり二酸化炭素排出量が増加している。
③ アとイは，再生可能エネルギーや電気自動車が普及すると，それぞれの円の位置が右上方向に移行する。
④ ウとエは，今後も経済発展が進むと，世界全体の二酸化炭素排出量が大きく増加することが懸念されている。

問3 [答] ③

③ 誤文：後出の①の解説により先進国と判断できたア（アメリカ合衆国）とイ（日本）では，再生可能エネルギーや電気自動車の普及が進めば，むしろ二酸化炭素排出量は横軸の国全体も縦軸の1人当たりも減少する。よって，右上ではなく左下方向に移行することになる。

① 正文：アやイは，横軸の1990年を100とした指数の二酸化炭素排出量では世界平均を下回り，縦軸の1人当たり二酸化炭素排出量では世界平均を上回る。つまり，現在では急速な経済成長が終わって安定成長となったが，既に工業化が進み，生活水準が高い先進国と考えることができる。なかでもアは，ウに次ぐ二酸化炭素排出量を示していることからアメリカ合衆国と判断できる。アメリカ合衆国は，同じ先進国の中でも大量消費生活を行っており，環境対策にも消極的なことから1人当たり二酸化炭素排出量は高くなっている。

② 正文：ウは最も二酸化炭素排出量が多いことから中国と判断でき，中国の急速な工業化，経済成長は言うまでもなく，国全体だけでなく1人当たり二酸化炭素排出量も増加している。

④ 正文：ウ（中国）エ（インド）は，今後も経済発展が進み，人口増加もしばらくは続くであろう。両国とも大国であるので，世界全体の二酸化炭素排出量にも大きな影響を与えることは間違いない。

9 環境問題② | 63

10 日本の地形・気候・自然災害

1 日本の地形

❖ **地体構造**…大陸プレートの<u>ユーラシアプレート</u>，**北米プレート**，海洋プレートの**太平洋プレート**，<u>フィリピン海プレート</u>の接する場所。<u>フォッサマグナ</u>（大地溝帯）を境に**東北日本**と**西南日本**に，<u>中央構造線</u>（**メディアンライン**）を境に内帯（日本海側）と外帯（太平洋側）に分割。

■おもな地震の震源と火山，活断層

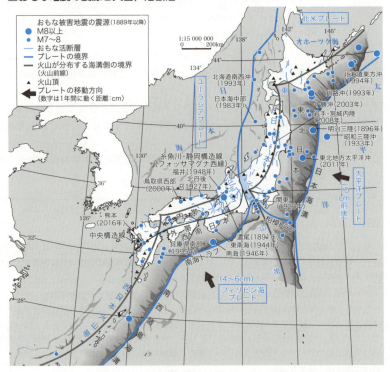

2 日本の気候と自然災害

夏季は小笠原気団（高気圧）の影響が強く，<u>南東季節風</u>が卓越する。冬季は<u>シベリア気団（高気圧）</u>の影響が強く，<u>北西季節風</u>が卓越し，**日本海側に降雪**（<u>雪害</u>）をもたらす

一方，太平洋側は乾燥した晴天が続く（⇒日照時間の違いに）。

✿ **梅雨・秋雨**…**小笠原気団**と**オホーツク海気団（高気圧）**の間に形成，雲が東西にのび，長雨をもたらす⇒**梅雨**や**秋雨**の時期に**台風**が接近すると，集中豪雨による大規模な水害，土砂災害を招きやすい。

✿ **やませ**…**オホーツク海気団**からの冷湿風により，夏，東北地方の太平洋側に**冷害**をもたらす。

✿ **各地域の気候の特徴**

① **北海道**…亜寒帯（⇒冬の寒さが厳しい），**梅雨がない**（⇒6月少雨），日本海側は多雪，太平洋・オホーツク海側は少雨。

② **日本海側**…多雪（⇒冬多雨）。

③ **太平洋側**…6月～10月は多雨（⇒6月の梅雨→南東季節風→9月～10月の台風），冬季は少雨。

④ **内陸**…少雨（冬も山間部を除いて雪は少ない），気温の年較差が大きく，冬の寒さが厳しい。※北海道東部とは6月の梅雨の違いで見極める。

⑤ **瀬戸内**…少雨（⇒夏は四国山地，冬は中国山地が季節風を遮断）⇒古くから**干ばつ**が生じやすかったため，数多くの**ため池**が設けられている。冬はやや温暖。※北海道東部や内陸とは冬の気温で見極める。

⑥ **南西諸島**…冬でも温暖，年中多雨（冬も降水が多い），**梅雨**が早い（5月）。

■日本の気候区分

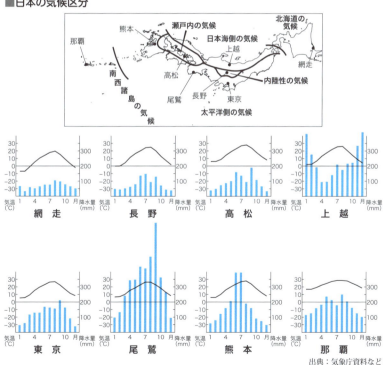

出典：気象庁資料など

ツボ 1 日本の気候

① 降水量が少ない3地域

(1) **瀬戸内海沿岸**…夏季は四国山地，冬季は中国山地が海洋からの湿潤な**季節風**を遮る。

(2) **内陸（長野県など）**…山に囲まれ，海洋から水分供給が少ない。

(3) 北海道東部…夏季は高緯度で気温が低いため上昇気流が発生しにくく，冬季は**北西季節風**の風下側になるため降雪も少ない。

⇒ 瀬戸内海沿岸との違いは？

　内陸（長野県など）は標高が高く，年中気温が低め。

　北海道東部は，内陸（長野県など）と同様に年中気温が低く，**梅雨がない**ので，6月頃の降水量が比較的少ない。

② 沖縄は冬も雨が多い！

　鹿児島県の奄美大島から沖縄県にかけての南西諸島

⇒ 冬季は**北西季節風**が東シナ海を通って湿潤風となって吹きつけるため，**冬季も降水量が多い**≒日本海側と同様に日照時間が短くなる。

③ 気象衛星画像と自然災害の関係！

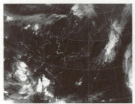
A

B

C

A：日本列島に雲がかかっていない⇒高気圧による高温や**干ばつ**の被害。

B：**日本列島に横方向にのびる南北幅広の雲がかかっている**⇒梅雨（秋雨）前線による**集中豪雨**の被害。

C：日本海上から日本列島にかけて北西から南東に向かう筋状の雲が発達。とくに**日本海側（や北海道）に濃い雲がかかっている**⇒寒波による大雪の被害。

チャレンジテスト（大学入学共通テスト実戦演習）

問1 日本列島は，新期造山帯に属しており，降水量も多いため，様々な自然災害が起こる。日本で発生する自然災害とその原因について述べた文として最も適当なものを，次の①～④のうちから一つ選べ。

① 日本の太平洋沿岸では，沖合のプレート境界であるフォッサマグナで発生する地震により，津波被害が生じる。

② 日本列島では，海溝に直交する向きに火山が列状に分布しており，噴火による災害がたびたび発生する。

③ 日本列島では，前線が停滞しているときに台風が接近すると集中豪雨が発生することがあり，地すべりなどの土砂災害が生じる。

④ 日本の東北地方では，冬に寒冷な季節風が吹くと，日本海側では雪害，太平洋側では冷害が生じる。

問1 [答] ③

③ **正文**：前線とは暖気と寒気が接する場所であり，上昇気流が発生し降水が生じやすい。そこに熱帯低気圧である台風が近づくことによって，暖かく湿った大気が流れ込み，前線付近では集中豪雨が発生しやすい。

① **誤文**：フォッサマグナとは大陸プレートである北アメリカプレートとユーラシアプレート，海洋プレートであるフィリピン海プレートが接する場所であり，沖合のプレート境界ではない。よって，フォッサマグナ付近では地震は生じやすいが，沖合の沈み込む狭まるプレート境界で見られる海溝型の地震による津波被害は見られない。

② **誤文**：日本列島で見られる火山は，海溝と直交ではなく平行する向きに分布している。

④ **誤文**：日本の東北地方では，冬季の寒冷な北西季節風の風上側に当たる日本海側では地形性降雨から雪害が生じることはあるが，一方の風下側に当たる太平洋側では雲がかからず晴天の日が多くなる。冷害とは，夏の低温により農作物が育たなくなること。

問 2 自然災害に関心のあるマオさんは、阪神・淡路大震災を引き起こした兵庫県南部地震の後に整備された北淡震災記念公園を調査の最後に訪れた。次の図は、マオさんが北淡震災記念公園において地震の特徴についての展示物を観察した時のメモの一部である。図中の下線部①～④のうちから、適当でないものを一つ選べ。

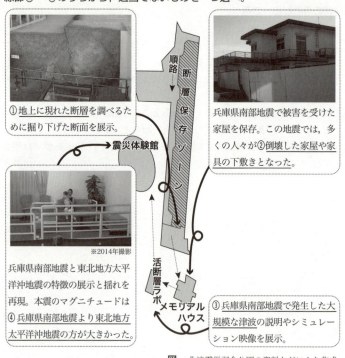

図　北淡震災記念公園の資料などにより作成。

問 2 [答]　**③**

③ 誤文：活断層型の地震では大規模な津波が生じることはなく、海溝型地震で生じやすい。活断層型地震の代表例が兵庫県南部地震（阪神・淡路大震災）や熊本地震であり、海溝型地震の代表例が東北地方太平洋沖地震（東日本大震災）である。

① 正文：写真から、右手側の地層が左手側の地層の上に乗り上がる逆断層を示していることがわかる。

② 正文：活断層型の地震の場合、地震の規模を示すマグニチュードは、海溝型の地震と比べると比較的小さいことが多い。ただし活断層型地震は震源が浅いため、局所的な強い揺れによる被害が大きくなりやすく、家屋の倒壊などの被害が発生しやすい。

④ 正文：③の記述のとおり、海溝型の地震の東北地方太平洋沖地震は、マグニチュードが9.0という大きな値を示した。一方、数字として覚える必要はもちろんないが、兵庫県南部地震（阪神・淡路大震災）は、マグニチュードが7.3であった。このように震災遺構の展示では、その場所で起こった災害だけでなく、日本のその他の地域はもとより、世界で起こった大きな災害についても広く知ってもらうことで、人々の防災意識を高め、減災につなげていこうというねらいがある。

問3 次の図中の①〜④は，日本の各地における強風日，積雪日，多降水日，真夏日のいずれかの日数*を示したものである。真夏日に該当するものを，図中の①〜④のうちから一つ選べ。

*強風日は最大風速15m/秒以上，積雪日は最深積雪10cm以上，多降水日は日降水量50mm以上，真夏日は最高気温30℃以上を記録した日の数。

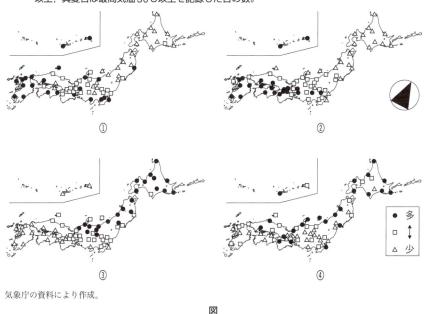

図

問3 [答] ②

　まず凡例の「●多」の分布に注目して判断したい。①と②は●が，おもに西日本を中心に分布している。一方③と④は，同じく●が北日本や東北地方・北陸地方の日本海側に分布している。最初の指標である強風日から考えてみると，冬の北西季節風が強く吹きつける日本海側や遮蔽物がない海岸近くにおいて風が強まる。よって，内陸部に●の少ない④が強風日となる。次に積雪日であるが，冬の北西季節風の影響が強まり，寒さも厳しく風上側となる北海道や東北から北陸にかけての日本海側においては降雪が生じやすい。よって，③が積雪日となる。多降水日は，●から判別ができなければ，逆に凡例の「△少」を意識して，つまり日本において降水量が少ない地域はどこかと考えるとよい。日本の中で降水量が少ないのは，夏冬とも季節風の風下側となる瀬戸内海沿岸や，周辺を山々に囲まれた長野県を中心とする内陸部においてであった。よって，この2地域に△が分布する①が多降水日となる。ちなみに西日本の中でも太平洋側は，南側からの暖かく湿った風が吹き込みやすいため，とくに梅雨期や台風期には降水量が多くなりやすい。

　残った②が真夏日に該当するわけだが，②の分布をよく見てみると日本列島の中では低緯度寄りの西日本を中心に，一部内陸部においても●が分布している。内陸は海洋側と比べ，大気中の水蒸気量が少ないため暖まりやすく冷めやすい。そのため，内陸に位置する埼玉県北部〜群馬県南部や山梨県，岐阜県などでは，真夏日や猛暑日のニュースで報道される都市も多い。

11 おもな作物の特徴

第1章　系統地理　rank C

1　三大穀物と大豆

✤ 米
① **原産地**…中国雲南地方〜インドのアッサム地方。
② **栽培条件**…高温・温暖，**年降水量1,000mm以上**。
③ **生産量**…**モンスーンアジア**で9割⇒中国，インド，インドネシアのアジアの人口順。
④ **貿易量**…輸出上位に**タイ，インド，ベトナム，パキスタン，アメリカ合衆国**。
⑤ **その他**…**チャオプラヤ川**や**メコン川**の下流域⇒河川の減水期に直播きされ，水位の上昇につれ穂先を水面から出して生育する低収量の**浮稲**の栽培が見られる。

✤ 小麦
① **原産地**…西アジア。
② **栽培条件**…温暖・冷涼，年降水量500〜750mm（500mm前後）が最適。
③ **生産量**…中国，インドのほか，**欧米（ロシア，アメリカ合衆国，カナダ，フランス）が中心**⇒年による生産量の変動大（冷害・干ばつの影響を受けやすい）。
④ **貿易量**…輸出上位は**ロシア，アメリカ合衆国，カナダ，フランス，オーストラリア**。輸入上位にインドネシア，エジプト。
⑤ **その他**…**冬小麦**＝冬（晩秋）に播種，初夏に収穫⇒低緯度側が中心。**春小麦**＝春に播種，秋に収穫⇒高緯度側が中心。

✤ とうもろこし
① **原産地**…熱帯アメリカ（メキシコなど）原産。
② **栽培条件**…温暖・冷涼，湿潤。
③ **生産量**…上位国は**アメリカ合衆国（約3割）→中国**の順。アフリカなど途上地域の一部は食用だが，多くが飼料用。最近は**バイオエタノール**の原料需要の増大，肉食需要の増加による飼料需要の増大，**遺伝子組み換え種**の普及で増産傾向（三大穀物で最大）。
④ **貿易量**…輸出は**アメリカ合衆国，アルゼンチン，ブラジル**で約6割。輸入は**日本**やメキシコが多い。

✤ 大豆
① **原産地**…東アジア。
② **栽培条件**…熱帯から寒冷地まで広く栽培。
③ **生産量**…上位国は**アメリカ合衆国（約3割強）→ブラジル→アルゼンチン**の順。南北アメリカで世界の8割以上を生産。最近は植物油需要の増大や**遺伝子組み換え種**の

普及で増産傾向。
④ **貿易量**…輸出はアメリカ合衆国，ブラジル，アルゼンチン。**輸入は中国が約6割**と圧倒的。
⑤ **その他**…油脂や醤油・豆腐などの食用や飼料用。

2 おもなプランテーション作物

- **コーヒー**…エチオピア原産。**中南米と東南アジアが生産の中心**。雨季と乾季が明瞭な気候で**排水良好な高原**が適地。生産上位国は**ブラジル，ベトナム，コロンビア，インドネシア**。
- **カカオ**…**熱帯アメリカ原産**。**ギニア湾岸が生産の中心**。**高温多雨な低地**が適地。生産上位国は**コートジボワール，ガーナ，インドネシア**。
- **茶**…東アジア原産。高温・温暖で**多雨**，**排水良好な傾斜地や高原・台地**が適地。生産上位国は**中国，インド**，旧イギリス植民地で展開⇒**ケニア，スリランカ**。
- **油ヤシ**…**高温多湿**が適地。**パーム油**（洗剤などの工業用，食用，**バイオ燃料**用）。生産上位国は東南アジアの**インドネシア，マレーシア**（世界の約85%）。
- **バナナ**…**高温多湿**が適地。生産はインドが最大だが，**輸出はエクアドルなど中南米が中心**，日本向けには**フィリピン**（台風の影響が少ない**南部ミンダナオ島**）。
- **綿花**…雨季と乾季が明瞭な気候，**霜が降りない温暖な場所**，排水の良い砂質土壌が適地。生産上位国はインド，中国，アメリカ合衆国，**パキスタン**，ブラジル，**ウズベキスタン**。
- **天然ゴム**…**アマゾン川**流域原産。高温多雨が適地。**東南アジアのタイ，インドネシア**（かつて世界一のマレーシアは**油ヤシ**への転換が増え減少）が生産の中心。
- **サトウキビ**…ニューギニア島などが原産。**雨季と乾季が明瞭な気候**が適地。カリブ海地域やブラジルの**プランテーション**によって生産が拡大。生産上位国は**ブラジル**（**バイオエタノール**の原料需要として増産），インド。

3 その他の作物

- **ばれいしょ（じゃがいも）**…アンデス地方原産。**冷涼な気候**を好む。
- **大麦**…**耐寒性**・耐乾性が強い。
- **ライ麦**…小麦よりも**耐寒性**が強い。黒パンの原料や飼料として利用。
- **キャッサバ**…中南米原産。**タピオカ**と呼ばれるでん粉質の粉。最大の生産国は**ナイジェリア**。
- **オリーブ**…地中海沿岸が生産の中心。
- **ナツメヤシ**…乾燥気候区が適地⇒西アジア～北アフリカが生産の中心。

ここが共通テストのツボだ!!

ツボ① 緑の革命

① 目的と概要…1960年代半ば頃から，**人口爆発**による食料不足に対応するため，米や小麦，とうもろこしなどの穀物を中心に，**高収量品種の開発・導入**を進めた取り組み⇒発展途上地域を中心に穀物増産に大きく寄与し，中でも**東南アジア（インドネシアなど）や南アジア（インドなど）の食料自給率を大幅に向上**させた。

② 問題点…高収量品種の作付けには，灌漑整備や**大量の化学肥料・農薬の投下が必要**であったため，地域間・農民間での**貧富の差が拡大**し，化学肥料や農薬は石油加工品のため**農業における化石燃料への依存を高めた**。

ツボ② 遺伝子組み換え作物

① 特徴
  (1) 利点…遺伝子組み換え技術によって品種改良された作物（**害虫や農薬などに強い作物**）⇒従来の掛け合わせによる品種改良より時間を大幅に短縮⇒**土地生産性の向上**，農薬散布回数の減少による農家の作業効率改善など。
  (2) 課題…遺伝子組み換えによって，自然界の作物には本来含まれていなかった物質がつくられることで，摂取した**人体への悪影響**や**生態系への影響**が懸念。また，耐性をもった雑草の除草コスト増加や高付加価値の遺伝子組み換え種の利用による農産物の価格上昇など。

② 栽培状況（1996年商業栽培開始）…**遺伝子組み換え作物**の栽培は，新大陸で積極的な一方，**日本やEUは消極的**⇒アメリカ合衆国は世界最大の栽培面積，次いで**ブラジル，アルゼンチン**。遺伝子組み換え種の導入が進む作物は，**大豆，とうもろこし，綿**，ナタネ⇒これらの自給率が低い**日本にも多くの遺伝子組み換え作物**が流入。

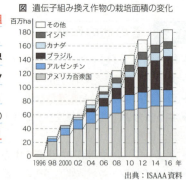

図 遺伝子組み換え作物の栽培面積の変化

出典：ISAAA資料

チャレンジテスト（大学入学共通テスト実戦演習）

問1 今日では，小麦は多くの地域で栽培され，ほぼ年間を通して世界のどこかで収穫されている。次の図は，いくつかの小麦生産国について，小麦の収穫期，春小麦および冬小麦の播種期を示したものであり，①〜④は，イギリス，インド，オーストラリア，フランスのいずれかである。インドに該当するものを，図中の①〜④のうちから一つ選べ。

	1	2	3	4	5	6	7	8	9	10	11	12	月
①	■			△	△	△	△				■	■	
②				■	■	■	■			△	△	△	
③			○	○		■	■	■		△	△	△	
中国			○	○		■	■	■	△	△			
アメリカ合衆国			○	○	○	■	■		△	△	△		
④			○	○		■	■		△	△	△		

■ 収穫期　○ 春小麦の播種期　△ 冬小麦の播種期

長尾精一『世界の小麦の生産と品質　上巻』により作成。

図

問1 ［答］ **②**

「小麦カレンダー」と呼ばれる問題。資料で与えられているものをまず確認してみると，収穫期，春小麦の播種期，冬小麦の播種期の3つが示されている。全体的な違いを見てみると，①だけ4月から7月に冬小麦の種を播いている。<u>冬小麦</u>は晩秋に種を播く小麦であることから，①は4月から7月に晩秋の時期となっている南半球に位置するオーストラリアとなる。残りを見ると，②だけ春小麦の播種期が見られない。<u>春小麦</u>の栽培地域は，晩秋に種を播くことができない冷涼な気候環境下にある場所である。また，②は播種期から収穫期までの期間が短い，つまり生育が早い環境下にある。よって，②は最も低緯度側に位置し，気温の高い環境下にあるインドとなる。ちなみに③は，同じヨーロッパでもやや低緯度に位置するフランス，④はやや高緯度に位置するイギリスとなる。

問2 農業は，気温や降水量などの自然条件に強い制約を受ける。次の図は，いくつかの作物について北半球におけるおおまかな栽培可能な緯度帯*を示したものであり，①〜④は，大豆，バナナ，綿花，ライ麦のいずれかの作物である。大豆に該当するものを，図中の①〜④のうちから一つ選べ。

*高度の影響は考慮しない。

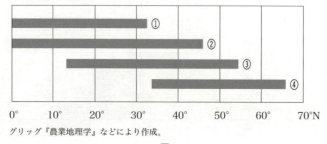

グリッグ『農業地理学』などにより作成。

図

問2 [答] ③

①は北緯30度付近といった低い緯度帯までしか栽培ができていないことから，**熱帯性作物のバナナ**となる。④は最も高緯度側まで栽培が可能であることから，**寒さに強い穀物であるライ麦**となる。次に②と③であるが，詳しく知らない作物の栽培条件を無駄に考えるより，**北半球における代表的な大豆と綿花の栽培地域**を想定してみたい。なぜなら農作物栽培は，人々がさまざまな苦労をしながら長い年月をかけ，その土地，その土地に最適な作物を発見，広げてきたからである。その中でも「**適地適作**」を行うアメリカ合衆国を考えてみると，五大湖のすぐ南側を通過する北緯40度付近ではとうもろこしと大豆の**輪作**が盛んである。一方，北緯40度以南の南部は，古くから黒人奴隷による綿花栽培が盛んで，一部連作障害が見られるが今日でも綿花栽培が行われている。つまり，**より高緯度側まで栽培できているのは大豆**であることがわかる。ちなみに中国の場合も，高緯度側の東北地方で大豆，低緯度側の黄河の中下流域で綿花の栽培が盛んである。よって，②が綿花，③が大豆となる。

問3 次の図は，いくつかの農作物について，1990年と2016年の世界における生産量の割合を地域別に示したものであり，①～④は，オリーブ，オレンジ類，コーヒー，とうもろこしのいずれかである。コーヒーに該当するものを，図中の①～④のうちから一つ選べ。

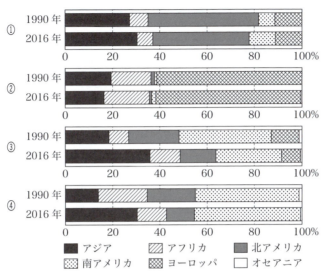

北アメリカには，メキシコからパナマまでの諸国およびカリブ海諸国が含まれる。
FAOSTATにより作成。

図

問3 ［答］ **④**

　本問では各農作物について，生産地が特定の地域に集中するのかそれとも分散するのかを意識しながら解答したい。オリーブは，ほぼ地中海沿岸のみで栽培されている作物であった。よって，以前も今も変わらずヨーロッパ地域が生産の中心となっている②がオリーブである。オレンジ類は，高温または温暖な気候環境下を好む作物であるので，熱帯から温帯まで幅広く栽培される。細かな統計情報がなくても，さまざまな地域で栽培されると考えれば，生産地域が最も分散している③がオレンジ類となる。とうもろこしは，1位のアメリカ合衆国が世界の3分の1，2位の中国が5分の1を生産し，3位にブラジル，4位にアルゼンチンが続く。よって，北アメリカやアジア，南アメリカが生産の中心となっている①がとうもろこしとなる。コーヒーは，ほぼ熱帯でのみ栽培されるので，熱帯地域をもたないヨーロッパでは全く栽培されない。また，コーヒーの原産地（栽培起源地）はエチオピア高原のカッファ地方であったが，その後，黒人奴隷を利用し生産を拡大した新大陸のブラジルやコロンビアといった南アメリカが主産地となった。また，旧フランス領であったベトナムでは，植民地時代に始まったコーヒー栽培が，1986年のドイモイ政策をきっかけに拡大し，1990年代以降コーヒーの生産・輸出が増加の一途を辿っている。よって，南アメリカを中心に，アジア地域で生産が伸びている④がコーヒーとなる。

第1章　系統地理

12 世界の農業地域区分とおもな家畜

rank

1　自給的農業　★☆☆

❖ **遊牧**…乾燥・寒冷地域（高緯度，高山）。水や餌を求めて，家畜とともに水平移動する牧畜。羊・ヤギ（乾燥地域共通）・**ラクダ**（西アジア～北アフリカ），**馬**（モンゴル），**トナカイ**（北極海沿岸），**ヤク**（チベット高原～ヒマラヤ山脈），**リャマ・アルパカ**（アンデス山脈）。移動式住居（組立式のテント式住居⇒モンゴルの**ゲル**など）。

❖ **オアシス農業**…作物栽培が不可能な**砂漠気候**地域。湧泉，**外来河川**，**地下水**などを利用して灌漑を整備し作物（ナツメヤシ・小麦・綿花・果実・野菜など）を栽培。**地下水路の名称**（イラン…**カナート**，北アフリカ…**フォガラ**など）。

❖ **焼畑（移動式）農業**…おもに**熱帯・亜熱帯地域**。森林を伐採，乾燥させ火入れしてできた**草木灰を肥料**として耕作。収量低下後，移動し同様に耕作。掘棒やくわ（ハック）を用いて，**いも類（キャッサバなど）や雑穀（ミレット）を植える**。近年，**人口爆発による食料不足から焼畑周期が短縮し森林破壊**（対策：アグロフォレストリーなど）。

❖ **アジア式稲作農業／アジア式畑作農業**…おもにアジア南部の**年降水量1,000mm以上の沖積平野**や傾斜地の**棚田**で稲作。おもにアジアの北部の年降水量500mm～1,000mm前後の地域で畑作（小麦，雑穀など）。**小規模で労働集約的**（＝**労働生産性**は低い），灌漑が整備された**東アジアは連作も可能**⇔東南・南アジアは天水田が多い（＝東アジアは**土地生産性**が高い）。

2　商業的農業　★☆☆

❖ **混合農業**…温暖・冷涼湿潤な**ヨーロッパ**が中心。農地を穀物栽培（温暖な地域は小麦，冷涼な地域はライ麦），飼料作物栽培（テンサイ，大麦，クローバーなど），**家畜飼育（豚，牛）に分割**し，**輪作**（⇒地力の回復・維持），**三圃式農業**から発展。新大陸の企業的農業の台頭で，**ヨーロッパでは，やせ地が広がる北緯50°以北では酪農**（イギリス，デンマーク，オランダの**ポルダー**など），**園芸農業**（オランダの砂丘斜面など）へと分化。**アメリカ合衆国のコーンベルト**では機械化が進行，とうもろこし・大豆の生産と豚や牛の肥育を大規模に展開。

❖ **酪農**…**冷涼な気候，氷食によるやせ地や大都市の近郊**で発達。採草地を設け，濃厚飼料を家畜（おもに**乳牛**）に与え飼育し，乳製品の加工も行う。変質しやすい乳製品は市場からの距離に応じて変化（距離：近→生乳，遠→バター・チーズ），**アルプス**

■商業的農業への発達・分化

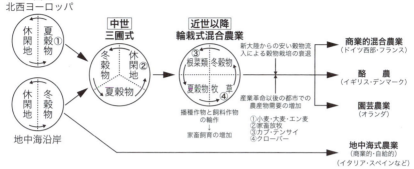

■スイスの移牧

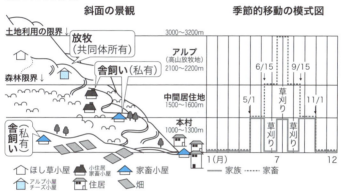

山脈では移牧（山地や高原を季節によって垂直移動する牧畜）による酪農。

✤ 園芸農業（近郊農業，輸送園芸）…大都市郊外（＝近郊農業）や大都市から離れた地域（＝輸送園芸（遠郊農業））。都市向けに集約的に野菜，花卉，果実などを栽培。近郊農業ではおもに露地栽培，輸送園芸では露地栽培に加え温室やビニールハウスなどの施設栽培。市場から離れた輸送園芸地域では，近郊農業の端境期（＝出荷量が少ない時期）。

■東京都卸売市場におけるおもな産地のカボチャの取引状況（2018年，単位百t）

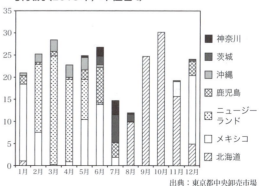

出典：東京都中央卸売市場

12 世界の農業地域区分とおもな家畜　77

を利用して出荷（⇒輸送技術の発達，促成・抑制栽培を活用）。オランダの北海沿岸の海岸砂丘では，チューリップなどの花卉やトマト・パプリカなど野菜の栽培が施設園芸により盛ん。
♣ 地中海式農業…地中海性気候（Cs）の地域。夏には耐乾性のオリーブやブドウなどの樹木作物や野菜（≒輸送園芸地域としての役割），冬には小麦などを栽培。スペイン，イタリアでは羊やヤギの移牧も行われ，アメリカ合衆国のカリフォルニア州では灌漑による輸出向けオレンジなどの柑橘類や米の栽培が大規模に行われている。

3　企業的農業

♣ 企業的穀物農業／企業的牧畜業（≒新大陸：北米・南米・オーストラリア）
① 企業的穀物農業…年降水量500mm前後の肥沃な黒色土（プレーリー，パンパ，ウクライナ（⇒チェルノーゼム）など。大規模，機械化（＝労働生産性が高い），南半球では北半球の端境期を利用して小麦を輸出。アメリカ合衆国の多国籍企業である穀物メジャーがアグリビジネス（農産物の生産から加工・流通・消費に至るフードシステム全体を統括する経営手法）を展開し，穀物流通市場の価格決定権を握る。
② 企業的牧畜業…サバナ気候やステップ気候⇒肉牛＝グレートプレーンズ，カンポなど，羊＝乾燥パンパ，グレートアーテジアン盆地など。ヨーロッパへの輸送手段の発達（冷凍船の就航），鉄道網の整備などから発展。アメリカ合衆国などでは肉牛肥育施設のフィードロットによる集約的家畜飼育も見られる。

♣ プランテーション農業…熱帯・亜熱帯性の嗜好作物（カカオ，コーヒー，茶など）や工芸作物（天然ゴム，油ヤシなど）をモノカルチャー（単一耕作）により栽培。植民地化による現地住民や奴隷を利用した大規模栽培がはじまり（独立後は現地の経営者に引き継ぎ），農民は買い上げ価格を低く抑えられ，異常気象による収穫量の変化や先進国の景気動向から価格が不安定⇒貧困から抜け出せない⇒フェアトレード推進の動き。第二次世界大戦後，プランテーションは国有化され，小規模に分割された例もあるが，ラテンアメリカ諸国では大土地所有制に基づく大農園が現在でも残存（ブラジル：ファゼンダ，アルゼンチン：エスタンシア，その他のラテンアメリカ地域：アシェンダ）。

4 おもな家畜と畜産物

■家畜・畜産物の統計

牛の飼育頭数

2016年	万頭	%
ブラジル	21,823	14.8
インド	18,599	12.6
アメリカ合衆国	9,192	6.2
中国	8,438	5.7
エチオピア	5,949	4.0
アルゼンチン	5,264	3.6
パキスタン	4,280	2.9
メキシコ	3,392	2.3
世界計	147,489	100.0

― 新大陸が中心！ ―

牛肉の生産

2016年	万トン	%
アメリカ合衆国	1,147	17.4
ブラジル	928	14.1
中国	700	10.6
アルゼンチン	264	4.0
オーストラリア	236	3.6
世界計	6,597	100.0

牛肉の貿易

2016年	万トン	%
輸出 ブラジル	154	13.3
オーストラリア	139	12.1
インド	126	10.9
アメリカ合衆国	108	9.3
ニュージーランド	55	4.8
世界計	1,156	100.0
輸入 アメリカ合衆国	129	11.5
ベトナム	73	6.5
中国	72	6.4
日本	67	5.9
（香港）	50	4.5
世界計	1,123	100.0

水牛などを含む

牛乳の生産

2016年	万トン	%
アメリカ合衆国	9,636	14.6
インド	7,742	11.7
中国	3,678	5.6
ブラジル	3,362	5.1
ドイツ	3,267	5.0
世界計	65,915	100.0

― 1970年代の「白い革命」で増産！

バターの生産

2014年	千トン	%
インド	3,798	38.1
アメリカ合衆国	846	8.5
パキスタン	726	7.3
ニュージーランド	472	4.7
ドイツ	441	4.4
世界計	9,978	100.0

チーズの生産

2014年	千トン	%
アメリカ合衆国	5,585	24.7
ドイツ	2,741	12.1
フランス	1,886	8.3
イタリア	1,254	5.5
オランダ	772	3.4
世界計	22,652	100.0

― 欧米諸国中心！

豚の飼育頭数 — 世界の約半分！

2016年	万頭	%
中国	45,113	45.9
アメリカ合衆国	7,150	7.3
ブラジル	3,995	4.1
スペイン	2,923	3.0
ベトナム	2,908	3.0
ドイツ	2,738	2.8
ロシア	2,151	2.2
メキシコ	1,675	1.7
世界計	98,180	100.0

― ヨーロッパの2強！

豚肉の生産 — 世界の約半分！

2016年	万トン	%
中国	5,413	45.8
アメリカ合衆国	1,132	9.6
ドイツ	559	4.7
スペイン	395	3.3
ベトナム	366	3.1
世界計	11,817	100.0

― ヨーロッパの2強！

羊の飼育頭数

2016年	万頭	%
中国	16,206	13.8
オーストラリア	6,754	5.8
インド	6,302	5.4
イラン	4,250	3.6
ナイジェリア	4,209	3.6
スーダン	4,055	3.5
イギリス	3,394	2.9
トルコ	3,151	2.7
世界計	117,335	100.0

乾燥地域中心！

羊毛の生産（脂付き羊毛*）

2013年	千トン	%
中国	471	22.2
オーストラリア	361	17.0
ニュージーランド	165	7.8
イギリス	68	3.2
イラン	62	2.9
世界計	2,127	100.0

*羊から刈り取ったままの原毛

― 南半球の旧イギリス植民地！

羊毛の貿易

2013年	千トン	%
輸出 オーストラリア	346	40.5
ニュージーランド	133	15.5
南アフリカ	46	5.3
イギリス	38	4.4
ドイツ	23	2.7
世界計	854	100.0
輸入 中国	345	45.2
インド	89	11.6
イギリス	37	4.9
ドイツ	37	4.8
イタリア	35	4.6
世界計	764	100.0

脂付き羊毛と洗上げ羊毛の合計

出典：『データブック オブ・ザ・ワールド』『世界国勢図会』

ここが共通テストのツボだ!!

ツボ ① 労働生産性と土地生産性

労働生産性(同じ労働力での生産量や生産額)と**土地生産性**(同じ面積での生産量や生産額)は、生産「量」ベースと生産「額」ベースに分けて考える必要がある。

どうすれば生産性は上がるのか？(生産量ベース)

① **労働生産性**⇒資本(金)を投下し，機械化・大規模化⇒企業的農業を行う新大陸の国>商業的農業を行うヨーロッパ諸国>アジア>アフリカ。

※ 生産額ベースの場合は土地の規模の大小などが影響。

② **土地生産性**⇒自然条件(気候環境など)が好適，耕作に適した土地に多くの労働力を投下し，灌漑整備などを行って手間暇かけて生産⇒ヨーロッパ諸国>アジア>新大陸の国>アフリカ。

※ 生産額ベースの場合は農畜産物の価格が影響。

高価格：野菜・花卉などの園芸作物，畜産品⇒オランダやデンマークなどで高い。

低価格：穀物⇒新大陸の国で低い(広大な土地で生産量・生産額をカバーできるので，土地生産性を上げる必要がない)。

ツボ ② おもな国の農業統計から見た特徴

① 農林水産業就業人口割合…**発展途上地域で高い**⇔**先進地域で低い**(なかでもイギリスは低い)。

② 耕地の割合…**湿潤な平坦地を広くもつ国で高い**(インド，デンマークなど)⇔寒冷(カナダなど)，乾燥(オーストラリアなど)，山がちな地形(日本，ニュージーランドなど)を広くもつ国で低い。

③ 牧場・牧草地の割合…**乾燥地域を広くもつ牧畜が盛んな国**(中国，オーストラリアなど)&湿潤でも**牧羊**が盛んな国(イギリス，ニュージーランド，アルゼンチンなど)で高い。

④ 1人当たり農地(耕地+牧場・牧草地)面積…**アジア<アフリカ<ヨーロッパ(イタリア・ドイツ<フランス・イギリス)<新大陸**(北アメリカ，南アメリカ，オセアニア)。

図 主要国の農林水産業就業人口割合，耕地率，牧場・牧草地率，1人当たり農地面積(2014年)

国名	農林水産業就業人口対総就業人口比(%)	国土面積に占める耕地の割合(%)	国土面積に占める牧場・牧草地率(%)	農林水産業就業者1人当たり農地面積(ha)
インド	46.6	51.5	3.1	0.8
中国	29.8	12.7	40.9	2.3
韓国	5.7	16.9	0.6	1.2
日本	3.8	10.3	1.6	1.9
イタリア	3.6	30.2	13.4	16.6
ブラジル	14.6	10.2	23.0	19.7
ドイツ	1.4	33.8	13.0	29.1
イギリス	1.3	25.9	45.3	44.0
デンマーク	2.5	56.7	4.5	38.7
フランス	2.8	35.0	17.1	38.5
ニュージーランド	6.2	2.5	39.0	77.7
アルゼンチン	2.1	14.5	39.0	399.7
アメリカ合衆国	1.5	16.0	25.5	178.6
カナダ	2.1	5.1	1.5	169.1
オーストラリア	2.8	6.2	46.7	1,238.6

出典：『世界国勢図会』

チャレンジテスト（大学入学共通テスト実戦演習）

問1 次の図は，いくつかの国における農地1ha当たりの農業生産額と農業人口1人当たりの農業生産額を示したものであり，①〜④は，アメリカ合衆国，イギリス，オランダ，マレーシアのいずれかである。オランダに該当するものを，図中の①〜④のうちから一つ選べ。

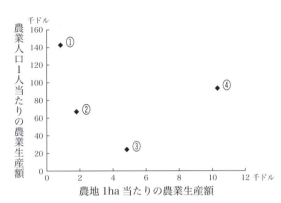

統計年次は2011年。
FAOSTATにより作成。

図

問1 ［答］ ④

縦軸の農業人口1人当たりの農業生産額は，<u>労働生産性</u>を示す。<u>労働生産性</u>は各国の資本力の有無が大きな影響を及ぼす。資本があれば大規模化・機械化等を進め，農業人口1人当たりの農業生産量も生産額も大きくなる。よって，①は新大陸の先進国であるアメリカ合衆国となる。また③は農業人口1人当たりの農業生産額が最も小さいことから，4か国の中では最も資本力が乏しいアジアのマレーシアと判断したい。

一方，横軸の農地1ha当たりの農業生産額は，<u>土地生産性</u>を示す。ただし気をつけなければいけないのは，生産「量」ではなく生産「額」という点である。生産量の場合には，同じ面積どうしで比較をするので，その土地の気候・土壌など自然条件や灌漑整備の程度が大きな影響を及ぼす。<u>生産額の場合には，その土地で作っている農産物が何かが大きく影響する。例えば穀物は長期保存が利くなどの理由で価格が安く，野菜や果物，花卉などの園芸作物や畜産物は保存が利かないなどの理由で価格が高い。</u>解答で求められているオランダの場合には，<u>水はけの良い海岸砂丘ではチューリップや野菜の栽培，ポルダーと呼ばれる干拓地では畜産が盛んである。</u>それゆえオランダは，4か国の中で農地1ha当たりの農業生産額が最も高い④となる。

ちなみにアメリカ合衆国ほど大規模ではないものの，ヨーロッパの中では冷涼な気候で小麦などの栽培が中心のイギリスは②となる。また現在でもプランテーション農業が盛んなマレーシアは，工芸作物や嗜好作物などの比較的価格が高い商品作物栽培が中心なので，生産額で見た<u>土地生産性</u>は比較的高いものになる。

問2 次の図は，アフリカ産のコーヒー豆がイギリスで販売されるまでの流通過程と取引の価格を模式的に示したものである。図に関連することがらについて述べた文として下線部が適当でないものを，下の①～④のうちから一つ選べ。

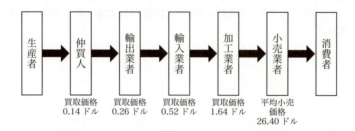

各段階での1キログラム当たりの価格を示している。
オックスファム・インターナショナル『コーヒー危機』により作成。
図

① アフリカのコーヒー輸出国には，輸出金額に占めるコーヒーの割合が大きい国があり，国家の経済が世界的な価格変動の影響を受けやすい。
② コーヒーの取引価格は，消費国での流通過程において，より上昇する。
③ 生産者の労働環境や所得水準を向上させるため，フェアトレードが注目されている。
④ 世界的な流通に長い歴史をもつコーヒーは，フードシステム（食料供給体系）を統括する拠点が消費国よりも生産国にある場合が多い。

問2 ［答］

コーヒー豆の流通過程，取引について，つまり植民地化による負の遺産と呼ばれるプランテーションの問題についての問いである。

④ 誤文：植民地化の名残から，消費国である先進国の多国籍企業が市場価格に強い影響力をもっており，買取価格も低く抑えられてきた。そのため，発展途上地域の生産者は，貧困から抜け出せない状況に置かれ続けてきた。
① 正文：コーヒー豆やカカオ豆などの嗜好作物は，異常気象による不作や消費国である先進国の景気動向の影響を受けやすく，供給量と需要量の変動が大きく，それに応じて価格変動も大きい。
② 正文：図を見てみると，消費国側に当たる輸入業者の時点で0.52ドルだったものが，小売業者の時点で26.40ドルと著しく価格が上昇していることがわかる。輸送費や人件費，地代，保管手数料などさまざまな名目から，消費国である先進国の業者は利益を上乗せしていることがわかる。
③ 正文：フェアトレードは，上述のとおり貧しい生産者の生活改善や持続可能な開発を目的に，買い手である消費国の業者が労働面や環境面など一定条件を満たした農園から，最低価格保証や前払い，一般市場価格より高価格で買い取る取り組みである。

問3 次の図2中の①〜④は，図1の信濃川流域市町村*の花卉，果実，米，野菜のいずれかの産出額を示したものである。米に該当するものを図2の①〜④のうちから一つ選べ。
*2000年における市町村域。

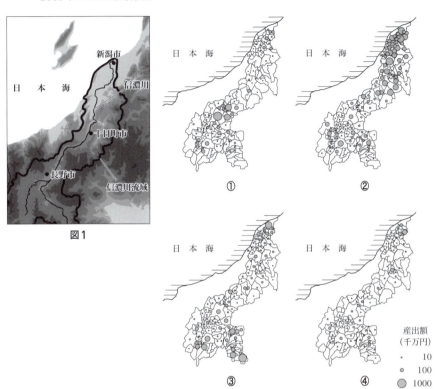

統計年次は2000年。『新潟県統計年鑑』などにより作成。
図2

問3 [答] ②

　図1の地形条件を踏まえて解答にあたりたい。まず分布図の問題であることから，分布の特徴を読み取ってみると，②と③はほとんどの自治体で生産されている農産物である。よって，人間生活には欠かすことができない，主食となる米や鮮度が重要な野菜のいずれかとなる。その中でも，②は図1から信濃川下流域の低地を中心とする場所で産出額が多いことから，肥沃な沖積平野の低湿地が栽培に好適な米で正解となる。③は新潟市付近や南部の冷涼で山がちな地域で産出額が多いことから，<u>都市</u><u>近郊農業</u>と高原を利用した<u>輸送園芸</u>による野菜となる。残った①と④であるが，④は産出額がどの市町村においても小さいことから，この地域が冷涼で日照時間が短いため栽培適地が少ない花卉となる。最後に残った①が果実となるが，<u>果実は昼夜の気温差が大きいと果糖が多くなるため</u>，<u>内陸の排水良好な長野市のような盆地が栽培適地</u>とされる。

---

12 世界の農業地域区分とおもな家畜 | 83

13 世界と日本の林業・水産業

1 世界の森林と木材

❖ **森林面積率の高い国**…<u>赤道</u>付近（ブラジル，コンゴ民主共和国，<u>マレーシア</u>など）や<u>北欧</u>（フィンランド，スウェーデンなど），<u>日本</u>（国土面積の3分の2）など。

❖ **木材の貿易**
① **木材の上位輸出国**…面積が広い国＆針葉樹が豊富な国（ロシア，カナダなど）。
② **木材の上位輸入国**…人口が多い国＆GDPが大きい国（中国，アメリカ合衆国，日本など）。

2 森林の機能

<u>薪炭材</u>（燃料用），<u>用材</u>（製材・合板・パルプ用），その他（<u>水源涵養</u>，<u>洪水・土壌侵食防止</u>，防風・防砂，魚付林，森林浴など）。

3 日本の木材供給の変遷

❖ **1950年代〜1960年代**
　高度経済成長期の建設ラッシュによって，**国産材では供給が不足**。1963年から<u>木材の輸入自由化</u>を実施し，**安価な外材が流入（木材自給率が著しく低下）**⇒とくに当時は**安価な熱帯材を輸入**（1960年代はフィリピン，1970年代はインドネシア，1980年代はマレーシア，1990年代はパプアニューギニアからも輸入）。

❖ **1970年代〜1990年代**
　輸出国が乱伐による森林資源の保護や木材産業の育成（⇒丸太のままより加工して付加価値を付けて輸出したい）のため，**丸太輸出規制を段階的に実施**⇒割安な**丸太（原木）での輸入から，割高なチップや合板での輸入へと変化**。また，**輸入相手先も付加価値の高い<u>針葉樹</u>を豊富にもつ国（カナダ，アメリカ合衆国，ロシアなど）へと変化**。

❖ **2000年代以降**
　バブル経済崩壊後の長引く不況や人口停滞・減少，環境問題への意識の高まりから木材需要が停滞。また，中国など新興国における木材需要の増大や各国の丸太輸出規制により，木材の国際価格が上昇。環境対策から間伐材の利用やバイオマス燃料への活用の推進⇒<u>**日本の<u>木材自給率</u>は2000年代半ばから回復傾向**</u>（2017年の木材自給率は36.1%）。

4　漁場の自然条件

- **大陸棚**…海岸から深さ約200mまでの浅海底。**とくに浅い部分をバンク（浅堆）**という⇒栄養塩類に恵まれた陸水の流入でプランクトンが多い（好漁場）。
- **潮目（潮境）**…寒流と暖流がぶつかる場所⇒栄養塩類が豊富な寒流，寒流魚と暖流魚の豊富な魚種（好漁場）。

5　世界の主要漁場

- **太平洋北西部**…世界最大の漁場。寒流の親潮（千島海流）と暖流の黒潮（日本海流）の潮目，バンク。豊富な魚種に恵まれる**世界最大の漁業国は中国**（養殖が大半で，河川や湖沼での内水面養殖が盛ん）。
- **太平洋南東部**…寒流のペルー海流の影響（湧昇流）で漁獲量が多い⇒ペルーではアンチョビの漁獲が有名（エルニーニョ現象や海洋生態系の変化による**漁獲量の変動が大きい**）⇒アンチョビはフィッシュミール（魚粉）として加工，飼料として輸出。近年，チリではサケ・マスの養殖が盛ん。
- **大西洋北東部**…暖流の北大西洋海流と寒流の東グリーンランド海流の潮目，北海のドッガーバンクなど⇒タラやニシンの漁獲で有名。**地域最大の漁業国はノルウェー**（近年は輸出向けのサケ・マスやサバの養殖も盛ん）。

6　日本の水産業をめぐる動き

- **1973年頃**…第一次石油危機による燃料費の高騰や資源ナショナリズムの高揚から漁業専管水域を設定する国（ペルーやチリなど）が増加⇒遠洋漁業が衰退
- **1980年代後半～**…円高の進行や冷蔵・冷凍技術の発達によって，**海外から安価な魚介類の輸入が増大**。また，日本近海でのマイワシの大不漁，世界的な水産資源の保護の高まりから漁獲規制が厳しくなり，遠洋・沖合・沿岸漁業がさらに衰退した。

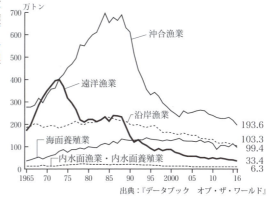

■日本の漁業部門別生産量の推移

出典：『データブック　オブ　ザ　ワールド』

ここが共通テストのツボだ!!

ツボ ① 森林面積割合と木材の伐採用途

① 森林面積割合は，<u>赤道</u>付近に位置する国や<u>針葉樹</u>を豊富にもち，保全・管理を行うフィンランドやスウェーデンで高い！（日本は例外的に高い）
② 木材の伐採用途は，<u>薪炭材</u>≒燃料用⇒途上国で多く，用材≒それ以外の用途⇒先進国で多い！

図1 おもな国の森林面積割合（2015年）と用途別・樹種別木材伐採高（2016年）

国　名	森林面積割合(%)	木材伐採高(千m³) 用材	薪炭材	うち針葉樹の割合(%)
マレーシア	67.2	13,856	2,534	0.3
日本	66.0	21,258	67	88.0
フィンランド	65.6	54,327	7,964	79.2
コンゴ民主共和国	65.1	4,611	83,538	—
スウェーデン	62.7	67,200	7,000	90.5
ブラジル	58.0	145,102	111,707	17.9
ロシア	47.7	198,195	15,605	66.7
インドネシア	47.6	74,041	46,209	0.2
ニュージーランド	37.9	28,663	—	99.9
カナダ	34.8	157,770	4,870	82.1
タイ	32.0	14,600	18,703	—
アメリカ合衆国	31.5	356,586	45,450	68.5
中国	21.8	162,965	169,169	28.7
インド	21.5	49,517	305,534	4.3
オーストラリア	16.1	30,083	4,051	48.0

出典：『世界国勢図会』

ツボ ② おもな漁業国の特徴

漁獲高は，世界最大の中国，世界第2位のインドネシアとも<u>養殖</u>による漁獲高が大半を占める（中国は海面・内水面とも，インドネシアは海面中心）。海洋での漁業中心のペルーは海洋生態系の移動や異常気象の影響から変動が大きい！日本は1980年代後半以降大きく衰退し，アメリカ合衆国は停滞傾向。

図2 おもな漁業・養殖業生産量の割合（2017年）

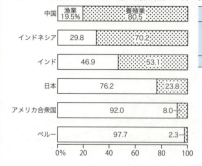

図3 中国，インドネシア，インドの養殖業生産量（単位 千t）

	2017	海面	内水面
中国	64,358	35,241	29,118
インドネシア	15,896	12,365	3,531
インド	6,182	754	5,428
世界計	111,947	62,363	49,584

出典：図2，3は『世界国勢図会』

チャレンジテスト（大学入学共通テスト実戦演習）

問1 次の表は，世界のいくつかの地域における森林面積とその増加率および木材伐採高に占める薪炭材の割合を示したものであり，①〜④はアフリカ，オセアニア，北・中央アメリカ，南アメリカのいずれかである。南アメリカに該当するものを，表中の①〜④のうちから一つ選べ。

表

	森林面積 （百万ha）	森林面積の 増加率（％）	木材伐採高に占める 薪炭材の割合（％）
ヨーロッパ・ロシア	1,005	0.68	19.3
①	864	−4.42	45.0
②	705	−0.01	21.0
③	674	−4.82	89.8
アジア	593	3.92	67.9
④	191	−3.53	15.8
世界全体	4,033	−1.28	51.7

統計年次は，森林面積と木材伐採高に占める薪炭材の割合が2010年，森林面積の増加率が2000〜2010年。
FAO, *Global Forest Resources Assessment 2010* などにより作成。

問1 [答] ①

① 森林面積が①〜④のなかで最も広いものの，③に次いで森林が減少し，薪炭材の割合が約半分と比較的高いことから，「地球の肺」と呼ばれるアマゾン川流域に広がるセルバ等の熱帯林を有し，途上国もまだ多い南アメリカとなる。

② 森林面積の増加率が微減にとどまり，薪炭材の割合が低いことから，森林の保全・管理を行い，用材の伐採量が多い先進国のアメリカ合衆国やカナダを含む北・中央アメリカとなる。

③ 森林面積が最も減少し，薪炭材の割合が最も高いことから，人口爆発による森林伐採が進み，極めて貧しい開発途上国を多く含むアフリカとなる。

④ 森林面積が最も狭く，森林面積の増加率がマイナスを示し，薪炭材の割合も低いことから，約6割が乾燥帯で異常気象による森林火災や干ばつが多発し，薪炭材の割合も低いオーストラリアが大部分を占めるオセアニアとなる。

問2 次の図中のア〜ウは，漁獲量*，水産物輸出額，水産物輸入額のいずれかについて，世界の上位10か国とそれらが世界に占める割合を示したものである。漁獲量，水産物輸出額，水産物輸入額とア〜ウとの正しい組合せを，下の①〜⑥のうちから一つ選べ。
*養殖を含まない。

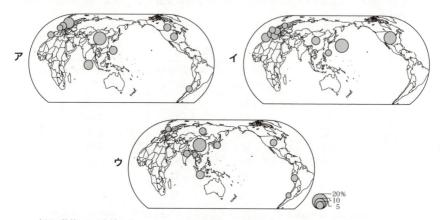

中国の数値には，台湾，ホンコン，マカオを含まない。統計年次は2010年。FAOSTATにより作成。
図

	①	②	③	④	⑤	⑥
漁獲量	ア	ア	イ	イ	ウ	ウ
水産物輸出額	イ	ウ	ア	ウ	ア	イ
水産物輸入額	ウ	イ	ウ	ア	イ	ア

問2 [答] ⑤

　まず漁獲量には養殖を含まないことに注意したい。アは中国が最大を示し，北東大西洋漁場の北西ヨーロッパ諸国やエビや淡水魚の養殖が盛んな東南アジアのタイやベトナム，サケ・マスの漁獲で有名なカナダやアメリカ合衆国，日本向けのサケ・マスの養殖が盛んなチリが上位にあることから，水産物輸出額となる。イは，日本やアメリカ合衆国が上位にあり，魚食嗜好が強く，購買力が高い西部ヨーロッパや中国，韓国も上位にあることから，水産物輸入額となる。ウは，中国がダントツの1位を示し，それ以外にヨーロッパ最大の漁獲高を誇るノルウェーや人口大国で国内需要が多いインドやインドネシア，太平洋北部でサケ・マス，カニなどを漁獲するロシアやアメリカ合衆国，日本，そして南東太平洋漁場で古くからをはじめ漁業が盛んなペルーやチリがあることから，漁獲量となる。

問3 水産資源とそれにかかわることがらについて述べた文として適当でないものを，次の①～④のうちから一つ選べ。

① インドネシアでは，エビの養殖のためにマングローブ林が破壊されている。
② 北ヨーロッパでは，魚介類を卵から育てて放流する漁業が盛んに行われている。
③ ペルー沖は，湧昇流によって，魚介類の餌となるプランクトンが発生しにくい海域となっている。
④ マグロの乱獲を背景として，その漁獲を規制する国際的な動きがみられる。

問3　[答]　

③ 誤文：ペルー沖では，海底から栄養塩類が豊富な海洋深層水が湧昇流によって表層に集まるため，大量のプランクトンが発生し，アンチョビなどの漁獲で有名な好漁場となっている。

① 正文：東南アジアのインドネシアやベトナム，南アジアのインドなどでは，エビの養殖池造成のために汽水域に繁茂するマングローブ林が伐採されている。この影響から，生態系の破壊や海岸侵食，津波・高潮被害の拡大も見られるようになっている。

② 正文：北ヨーロッパのノルウェーでは，遡河性（河川をさかのぼる性質）魚類のサケ・マスの栽培漁業が盛んである。栽培漁業とは，卵から幼魚まで育てた後にいったん自然界に放流する養殖法のことで，天然資源の増加につなげる狙いがある。

④ 正文：マグロは回遊魚で複数の国の漁場を超えて移動するため，国際的な資源管理が必要である。また，近年マグロは世界的に需要が拡大し，畜養と呼ばれる手法が一般化している。畜養とは，本来市場に出回らない若魚を捕獲し，生簀でサバなどの餌を大量に与え，肥育させ出荷する手法である。そのため，水揚げされる漁港をもつ漁場の規制だけでは意味がなく，生簀に入れられる前に漁獲された漁場においても規制する必要がある。

14 世界と日本の食料問題

1 食料供給

❖ 食料供給量

■おもな国の食品群別カロリー供給構成（2013年）

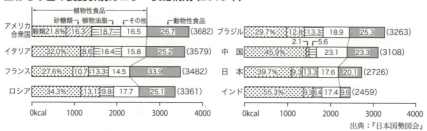

出典：『日本国勢図会』

❖ 食料自給率（重量ベース）

① おもな先進国の食料自給率
(%)

	日本	アメリカ合衆国	イギリス	ドイツ	フランス	イタリア
穀類	28	127	86	113	189	69
豆類	8	171	39	6	78	34
野菜類	79	90	38	40	73	141
果実類	39	74	5	25	57	106
肉類	52	116	69	114	98	79
卵類	96	105	88	71	100	90
牛乳・乳製品	60	104	81	123	123	68
供給熱量総合食料	38	130	63	95	127	60

出典：『日本国勢図会』　（2013年，日本は2017年度の概算）

② 日本の食料自給率の推移
(%)

	1960	1980	2000	2005	2010	2015	2017(概算)
穀物（食用＋飼料用）	82	33	28	28	27	29	28
米	102	100	95	95	97	98	96
小麦	39	10	11	14	9	15	14
大豆	28	4	5	5	6	7	7
野菜	100	97	81	79	81	80	79
果実	100	81	44	41	38	41	39
肉類（鯨肉を除く）	91	81	52	54	56	54	52
鶏卵	101	98	95	94	96	96	96
牛乳・乳製品	89	82	68	68	67	62	60
供給熱量自給率	79	53	40	40	39	39	38

出典：『日本国勢図会』

❖ **フードマイレージ**…**食料輸入量に輸送距離を乗じた指標**。食料を輸入する際の流通過程において，地球環境にいかに負荷を与えているかを見る指標⇒一般に**輸送距離が長くなればなるほど，数多くの輸送手段を使い，長時間かけて運ばれるため，地球環境への負荷が大きくなる**⇒日本の**フードマイレージは極めて大きい**（かさばる穀物や大豆の自給率がとくに低く，遠距離の新大陸から輸送してくるため）。

2 EUの共通農業政策

❖ **目的**…農民の所得を確保するための価格・所得政策とEU加盟国間・地域間の経済力や生産条件などの格差を是正するための農村開発政策という二本の柱と，対外政策として**域外共通関税**（かつては輸入課徴金や輸出補助金）などからなる。

❖ **課題**…1960年代には，主要な農産物に国際価格を上回る統一価格による価格支持

が行われた。その結果，**1970年代には自給率が向上**した（とくに**大規模農業を行っているフランスやイギリスで恩恵大**）ものの，**一方で生産過剰**が生じた。また，アメリカ合衆国との間では**貿易摩擦**も顕在化した。

❖ **現況**…1990年代半ば頃から共通農業政策の改革が行われ，**統一価格を引き下げる**一方，農家の経営や設備投資への直接補助金や農村の基盤整備や環境・景観の整備に農業予算の多くが割りあてられるようになった。**零細な農家が多い新規加盟国の東欧諸国に予算の多くが支給**されるようになり，合理化により高い生産性を誇っていたフランスやイギリスには予算の配分をめぐる不満が新たに生じ始めている。

3　日本の農業

機械化は進展したが，**後継者不足**などから近年**高齢化が著しく，耕作放棄地も増加，零細な経営**（2015年の耕作放棄地は42万ha）⇒**土地生産性は高いが，労働生産性は欧米に比べて低い**。

❖ **農業政策**…**高度経済成長期**には**食生活が多様化・欧米化⇒米の消費量が減少**⇒政府は米の買い入れ価格を市場価格より高い価格で保証し続けた結果，**米の生産過剰，政府の財政がひっ迫⇒1970年頃から生産調整（減反）を実施**（水田の休耕地化，転作の奨励）＋**1994年から米の輸入自由化**⇒**耕作放棄地の増加**，生態系の破壊や自然災害の悪化。1999年から**食料・農業・農村基本法**が施行され，農業基本法に代わって，**食料の安定供給**（⇒食育，地産地消の推進）や農村がもつ**多面的機能**（**国土保全，水源涵養**，景観，文化の伝承など）の発揮を目指す。TPP11などの自由貿易協定などの発効による関税率引き下げを見据え，2018年度から減反政策が廃止。

❖ **地域別農業の特徴**

① 北海道…**酪農**（⇒**畜産が多い**）。
② 東北…水田（⇒**米が多い**）。
③ 北陸…**水田単作**地帯（⇒**米が多い**）。
④ 関東・東山（山梨・長野）…**大都市近郊**で**園芸農業**（⇒**野菜が多い**）。
⑤ 東海…**愛知県で花卉，静岡県で茶**（⇒**その他が多い**），大都市近郊で**園芸農業**（⇒**野菜が多い**）。
⑥ 近畿…大都市近郊で**園芸農業**（⇒**野菜が多い**）。
⑦ 中国…干拓地の稲作（⇒米が多い），畜産が多い。
⑧ 四国…**高知県で施設園芸**（⇒**野菜が多い**），愛媛県でみかん（⇒**その他が多い**）。
⑨ 九州…鹿児島県・宮崎県で畜産（⇒**畜産が多い**），宮崎県で**施設園芸**（⇒**野菜が多い**）。
⑩ 沖縄…**サトウキビ**（⇒米が少ない）。

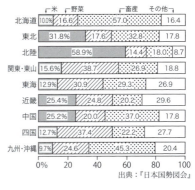

■地域別の農業産出額の割合（2017年）
出典：『日本国勢図会』

ここが共通テストのツボだ!!

ツボ ❶ 肥満率・糖尿病の割合

欧米諸国以上に，**イスラーム教徒が多い西アジア～北アフリカ**，太平洋の**島嶼国**で高い。
⇒ なぜ？
文化的に**豊満な体形が好まれる**ことに加え，資源によって得られた豊富な資金力を背景に，**欧米の食文化である高カロリーな食品やファストフードが欧米諸国以上に食生活に浸透**してしまったため。

ツボ ❷ 農産物の輸出

① 輸入…輸入超過額では，**中国が世界最大，日本が第2位**。
② 輸出
　(1) 輸出超過が大きいのは，南米の広大な面積をもつブラジル，アルゼンチン。
　(2) 輸出額ではアメリカ合衆国が世界最大。**第2位は，面積も小さく人口も少ないオランダ**⇒高付加価値の**施設園芸**による花卉・野菜栽培，畜産物をEU市場に輸出。また，海外からの原材料を輸入し加工する**食料品加工業**も発達（＝輸入額も多い）。

図　農産物純輸入国（2016年，単位 百万ドル）

	輸入	％	輸出	％	輸入超過額
中国（本土）	101,308	7.7	51,283	4.1	50,025
日本	51,748	3.9	4,021	0.3	47,726
イギリス	53,445	4.1	25,926	2.1	27,518
韓国	23,593	1.8	5,808	0.5	17,786
サウジアラビア	17,911	1.4	2,671	0.2	15,240
（参考＝純輸出国）					
ブラジル	9,673	0.7	69,587	5.5	−59,913
アルゼンチン	2,032	0.2	34,790	2.8	−32,758
オランダ	51,711	3.9	78,835	6.2	−27,124
オーストラリア	12,371	0.9	30,629	2.4	−18,258
タイ	11,182	0.9	27,525	2.2	−16,343
計	1,310,753	100.0	1,264,130	100.0	―

出典：『日本国勢図会』

ツボ ❸ 日本の六次産業化

今日，厳しい経営環境に置かれている日本の第一次産業は，**農産物の生産・販売に留まらず，食品加工業者と連携したり，旬の農産物を直売所で販売し，さらに美味しい料理にして提供する農家レストランを設けたりして，より付加価値の高い産業を目指す取り組みを推進している**（「**六次産業化**（＝第一次産業×第二次産業×第三次産業）」）。

チャレンジテスト（大学入学共通テスト実戦演習）

第1章 系統地理

問1 世界の食料需給には不均衡がみられる。次の図は、いくつかの国について、1人1日当たりの総供給熱量に占める品目別の割合とそれぞれの国の穀物自給率を示したものであり、①～④はアルゼンチン、イタリア、ナイジェリア、日本のいずれかである。イタリアに該当するものを、次の図中の①～④のうちから一つ選べ。

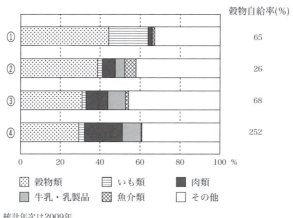

統計年次は2009年。
FAOSTATなどにより作成。

図

問1 ［答］

　まず最も高い穀物自給率を示している④が、新大陸で大規模農業を展開するアルゼンチンとなる。アルゼンチンは、<u>パンパ</u>と呼ばれる温帯草原で企業的穀物農業による小麦やとうもろこしの栽培が盛んである。一方で穀物自給率が最も低い②が日本となる。日本は穀物のうち米だけは高関税によって95％前後の自給率を保っているが、穀物栽培は機械化や規模による生産性の差が大きく影響するため、小規模農家が多い日本では小麦が約10％、とうもろこしが0％の自給率と極めて低い。

　残った①と③は、同程度の穀物自給率であるので1人1日当たりの総供給熱量に占める品目別の割合から判断したい。①は他の国に比べていも類の割合が顕著に高いことから、<u>キャッサバ</u>や<u>ヤムイモ</u>などを主食にする人々が多い熱帯アフリカのナイジェリアである。よって、残った③がイタリアで正解となる。イタリアを含むヨーロッパや新大陸の北アメリカ、中央・南アメリカ、オーストラリアにおいては、肉類や牛乳・乳製品の摂取量が多い。これらの地域は先進地域が多く、規模の大きな農業を行っており、飼料作物を栽培できるだけの余力があることによる。なかでも新大陸の国では広大な土地を生かし、大規模に大量の肉牛飼育を行っているため、安価に入手できる肉類の摂取量が多い。

---

14 世界と日本の食料問題 ｜ 93

問2 輸入される肉類や穀物などの農産物の生産には，他国の水資源が使用されている。なかでも，肉類の生産では，飼料生産にも水資源が必要なため，より多くの水資源が使用されている。次の表は，いくつかの国について，国内で消費される農産物の生産に使用された国内の水資源量，および輸入される農産物の生産に使用された他国の水資源量を，それぞれ自国の人口1人当たりで示したものである。表中の①～④は，アメリカ合衆国，インド，日本，ブラジルのいずれかである。日本に該当するものを，表中の①～④のうちから一つ選べ。

表　　　　（単位：m³/年）

	国内で消費される農産物の生産に使用された国内の水資源量（1人当たり）	輸入される農産物の生産に使用された他国の水資源量（自国の1人当たり）
①	1,960	437
②	1,749	178
③	988	26
④	204	970

1996年～2005年の平均。
UNESCO, *National water footprint accounts* により作成。

問2 ［答］

　まず問題文の1行目～2行目から，肉類や穀物の生産が水を多く消費することを認識しておきたい。その上で正解として求められている日本は，重量ベースの自給率では，肉類が5割程度，穀物が3割弱となっており，食料全体でも4割弱となっている。よって，日本は国内より輸入される農産物の生産に使用された他国の水資源量のほうが多いと判断できるので，④が正解となる。
　ちなみに，残った①～③のうち③は，国内と他国の水資源量を足した値が最も少ない。よって，ヒンドゥー教の教えから牛肉をはじめ肉をほとんど食べない菜食主義者が多いインドと判断できる。①と②は，国内の水資源量が大きい値を示していることから，肉類や穀物の生産が盛んな新大陸のアメリカ合衆国またはブラジルとなるが，インドと同様に国内と他国の水資源量を足した値を考えてみると，②より①のほうが多い。よって，先進国で大量消費生活を送る人々が多いアメリカ合衆国が①，残った②がブラジルとなる。

問3 農産物流通と農業政策にかかわる特徴や課題について述べた文として適当でないものを，次の①～④のうちから一つ選べ。

① アメリカ合衆国には，穀物メジャーとよばれる大規模な多国籍企業の本拠地が存在しており，世界の穀物市場に強い影響を与えている。
② オーストラリアは，イギリスに重点を置いたかつての農産物輸出戦略を，アジアを中心とした輸出戦略に転換してきた。
③ 日本では，農産物市場の対外開放にともなって，小規模な農家を保護するために営農の大規模化を抑制する政策がとられるようになった。
④ ヨーロッパの共通農業政策は，主な農産物の域内共通価格を定め，安価な輸入農産物に課徴金をかけたため，域外の国々との貿易摩擦が発生した。

問3 ［答］

③ 誤文：アメリカ合衆国からの市場開放圧力によって，**日本は1990年代に入ると，牛肉やオレンジ，米の輸入自由化に踏み切った**。今後，日本の農家が生き残りを図るためには，少しでも大規模な経営農家を増やし，農業の生産コストを削減し国際競争力を強めていく以外には方法はなく，そのような政策が進められている。よってそれとは矛盾する営農の大規模化を抑制する政策というのは誤りとなる。

① 正文：アメリカ合衆国には巨大資本をもつ多国籍企業の**穀物メジャー**が存在し，農作物の生産から流通，加工を支配し，それ以外にも農業関連全般を取り仕切る**アグリビジネス**を行い，穀物の価格決定権を掌握している。

② 正文：オーストラリアは1970年代初頭まで旧宗主国のイギリスとのつながりを重視していた。しかし，**1973年にイギリスがEC（現EU）に加盟した**ため，EC（現EU）が行っている域外共通関税や共通農業政策の影響から，オーストラリア産の安価な農産物輸出がイギリスに対して難しくなった。そこで**オーストラリアは，近くて経済成長が見込め，潜在的大市場をもつアジア向けに農産物を輸出する**ようになっていった。

④ 正文：1960年代からECでは域内の農家を守り，国際競争力を強めるための**共通農業政策**が行われてきた。これは，域内の農産物に対しては国際価格よりも高い価格で買い取る統一価格制度を導入し，域外からの安い農産物に対しては輸入課徴金をかけ，おもにアメリカ合衆国など新大陸からの安い農産物の流入を防ぐ保護政策であった。そのことによって貿易摩擦が顕在化したため，1990年代に入ってからEUでは域内の統一価格を大幅に引き下げたり，段階的に輸入課徴金から関税へ切り替えたりするなどの対策を採るようになっている。

第1章　系統地理

15 エネルギー資源と鉱産資源

1　石炭

- **産地**…古期造山帯での産出が多い。
- **産出量・貿易量**…**中国が世界の約半分**を産出（⇒クリーンエネルギーの天然ガスへの転換が進みつつある）。その他に**インド**，アメリカ合衆国，**インドネシア**（近年急増），**オーストラリア**など。輸出はインドネシア，オーストラリア，**輸入は中国，インド，日本**（オーストラリアに**約6割**依存）で多い。

2　石油

- **産地**…新期造山帯の褶曲山地の背斜構造で埋蔵が多い。
- **産出量・貿易量・埋蔵量**…**産出はサウジアラビア，ロシア，アメリカ合衆国**（⇒シェールオイルで増産）。輸出世界一はサウジアラビア。**輸入世界一はアメリカ合衆国**，近年は**中国とインドの輸入が急増**。埋蔵量の約5割が中東地域に集中（偏在性が高い）⇒埋蔵量はベネズエラ（オリノコタール），サウジアラビア，カナダ（アルバータ州⇒オイルサンド）。
- **石油をめぐる動き**
①**1960年代**…メジャー（国際石油資本）による価格の支配や産出量の統制に対抗するため，資源ナショナリズムが高揚していた石油産出国が，**OPEC（石油輸出国機構）**やOAPEC（アラブ石油輸出国機構）を結成。
②**1970年代～1990年代**…**1973年に第一次石油危機**，1979年に第二次石油危機が発生⇒石油価格の上昇で先進国が打撃⇒**第一次石油危機**後，先進国は省エネルギーや代替エネルギー（天然ガス・原子力）の開発を進めた。また，非OPEC加盟国でも原油の生産量が増加した。1980年代に入ると**OPEC（石油輸出国機構）**の地位は低下し，1990年代には，原油価格の低迷から新規の油田開発は停滞。
③**2000年代～**…中国やインドの急成長による原油需要の増大で，原油価格は上昇し高止まり。

3　天然ガス

- **産地**…石油の産地に多いが，**石油と比べ偏在性が低い**。

❖ **産出量・貿易量**…アメリカ合衆国とロシアが二大産出国。石炭や石油に比べ二酸化炭素の排出量が少なく，硫黄分が少ないため大気を汚染しにくい<u>クリーンエネルギー</u>⇒輸入の中心は日本などの先進国。最近は環境対策から中国の輸入が急増。日本は<u>LNG（液化天然ガス）船</u>を用いて**輸入**（⇒液化すると体積を縮小でき効率的な輸送が可能だが，液化輸送には多大なコストがかかるため，**近距離のオーストラリアや東南アジアからの輸入が中心**⇒ただし，**最近ではカタールやロシアからの輸入**やアメリカ合衆国からのシェールガスの輸入も増加），欧米では**パイプラインで輸送**。

❖ **シェールガス**
① 2006年頃より技術革新によって，地中深くの泥土が堆積したシェール（頁岩）層から採掘が始まった天然ガスの一つ⇒世界中に存在は確認されるが，**すでにパイプライン網が整っていたアメリカ合衆国での採掘が現在は中心**（<u>シェールオイル</u>も同様）⇒アメリカ合衆国のエネルギー市場での世界的地位が上昇し，相対的に中東諸国やロシアの地位が低下。
② 掘削時に使用される化学物質による地下水汚染や技術者不足などの問題。

4 鉱産資源

❖ **鉄鉱石**…<u>安定陸塊</u>の楯状地での産出が多い。産出は**オーストラリアとBRICS**（ブラジル，ロシア，インド，中国，南アフリカ）が上位。**日本は近距離のオーストラリアから5割以上輸入。中国の鉄鋼生産の増減が，鉄鉱石価格に大きく影響。**

❖ **銅鉱**…環太平洋造山帯（**チリが世界一**，世界の約3割）や<u>カッパーベルト</u>（コンゴ民主共和国⇒最近は<u>レアメタル</u>の<u>コバルト鉱</u>の産出が多い，ザンビア）で多い。電化の進展や電機産業の発達で需要が増加⇒中国で生産・輸入増。

❖ **ボーキサイト**…熱帯（<u>ラトソル</u>）≒低緯度での埋蔵が多い。産出は**オーストラリア（北部）が世界一**，中国，ブラジル，**ギニア**，ジャマイカが上位。<u>アルミニウム</u>の原料。

❖ **その他**
① **すず鉱**…**中国，東南アジア**，ペルー，ボリビア。**メッキ**などに利用。
② **鉛鉱**…中国（約5割），オーストラリアなど。蓄電池などに利用。
③ **金鉱**…中国，オーストラリア，ロシアなど。
④ **ダイヤモンド**…ロシア，**南部アフリカ（ボツワナ**，コンゴ民主共和国，南アフリカ）など。
⑤ **ニッケル鉱**…フィリピン，ロシア，**ニューカレドニア**（フランス領）。
⑥ **レアメタル**…埋蔵量が少なく，先端技術産業の材料として欠かせない金属資源⇒**偏在性が高く**（タングステン…中国，マンガン・<u>クロム鉱</u>…**南アフリカ**，<u>コバルト鉱</u>…コンゴ民主共和国，リチウム…チリ，オーストラリアなど），産出国の政情・政策によって価格の変動が大きい⇒供給が不安定。輸入国は，**輸入相手先の分散化**や**備蓄量の増加**，技術開発による使用量の節減，**リサイクル**（「<u>都市鉱山</u>」＝都市にある未使用・廃棄される携帯電話や家電製品に使われているレアメタル）を推進。

ここが共通テストのツボだ!!

ツボ ❶ 地下資源の生産と貿易をめぐる動き

① 大量消費の2か国⇒石炭の最大産出国の中国は輸入も世界一，**石油の最大級の産出国のアメリカ合衆国は輸入も世界一！**
② 「中国がくしゃみをすると，オーストラリアは風邪をひく！」⇒世界ダントツの鉄鋼生産国である中国は，良質の鉄鉱石・石炭の世界的産出国であるオーストラリアに大半を依存＝オーストラリア経済は中国の景気に左右される。
③ 資源メジャーが，石油をはじめ，石炭，鉄鉱石の権益を支配！
④ 資源大陸と呼ばれるアフリカでは，資源産出国は経済発展し，国家間の格差が拡大。また，資源産出国では資源によって得られた富が多くの人々に還元されず，貧富の差が拡大。さらに，先進国や中国向けの資源輸出によって得られた資金が武器調達などに使われ，紛争を助長している可能性がある。

ツボ ❷ おもな資源の産地

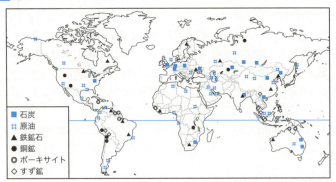

■ 石炭
╫ 原油
▲ 鉄鉱石
● 銅鉱
◎ ボーキサイト
◇ すず鉱

1. **石炭**　おもな産出国(炭田)…中国(東北部のフーシュン)，インド(ダモダル)，南アフリカ共和国，イギリス(ミッドランド)，ドイツ(ルール)，ポーランド(シロンスク)，ウクライナ(ドネツ)，カザフスタン(カラガンダ)，ロシア(クズネツク)，アメリカ合衆国(アパラチア炭田)，オーストラリア(東部のグレートディヴァイディング山脈)。
2. **原油**　おもな産出国(油田)…中国(東北部のターチン，ションリー，西部)，インドネシア，マレーシア，ブルネイ，ペルシア湾岸(サウジアラビア，イラン，イラク，クウェート，アラブ首長国連邦など)，リビア，アルジェリア，ナイジェリア，スーダン，アンゴラ，北海油田(ノルウェー，イギリス)，ルーマニア，カスピ海沿岸，ロシア(ヴォルガ・ウラル，チュメニ，サハリン)，アメリカ合衆国(メキシコ湾岸，アラスカ[プルドーベイ]，カリフォルニア)，カナダ(アルバータ州のオイルサンド)，メキシコ，ベネズエラ，エクアドル，コロンビア，アルゼンチン(南部)。
3. **鉄鉱石**　おもな産出国(鉄山)…中国(アンシャン)，インド(シングブーム)，リベリア，スウェーデン(キルナ，マルムベリェト)，ウクライナ(クリヴォイログ)，ロシア(マグニトゴルスク)，アメリカ合衆国(メサビ)，カナダ(ラブラドル高原)，ブラジル(カラジャス，イタビラ)，ベネズエラ，オーストラリア(西部ピルバラ地区)。
4. **銅鉱**　おもな産出国(銅山)…チリ，ペルー，アメリカ合衆国，コンゴ民主共和国・ザンビア(カッパーベルト)。
5. **ボーキサイト**　おもな産出国(鉱山)…オーストラリア北部の半島部，ブラジル，ギニア，ジャマイカ，ガイアナ，スリナム。
6. **すず鉱**　おもな産出国(鉱山)…中国，東南アジア(ミャンマー，インドネシア，マレーシア)，ペルー，ボリビア。

チャレンジテスト（大学入学共通テスト実戦演習）

問1 図の@に関して，下の表は，世界のエネルギー資源の埋蔵量と，埋蔵量を年間生産量で除した可採年数を地域別に示したものであり，①～④は，アフリカ，北アメリカ（メキシコを含む），中・南アメリカ（メキシコを除く），西アジアのいずれかである。アフリカに該当するものを，表中の①～④のうちから一つ選べ。

(平成30年度大学入学共通テスト試行調査〈改〉)

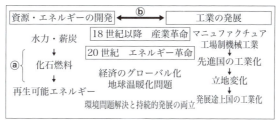

図

表

	石油		天然ガス		石炭	
	埋蔵量 (億バレル)	可採年数 (年)	埋蔵量 (兆㎥)	可採年数 (年)	埋蔵量 (億トン)	可採年数 (年)
①	8,077	70	79.1	120	12	752
②	3,301	126	8.2	46	140	141
③	2,261	31	10.8	11	2,587	335
欧州（ロシアを含む）・中央アジア	1,583	24	62.2	59	3,236	265
④	1,265	43	13.8	61	132	49
アジア（西アジアを除く）・太平洋	480	17	19.3	32	4,242	79

統計年次は2017年。
BP Statistical Review of World Energy の資料などにより作成。

問1 [答]

　本問のポイントは，埋蔵量と可採年数の関係を見ることである。可採年数とは問題文にあるとおり，埋蔵量を年間生産量で除した値である。よって，エネルギー資源を大量に消費または輸出向けに生産している国を含む地域では，埋蔵量に対する可採年数の値が小さくなり，逆にあまり必要とせず生産をしていない国を含む地域では，その値が大きくなる。解答で求められているアフリカは，まだまだ貧しい国も多く抱え，国内の消費が少なく，紛争地域などを多数抱えており，埋蔵に対して生産があまり盛んではないと考えられる。よって，全ての化石燃料の埋蔵量と比較して，可採年数が大きな値を示す④が正解となる。

　同様に残りの選択肢を見てみると，③は特に石油と天然ガスの埋蔵量に対し可採年数が短いことから大量消費・生産を行うアメリカ合衆国を含む北アメリカとなる。①は，石油や天然ガスの埋蔵量は多いが，石炭の埋蔵量は極めて少ない西アジアとなる。残った②は，世界最大の原油埋蔵国のベネズエラを含み，天然ガスや石炭資源には恵まれていない中・南アメリカとなる。

問2 問1の図の⓺に関して、次の図は、石油や鉄鉱石の利用を事例として、資源・エネルギーの産出から加工、さらには利用・消費について写真と文章で示したものである。図中の文章中の下線部①〜④のうちから、適当でないものを一つ選べ。

(平成30年度大学共通テスト試行調査〈改〉)

産出
油田　鉄鉱石

世界の資源について産出国からの貿易でみると、①鉄鉱石の輸出量ではオーストラリアとブラジルが上位を占める。また、②原油の輸入量を国別でみると、最大の国は日本である。

加工
石油化学コンビナート　製鉄所

石油化学コンビナートや製鉄所では、資源を加工して化学製品や鉄鋼などを生産している。第二次世界大戦後は、③生産施設の大規模化やオートメーション化が進んだ。

利用・消費
自動車・船舶　建造物

利用・消費でみると、1人当たりのエネルギー消費量は発展途上国よりも先進国で多い。工業製品では、④先進国に比べ、発展途上国で消費量の増加率が高くなっている。

図

問2 [答] ②

② 誤文：原油輸入量世界一は、アメリカ合衆国である。**前問(問1)から**アメリカ合衆国を含む北アメリカの可採年数が短かったことにも気づいてほしいという意図がある。

① 正文：鉄鉱石を豊富に持つ国の中でオーストラリアは工業が未発達であり、**ブラジルは他のBRICS諸国と比べ鉄鋼業の生産がそこまで盛んではないため、原料となる鉄鉱石の輸出余力が大きく、鉄鉱石の上位輸出国**となっている。

③ 正文：第二次世界大戦後、重工業部門においては、大規模なプラント施設を持った石油化学コンビナートや銑鋼一貫工場が増えるようになった。また、大量生産を行うためのFA(ファクトリーオートメーション)化も進んだ。

④ 正文：まだまだ工業製品の消費量では先進国が多いが、中国やインドなどでは経済成長から写真にあるように自動車が急速に普及し、インフラ整備が進んでいる。よって、増加率という点では先進国より高くなっている。

問3 鉱産物の開発と利用に関連することがらについて述べた文として適当でないものを，次の①～④のうちから一つ選べ。

① 北アメリカでは大規模な露天掘り炭鉱の開発によって，森林破壊や水質汚濁などの環境問題が生じている地域がある。
② 世界各地で鉄鉱山の開発をすすめている少数の大企業が，鉄鉱石価格を決定する主導権を握るようになってきた。
③ 先端産業に用いられるニッケルやクロムなどのレアメタルは，埋蔵地域がかたよって分布し供給体制に不安があるため価格変動が大きい。
④ 銅鉱価格の高騰によって財政が豊かになったため，アフリカの銅鉱の産出国では貧富の差が解消されてきている。

問3 [答] ④

④ 誤文：銅鉱だけではなくアフリカの資源産出国の多くは，政治が未熟であり，汚職や不正も絶えないため，せっかく資源輸出によって得られた利益も，一部の政治家や権力者のものとなり，市民のためのインフラ整備などに使われることは少ない。そのため，<u>アフリカの資源産出国では貧富の差が解消されるどころかむしろ拡大する傾向</u>にある。

① 正文：露天掘りとは地表を直接削って採掘する方法のことであり，森林破壊や採掘時に使用する薬品や鉱山機械などから流出した油等により地下水や河川水の汚染の問題が生じやすい。

② 正文：鉄鉱石の分野においても少数の<u>資源メジャー</u>が鉱山の権益を握っており，価格の決定権を掌握している。

③ 正文：<u>レアメタル</u>は埋蔵量が少なく，先端産業には欠かすことができない資源のことであり，偏在性が高い。<u>レアメタル</u>を多く埋蔵する国は，政情不安や紛争地域を抱えており，供給不安となりやすい。そのため，突然輸出規制がかけられたり，鉱山の採掘が停止したりするため，価格変動が大きい。

16 発電と再生可能エネルギー

1 おもな発電の特徴

- **水力発電**…**維持費は安い**(⇒**アルミニウム**の精錬に利用)が，発電用ダムの場合，建設費が高く環境破壊につながる。内陸の山間部や多雨地域の**包蔵水力の大きい河川**(**ブラジル**など)，**氷食谷をもつ山地地形が広がる国**(**ノルウェー**，**アイスランド**，カナダ，スウェーデンなど)に立地。

- **火力発電**(**多くの国の発電の中心**)…建設費が安い⇒都市近郊に立地。維持費(燃料費)が高い。**化石燃料**を燃やすため，**資源の枯渇，環境問題**が懸念。**石炭や原油などの産出国**(**中国**，**中東諸国**，**ポーランド**，**オーストラリア**，**インド**)や資源に乏しい先進国，大消費地(大都市)の周辺に立地。

- **原子力発電**…少量の燃料で大きなエネルギーが得られる。**二酸化炭素**の排出量が少ない⇒先進国だけでなく，**経済発展が著しい新興国**(**中国**，**インド**)や**産油国**(**ロシア**，**アラブ首長国連邦**)で導入の動き。**安全性の問題**(廃炉を含めた原子炉，廃棄物処理)⇒1986年**チェルノブイリ原発事故(ウクライナ)**，**2011年福島第一原発事故**⇒ドイツは2022年までに原発全廃，スイスは2050年までに脱原発。**大都市から離れた人口密度の低い地方の臨海部**(**フランス**，ベルギー，スウェーデン，スイス)。

2 再生可能エネルギー

- **地熱発電**…**新期造山帯**やプレートの**広がる境界**など**火山**の分布する地域で盛ん(アメリカ合衆国，**フィリピン**，**インドネシア**，**ニュージーランド**，**メキシコ**，**イタリア**(世界初)，**アイスランド**)⇒日本の地熱資源量は世界有数であるが，**開発がこれまで進んでこなかった**(熱源が国立公園内で開発規制が厳しいこと，温泉の湯量減少，長期間の調査・開発などから)。

- **風力発電**…**偏西風**が卓越する地域や**人口希薄な沿岸地域**(騒音問題があるため⇒最近では洋上風力発電の増加)で盛んだったが，建設費が安いことから新興国でも近年急速に増加(中国，アメリカ合衆国，**ドイツ**，インド，**スペイン**，**デンマーク**など)。

- **潮汐(潮力)発電**…潮の干満の差を利用し発電する(**フランス**など)。

- **太陽光発電**…太陽電池のコストが割高なため先進国での普及が中心⇒最近はコストが急速に低下(中国，**日本**，**ドイツ**，アメリカ合衆国，**イタリア**，**スペイン**)。また，小規模で公害問題がないことから家庭レベルでも急速に普及。

✤ **バイオマス発電**（⇒木質バイオマスなど）…**動植物や微生物を発酵させて抽出した メタンガスやアルコールを燃料**にタービンを回し発電する（フィンランドなど）。

■風力発電設備容量（2018年）

(単位　千kW)

	年間導入量	累計量		年間導入量	累計量
（陸上風力）			ブラジル	1,939	14,707
アジア	24,902	256,320	メキシコ	929	4,935
中国	21,200	206,804	チリ	204	1,621
インド	2,191	35,129	アフリカ	962	5,720
オーストラリア	549	5,362	エジプト	380	1,190
パキスタン	400	1,189	南アフリカ共和国	0	2,085
日本	262	3,661	陸上風力計	46,820	568,409
韓国	127	1,229			
ヨーロッパ	9,016	171,328	（洋上風力）		
ドイツ	2,402	53,180	ヨーロッパ	2,661	18,278
フランス	1,563	15,307	イギリス	1,312	7,963
スウェーデン	717	7,216	ドイツ	969	6,380
イギリス	589	13,001	ベルギー	309	1,186
トルコ	497	7,370	デンマーク	61	1,329
北アメリカ	8,154	109,451	アジア	1,835	4,832
アメリカ合衆国	7,588	96,635	中国	1,800	4,588
カナダ	566	12,816	洋上風力計	4,496	23,140
中南アメリカ	3,786	25,590			

出典:『世界国勢図会』

■太陽光発電設備容量（2018年）

(2018年)

年間導入量	千kW	%	累計量	千kW	%
中国	45,000	45.0	中国	176,100	34.5
インド	10,800	10.8	アメリカ合衆国	62,200	12.2
アメリカ合衆国	10,600	10.6	日本	56,000	11.0
日本	6,500	6.5	ドイツ	45,400	8.9
オーストラリア	3,800	3.8	インド	32,900	6.5
ドイツ	3,000	3.0	イタリア	20,100	3.9
メキシコ	2,700	2.7	イギリス	13,000	2.5
韓国	2,000	2.0	オーストラリア	11,300	2.2
世界計	99,900	100.0	世界計	510,000	100.0

出典:『世界国勢図会』

ここが共通テストのツボだ!!

ツボ ① 主要国の発電

水力発電・火力発電・原子力発電の，各国の発電量割合の特徴をつかもう!

図 各国の発電エネルギー源別割合 (2015年)

凡例: ■水力　■火力　■原子力　■地熱　□新エネルギー

水力が主
- ノルウェー
- ブラジル

火力が主←石炭が豊富
- 中国
- インド

火力が主←原油・天然ガスが豊富
- ロシア
- イギリス

原子力が主
- フランス

火力＞原子力＞水力
- ドイツ
  ※ドイツでは新エネルギーの割合が比較的高い。
- アメリカ合衆国

火力＞水力＞原子力
- 日本
  ※東日本大震災後の原子力発電割合であることに注意する。

風力に積極的
- デンマーク

風力・太陽光に積極的
- スペイン

出典:『世界国勢図会』

ツボ ❷ バイオ燃料

① 特色・利点…**サトウキビ**，**とうもろこし**，油ヤシ，廃材などの植物由来のものを原料として製造された燃料。原料である**植物が成長段階で光合成によって二酸化炭素を吸収**しており，**二酸化炭素を排出しないもの**とみなされる（「カーボンニュートラル」）。また，化石燃料のように枯渇する心配がないため，代替燃料として期待されている。

② 課題…バイオ燃料の需要の増加から，**元来食料や飼料として生産されてきた原料のとうもろこしやサトウキビの価格が上昇**した。その結果，**さまざまな農畜産物や加工品の価格の上昇**につながっている。また，これらの作物を生産するほうが，より多くの利益が得られるとの理由から，**大豆など他の作物からの転作を進める動きや新規農地拡大にともなう森林伐採や土壌侵食も懸念**されている。

③ 生産状況…バイオ燃料は，石油危機以降の**ブラジルでサトウキビを利用**して始められ（世界2位），近年では**アメリカ合衆国でとうもろこしを利用**した生産が盛んである（世界1位）。

チャレンジテスト（大学入学共通テスト実戦演習）

問1 次の表中のア〜ウは，水力，地熱，バイオマスのいずれかの発電量上位5か国を示したものである。ア〜ウと再生可能エネルギー名との正しい組合せを，下の①〜⑥のうちから一つ選べ。

（平成30年度大学入学共通テスト試行調査〈改〉）

表

	1位	2位	3位	4位	5位
ア	アメリカ合衆国	フィリピン	インドネシア	ニュージーランド	メキシコ
イ	アメリカ合衆国	中 国	ドイツ	ブラジル	日 本
ウ	中 国	ブラジル	カナダ	アメリカ合衆国	ロシア

中国には，台湾，ホンコン，マカオを含まない。統計年次は，水力とバイオマスが2016年，地熱が2014年。『自然エネルギー世界白書2017』などにより作成。

	①	②	③	④	⑤	⑥
ア	水 力	水 力	地 熱	地 熱	バイオマス	バイオマス
イ	地 熱	バイオマス	水 力	バイオマス	水 力	地 熱
ウ	バイオマス	地 熱	バイオマス	水 力	地 熱	水 力

問1 [答]

さまざまな発電量が多くなる大国ではなく，それ以外の上位国に注目しながら判断していきたい。

ア：フィリピン，インドネシア，ニュージーランド，メキシコといった，火山を有する国が上位にあることから地熱となる。

イ：環境対策に積極的なドイツや日本が上位にあることから，バイオマスとなる。バイオマス発電は，動植物を起源とする廃材や穀物，生活ゴミなどを原燃料に発電する方式である。とくに木質バイオマスの場合には，バイオ燃料と同じく植物が成長段階の光合成により二酸化炭素を吸収しているため，排出量と相殺され二酸化炭素の排出にはつながらないとされる。近年，ドイツやイギリスなどヨーロッパ諸国では，石炭火力から木くずなどを固めた木質ペレットを使った発電へ転換する動きが活発化しており，日本でも盛んになりつつある。

ウ：中国，ブラジルやロシアといった流量が豊富な大河をもつ国やカナダのような山がちで落差を生かせる国が上位であることから，水力となる。

問2 次の**写真**のA～Cは，日本の自然エネルギーを活用した発電の様子を示したものであり，下のア～ウの文は，その様子を説明したものである。ア～ウとA～Cとの正しい組合せを，下の①～⑥のうちから一つ選べ。

写真

ア 小規模で設置できるなど制約が少ないため日本では急速に普及が進んでいるが，電力供給は不安定である。
イ 地球内部のエネルギーを利用するため潜在エネルギー量は豊富であるが，国立公園内での開発が規制されている。
ウ 二酸化炭素の発生が少なく発電コストも低いが，大規模な施設では騒音などが指摘されている。

	①	②	③	④	⑤	⑥
ア	A	A	B	B	C	C
イ	B	C	A	C	A	B
ウ	C	B	C	A	B	A

問2 ［答］

ア：「小規模で設置できるなど制約が少ない」とあることから，**写真B**のソーラーパネルが市街地の中に設けられている太陽光発電と対応する。太陽光発電は立地の制約が少ない一方で，季節や1日の中での発電量の差が大きくなりがちで，年中安定して電力が得られないのが難点である。

イ：「地球内部のエネルギーを利用」とあることから，地熱資源を豊富にもつ火山のような山が背景に写り，比較的大きな発電設備をもつ**写真C**の地熱発電と対応する。地熱発電は日本の場合，熱資源の多くが火山の近くにあるため，その地域が国立公園に指定され，景観上の問題から開発規制が厳しかった（最近は緩和）。また温泉の湯量減少への懸念や調査開発に時間を要することから，日本では地熱発電があまり進んでこなかった。

ウ：後半の「大規模な施設では騒音」とあることから，発電時（風車の回転時）に発生する低周波の音による健康被害につながりやすい，**写真A**の風力発電と対応する。大規模風力発電の場合，騒音問題や鳥類など周辺の生態系への影響が大きいことから，環境アセスメント法の対象になっており，風車の設置には事前に環境への影響を調査・評価して政府や自治体から認可を得なければならない。それゆえ，写真に見られるように遮蔽物が少なく，人口密度が低い土地に立地しやすい。

第1章　系統地理

17 工業立地と工業地域

rank

1　工業立地　★☆☆

　ドイツの経済学者Ａ.ウェーバーは**輸送費が最小になる地点に工場を立地させるのが合理的**だとした。しかし，実際にはさまざまな条件により工場の立地は大きく影響を受ける⇒**近年は労働費が重要に**。

❖ 工業立地の分類

分　類	製品・工業の例	特　徴
原料指向型	セメント，鉄鋼，紙・パルプ，食料品（バター・チーズ，水産品）加工	重量減損原料や変質しやすい原料を扱う場合
市場指向型	ビール・清涼飲料，食料品（加工乳，その他食料品）加工，印刷（・出版），繊維（ブランド品など高価格品），IC産業（研究開発・試作部門）	普遍原料（＝どこでも入手可能な原料），市場の情報，高度人材を重視する場合
労働力指向型	繊維（既製服など低価格品），電気機械などの組立工業	労働費が生産費の多くを占める場合
臨海指向型	鉄鋼，石油化学	海外からの原料輸入に依存している場合
交通指向型	IC産業（量産部門）	小型軽量で費用に占める輸送費が小さい場合
集積指向型	自動車	集積による生産費節減の影響が大きい場合
用水指向型	醸造業，紙・パルプ	水が製品価値を決定・水を大量に消費する場合
電力指向型	アルミニウム	電力を大量に消費する場合

2　おもな工業の特徴　★★★

❖ 鉄鋼業

① **立地の変化**（主原料は**鉄鉱石**と**石炭**）

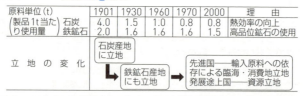

② **粗鋼生産量**…第二次世界大戦後しばらくアメリカ合衆国，石油危機後は旧ソ連，旧ソ連崩壊後は日本，その後は中国がダントツの1位へ⇒最近，中国では国内での生産過剰分を輸出へ。

❖ **アルミニウム工業**…**ボーキサイト**が原料。大量の電力を必要とするため，安価で安定した電力を得られる**水力発電**や地熱発電と結びつきやすい。**1970年代の2度の石油危機**後，電力コストの上昇によって**日本のアルミニウム精錬は衰退**（⇒開発輸入へ）。

❖ **自動車**…総合組立工業であるため**関連工業が集積**する大都市近郊などに立地。先進

工業国が現在でも生産の中心だが，近年は国内需要が頭打ちであることから，**先進国の多国籍企業が新興国に進出し生産を拡大⇒中国やインド，メキシコなどが生産上位へ**。日本の自動車メーカーは，1990年頃からアメリカ合衆国や西ヨーロッパ諸国との貿易摩擦を解消するため現地生産を実施。また，大消費市場になりつつある中国やインド，東南アジア（タイ，インドネシアなど）へも進出している。

■主要国の自動車生産と輸出

生産台数（万台）

1990年		2000年		2017年	
日本	1,349	アメリカ合衆国	1,280	中国	2,902
アメリカ合衆国	979	日本	1,014	アメリカ合衆国	1,119
ドイツ	498	ドイツ	553	日本	969
フランス	377	フランス	335	ドイツ	565
イタリア	212	韓国	312	インド	479
スペイン	205	スペイン	303	韓国	412
旧ソ連	197	カナダ	296	メキシコ	410

輸出台数（万台）

1990年		2000年		2017年	
日本	583	日本	446	フランス	637
ドイツ	277	ドイツ	372	日本	471
フランス	210	フランス	362	ドイツ	438
スペイン	132	スペイン	250	メキシコ	325
ベルギー	123	韓国	168	アメリカ合衆国	284
アメリカ合衆国	95	アメリカ合衆国	148	韓国	253
イタリア	90	メキシコ	143	スペイン	232

1990年のドイツの統計は旧西ドイツ。フランスの生産台数の統計には1998年以降ノックダウン車両は含まれない。
出典：『世界国勢図会』

♣ **造船**…日本は長年，造船竣工量1位だったが，近年は韓国，中国の造船竣工量が伸び，抜かれている。中国，韓国，日本の3か国で世界の造船竣工量の9割以上を占める。

♣ **航空機**…先端技術産業。**先進国の多国籍企業による分業生産**（**EU域内での協業**など）。

♣ **工作機械**…工作機械（「マザーマシン」）とは，金属やセラミックスなどの材料を加工する機械⇒**高技術国のドイツ，日本，イタリアが中心**だったが，**急速な工業化で中国でも生産が急増**。

♣ **電気機械（家電製品・電子機器）**…当初は開発国の先進国で生産されるが，組立てには技術力による差が小さいため，安価で豊富な労働力がある**中国を筆頭に東・東南アジアが生産の中心**になっている⇒**先進国が部品やパーツを製造し，中国など新興国に輸出して組み立てる分業生産が確立（アジア域内分業）**。最近，中国での賃金水準の上昇や米中貿易戦争を背景に，中国から，より賃金水準の低いベトナムやインドなどに製造拠点を移転する動きも見られる。

♣ **IC産業（半導体・電子部品）**…量産工場は，安価な土地が広がる**地方の高速道路のインターチェンジや空港周辺に立地（交通指向型）**。研究・開発部門は，情報が多く集まり高度人材の獲得にも有利な大都市近郊に立地（**市場指向型**）。

♣ **石油化学工業**…原料の供給から製品生産まで工場が結びついた**コンビナート**を形成する⇒**巨大な設備を必要**とする装置型産業⇒**広大な土地，大量の水が得られる工業国の臨海部に立地**しやすい。

♣ **繊維工業**

① **綿（綿織物）工業**…**技術力を最も必要としない工業**のため，どの国でも工業の初期段階で発達（⇒**イギリスの産業革命：ランカシャー**地方の**マンチェスター**）⇒**安価で豊富な労働力をもつ中国，パキスタン，インドなどが生産の中心**。一方，**先進国は高付加価値製品（ブランド品）の生産へと特化**。

② **羊毛（毛織物）工業**…**原料供給は南半球（オーストラリアやニュージーランドなど）**，製品製造は中国やトルコを中心に古くからの生産国のイギリスなど。

17 工業立地と工業地域

ここが共通テストのツボだ!!

ツボ ① 自動車工業と電気機械工業の違い

個人でパソコンは組み立てられても,自動車は組み立てられない!

● 自動車（≒先進国の企業が生産の中心）

新興国での生産が増えているものの,**生産の中心は先進工業国**。また,中国やインドなどの新興国でも**先進国の多国籍企業が中心**!

自動車工業は,1台の車をつくるのに,数万点以上の部品が必要⇒**部品製造も含めた総合組立工業**であるため**関連工業が集積する大都市近郊に立地**⇒また,組立てには熟練した技術が必要となるため,熟練工を多くもつ**先進工業国が現在でも生産の中心**。ただし,近年は国内需要が頭打ちのため,**先進国の多国籍企業は自国で半製品化した部品などを新興国に輸出し組み立てる方式を確立し,新興国（中国やインド）での生産が急増**。

● 電気機械（≒新興国の企業が生産の中心）

仕様の標準化による電子部品等の半製品化（モジュール化）が進んで**組立てに熟練した技術を必要としなくなった**ことなどから,先進国が部品やパーツを製造し,新興国に輸出して組み立てる分業生産が確立。電気機械製品は,技術の進歩が格段に速く製品寿命が短いため,**先進国の企業はコスト削減からファブレス（自社工場をもたない）を選ぶ企業が増加**。先進国の企業は,高付加価値製品の製造や新製品開発,サービスに経営資源を集中させる一方,量産は中国や台湾などの**EMS（電子機器製造受託）企業に委託**（EMS企業の中には世界的大企業に成長した企業も）。

ツボ ② インドのソフトウェア産業

● 発達の背景

① 旧イギリス植民地⇒**英語能力が高い（英語が準公用語）**。
② 数理的思考に強い⇒**理工系の高度人材が多い**。
③ 賃金格差⇒**アメリカ合衆国との賃金格差大**⇒企業の人件費節減。
④ **1990年頃より積極的な外資導入策**を実施。
⑤ 情報通信技術の発達⇒**アメリカ合衆国との時差が約半日**⇒米印間でのデータの送受信によって,24時間フルタイム生産が可能。

● 立地

理工系の大学が集中し軍需産業の拠点となってきた,インドの**シリコンヴァレー**と呼ばれる**バンガロール**（ベンガルール）や首都の**デリー**など。

ツボ ③ おもな工業都市

● 鉄鋼業
① **炭田立地**…*エッセン・ドルトムント（ドイツのルール炭田），**ピッツバーグ（アメリカ合衆国のアパラチア炭田），北九州（筑豊炭田）⇒すべて衰退。
② **鉄山立地**…***メス・ナンシー（フランスのロレーヌ鉄山→閉山）⇒衰退，アンシャン（アンシャン鉄山）。
③ **炭田・鉄山立地**…****バーミンガム（イギリスのミッドランド地方）。
④ **臨海立地**…日本の太平洋岸，ポハン（韓国南東部），パオシャン（シャンハイ近郊），タラント（イタリア南部）。
　（注）上記の*はそれぞれ，**原料立地から以下の場所への移動を表す**⇒*デュースブルク（河港），**アメリカ合衆国の大西洋岸，***ダンケルク（北海）・フォス（地中海），****カーディフ。

● 航空機工業…シアトル（アメリカ合衆国北西部），トゥールーズ（フランス南西部）。
● 自動車…豊田・浜松・太田（群馬県）・広島，ウルサン（韓国），バンコク，ウォルフスブルク（ドイツ），パリ（フランス），トリノ（イタリア），コヴェントリ（イギリス），バルセロナ（スペイン），デトロイト（アメリカ合衆国，現在は衰退）。
※ **中国やインドなど新興国は，首都やその他の大都市周辺で盛ん。**
● IC 産業（アメリカ合衆国）
　シリコンヴァレー（サンフランシスコ近郊のサンノゼ周辺），シリコンプレーン（テキサス州のダラス，フォートワース付近），エレクトロニクスハイウェイ（ボストン周辺のハイウェイ沿い）。
● 石油化学工業
　ウルサン（韓国），カオシュン（台湾），シンガポール，ミドルスブラ（イギリス北海沿岸），ロッテルダム（オランダ），ヒューストン（アメリカ合衆国）。
● 繊維工業
① 綿（綿織物）工業…ランカシャー地方のマンチェスター（**イギリス西部**），ニューイングランド地方（アメリカ合衆国北東部のボストン周辺），シャンハイ・テンチン・シーアン（中国），ムンバイ（インド）。
② 羊毛（毛織物）工業…フランドル地方（フランスとベルギーの国境付近），ヨークシャー地方（**イギリス東部**），ミラノ（イタリア北部），フィレンツェ（イタリア中北部）。

チャレンジテスト（大学入学共通テスト実戦演習）

問1 資源使用量の変化とともに製鉄所の立地は変化してきた。次の図1は，仮想の地域を示したものであり，下の枠は地図中の凡例および仮想の条件である。このとき，次ページの図2中のア～ウは，1900年前後，1960年前後，2000年前後のいずれかにおける鉄鋼生産国の製鉄所の立地場所を示したものである。輸送費の観点から年代順で立地の変化を考えたとき，年代とア～ウとの正しい組合せを，次ページの①～⑥のうちから一つ選べ。ただし，地図で示されていない自然環境や社会環境は条件として考慮しない。

(平成30年度大学入学共通テスト試行調査〈改〉)

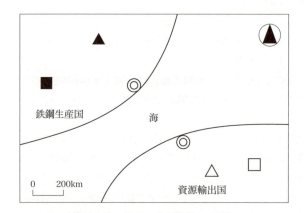

〈凡例および仮想の条件〉
- ■石炭，▲鉄鉱石…坑道掘り
- □石炭，△鉄鉱石…露天掘り
- 図中の◎は貿易港をもつ都市を示している。
- 1970年代以降，坑道掘りは産出量が減少する一方，露天掘りは産出量が増加して，図中の南東側の国が資源輸出国となったとする。
- 次の表1は，鉄鋼製品1トン当たりの石炭と鉄鉱石の使用量の推移を示している。

図1

表1 鉄鋼製品1トン当たりの石炭と鉄鉱石の使用量の推移

(単位：トン)

	1901年	1930年	1960年	1970年	2000年
石　炭	4.0	1.5	1.0	0.8	0.8
鉄鉱石	2.0	1.6	1.6	1.6	1.5

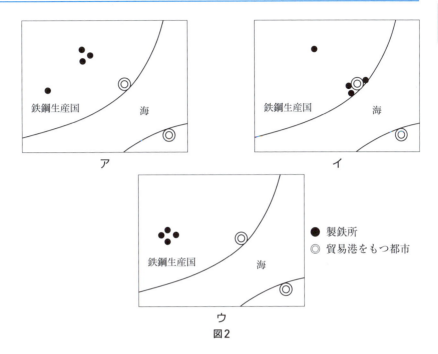

図2

	①	②	③	④	⑤	⑥
1900年前後	ア	ア	イ	イ	ウ	ウ
1960年前後	イ	ウ	ア	ウ	ア	イ
2000年前後	ウ	イ	ウ	ア	イ	ア

問1 [答] ⑤

　与えられた条件を参考にして鉄鋼業の立地の変化の基本に則って判断する。鉄鋼業は、最終製品の鉄鋼と比べ主要2原料（石炭，鉄鉱石）のほうが重量が大きい。そのため，工業立地の基本である輸送費を最小にするという点から，鉄鋼業は当初原料立地型が中心であった。表1から1900年前後の数値を見るとわかるとおり，鉄鋼1tに対し石炭が鉄鉱石よりも多い4tも必要としたことから，初めは坑道掘りの炭田立地から始まったと考えることができる。よって，**ウ**が1900年前後となる。その後，1960年前後には石炭の使用量が減少し鉄鉱石の使用量のほうが多くなっていることから，坑道掘りの鉄山立地に変化していったと考えられる。よって，**ア**が1960年前後となる。最後に凡例および仮想の条件に，1970年代以降，坑道掘りが減少し，露天掘りが増加しているとある。これは国内の坑道掘りの採掘コストが上昇し資源の枯渇が進んだため，南東部の露天掘りの資源輸出国から輸送したほうが利益はより大きいとの判断から，輸入に便利な貿易港近くの臨海立地に変化したと考えられる。よって，**イ**が2000年前後になる。

17 工業立地と工業地域

問2 東アジア・東南アジアにおける発展途上国の工業化について述べた文として最も適当なものを，次の①～④のうちから一つ選べ。　　　　（平成30年度大学入学共通テスト試行調査〈改〉）

① 各国・地域の工業化は，輸出指向型から，外国資本の導入による輸入代替型の工業化政策に路線を転換することで進んだ。
② 工業化にともなって，先進国との貿易が増加して，東アジア・東南アジア域内の貿易額が減少した。
③ 中国の重化学工業化は，都市人口の増加を抑制し，国内の沿岸部と内陸部との地域間経済格差を緩和した。
④ 東南アジアの自動車工業は，原材料から最終製品までの生産において，国境を越えた工程間の分業によって発展した。

問2　[答]　④

④ 正文：東南アジアを代表する自動車生産国であるタイやインドネシアでは，先進国と比べまだまだ技術水準が低いため，自国だけで原材料の調達から最終製品の組立てまで行うことは難しい。そこで日本などから部材等を輸入し，現地ではそれらの組立てなどを行う工程間分業による自動車生産が中心となっている。

① 誤文：東アジアや東南アジアの発展途上国における工業化は，**輸入代替型**から**輸出指向型**に転じることで工業が進展してきた。**輸入代替型**とは，海外からの工業製品の輸入を制限したり外国企業の進出を規制したりすることで，国内企業中心の工業化を目指す動きのことである。こうした**輸入代替型**の工業化がうまく進まなかったことから，輸出指向型に転じる。**輸出指向型**は，税金等を優遇した**輸出加工区**を設け，外国企業を積極的に誘致し，国内の安価な労働力を活用して，輸出向けの工業製品の生産から外貨の獲得につなげる動きのことである。こうして先進国の企業からの技術移転が進み，技術水準の向上や国内企業のさらなる発展につながっていく。

② 誤文：確かに工業化にともない先進国向けの工業製品の輸出の増加から貿易額が増えたといえるが，それを支える**東アジアと東南アジアでは工業の域内分業が進んでおり，部品や材料，完成品の相互輸出入が活発化しており，貿易額はむしろ増える傾向**にある。

③ 誤文：石油化学工業を代表とする重化学工業化は，広い土地や水を必要とし，海外からの原料調達にも有利な臨海立地となることが多い。また重化学工業は装置型産業であるため，大量の労働力を必要とする産業でもない。よって，都市人口の増加の抑制や沿岸部と内陸部の経済格差の緩和と関係性は薄い。

問3 次の図1は20万分の1地勢図（一部改変）に示した，茨城県北部の常陸太田市とその周辺地域，図2は常陸太田市と日立市，水戸市の製造業における事業所数の業種別割合を示したものであり，ア～ウは，印刷・印刷関連，電気機械器具，木材・木製品のいずれかである。ア～ウと業種名との正しい組合せを，下の①～⑥のうちから一つ選べ。

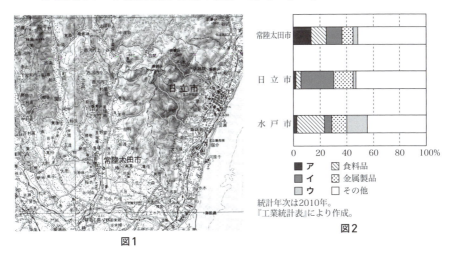

図1　　　　　　　　　　　　　　図2

	ア	イ	ウ
①	印刷・印刷関連	電気機械器具	木材・木製品
②	印刷・印刷関連	木材・木製品	電気機械器具
③	電気機械器具	印刷・印刷関連	木材・木製品
④	電気機械器具	木材・木製品	印刷・印刷関連
⑤	木材・木製品	印刷・印刷関連	電気機械器具
⑥	木材・木製品	電気機械器具	印刷・印刷関連

問3　[答]　⑥

　本問でまず確認しておきたいのは，**各都市がどのような場所に立地しているかという位置情報**である。常陸太田市は内陸の山あいに，日立市は東部の海沿いの港や高速道路が存在する場所にある。そして水戸市については茨城県の県庁所在都市であると認識しておきたい。その上で，すでに示されている食料品（**原料指向型**または**市場指向型**）や金属製品（臨海部などの**交通指向型**）と類似のものを探していく視点で考えてみると，常陸太田市は**ア**と食料品の割合が高い。よって，**ア**は食料品と同じ原料指向型工業で，山あいで森林資源に恵まれるであろうことから**木材・木製品**となる。次に日立市であるが，**イ**と金属製品の割合が高い。よって**イ**は，小型軽量部品を組み立て，完成品も比較的小型であるため，地方では自動車輸送の利便性に優れた**交通指向型**の立地となる**電気機械器具**となる。企業名から判断することも可能ではあるが，本問ではそのことだけを求めているわけではない。最後に水戸市であるが，食料品や**ウ**の割合が高い。県庁所在都市である水戸市には中枢管理機能が集まり，情報も多く集まることから，**ウ**は食料品と同じく**市場指向型**の**印刷・印刷関連**となる。

第1章　系統地理　　　　　　　　　　　　　　　　　　　　rank

18 工業の発達と現状・課題，日本の工業

1　工業立地の分布の変化　★☆☆

✤ **1970年代**…先進国の企業が低賃金労働力と消費市場を求める一方，**NIEs**（シンガポール，韓国，ブラジル，メキシコなど）が，**輸入代替型**（工業製品の国産化）から**輸出指向型**（工業製品の輸出向け生産）の工業化政策を進めたことで，急速に工業化が進展⇔戦前からの工業地域であるイギリスの**ランカシャー地方**やアメリカ合衆国の五大湖岸，ドイツの**ルール地方**では，工場の閉鎖や失業率の上昇，人口の減少，巨大な遊休地が増加（**産業の空洞化**）。

✤ **1980年代**…**ASEAN**諸国（マレーシア，タイ，インドネシアなど），1990年代から中国やインド（社会主義計画経済から市場経済の導入）が，NIEs諸国と同様に**輸出指向型**の政策を展開し，急速に工業化が進展⇔先進国では，比較的新しい臨海工業地域も衰退し，**産業構造が知識集約型産業へと転換**⇒大学などの研究機関や同種の企業（ベンチャー企業が多い）が集中する地域や，研究者の生活環境が良好な温暖な地域に新たな工業地域が展開⇒アメリカ合衆国の**サンベルト**，ヨーロッパの**サンベルト**。

✤ **1990年代**…賃金水準が上昇し，労働市場としての魅力が薄れたNIEsの韓国や台湾でも先進国と同様の動きへ。

2　分業体制の変化　★★★

　かつては**垂直的分業**（途上国の一次産品，先進国の工業製品）や**水平的分業**（先進国の工業製品どうし）が中心だった。現在では，為替相場，**貿易摩擦**，国内賃金水準の上昇，製品規格の標準化によって，同一産業内や同一企業内での国際分業へ（**多国籍企業の増加，産業の空洞化**）⇒多国籍企業は，進出先で販売会社→組立工場→部品工場の順に展開し，次第に現地生産の内製化を進める⇔多国籍企業の本社機能がある本国では，**研究開発や経営マネジメントに特化・注力**。多国籍企業は，現地需要はもちろん商慣習，労働慣習に慣れることが，成否を分ける。

3　産業の空洞化　★★★

　先進国の古くからの工業地域では，**賃金や地価の上昇，設備の老朽化，交通事情の悪化，貿易摩擦**などによって国際競争力が次第に低下⇒企業は安価な土地・労働力を求

116

め，途上国や貿易摩擦相手国に生産拠点を新設，移転⇒もともと工場があった地域では産業が衰退し，失業者の増加などの問題が生じる。

4　日本の工業立地と産業構造の変遷

- **1970年代**…電子部品・コンピューター関連産業を中心に，土地や人件費が安く，用水にも恵まれ，**大都市圏の既存工場と交通網で結びついた，東北地方や長野県へ工場が分散**。
- **1980年代**…アメリカ合衆国や西ヨーロッパ諸国との貿易摩擦や1985年のプラザ合意以降の円高などをきっかけに，**海外へと工場の移転が進む**。
- **1990年代**…バブル経済の崩壊もあり，**工場の閉鎖や規模縮小**⇒国内市場向けの高級品や海外へ資本財や試作品を供給する母工場へ特化・転換＆外国人労働者など非正規労働者(契約社員など)や間接雇用(派遣社員など)を活用し，**人件費の削減**を進める。
- **2000年代**…海外から生産拠点の一部が回帰したものの，**集積の利益が生かせる大都市圏に工場は集中する傾向**(地方経済の長引く不況)。東京都大田区，大阪府東大阪市⇒中小企業(住工混在地域)の強固な連携，加工組立型工業の共通の基盤技術(金型製造や金属の切削，プレス加工など)では世界トップクラス⇒しかし，**従業員の高齢化や後継者不足**から工場の閉鎖や資金力のある新興国の巨大企業へ身売りする中小企業が増加中。

5　日本の工業地域

- **中京工業地帯**…機械が多い(⇒自動車などの輸送用機械)。
- **京浜工業地帯**…総合的な工業地域。
- **阪神工業地帯**…金属が多い。
- **北関東工業地域**…機械が多い(⇒自動車などの輸送用機械)。

■おもな工業製品の出荷額上位都道府県(2016年)　(単位：%)

	1位	2位	3位	4位	5位
総出荷額	愛知 14.8	神奈川 5.4	大阪 5.3	静岡 5.3	兵庫 5.0
食料品	北海道 7.6	埼玉 6.2	愛知 5.8	兵庫 5.7	千葉 5.3
パルプ・紙・紙加工品	静岡 11.2	愛媛 7.8	埼玉 6.2	愛知 5.9	北海道 5.5
印刷・印刷関連	東京 15.5	埼玉 14.2	大阪 9.5	愛知 6.5	京都 4.5
化学工業	千葉 8.0	兵庫 7.3	大阪 7.3	神奈川 6.9	静岡 6.3
鉄鋼業	愛知 13.0	兵庫 11.1	千葉 9.5	大阪 7.7	広島 6.9
輸送用機械器具	愛知 38.7	静岡 6.2	神奈川 6.0	群馬 5.5	広島 5.3
電気機械器具	愛知 12.8	静岡 12.6	兵庫 8.8	大阪 6.1	栃木 5.3
情報通信機械器具	長野 15.1	福島 8.8	東京 8.6	神奈川 8.5	兵庫 6.5

出典：『データでみる県勢』

- **東海工業地域**…中京と同様に**機械が多い**(⇒自動車などの輸送用機械)。
- **京葉工業地域**…化学が多い(⇒石油化学)。
- **瀬戸内工業地域**…化学や金属が多い(⇒石油化学，鉄鋼)。
- **北九州工業地域**…金属が多い(⇒鉄鋼)。
- **北陸工業地域**…機械のほか，繊維が盛ん。

ここが共通テストのツボだ!!

ツボ ① 発展途上国の工業化政策

発展途上国の工業化は，**輸入代替型**から**輸出指向型**へ移行！

① **輸入代替型**

　　海外からの工業製品に高関税をかけて輸入制限を行い，外国企業の進出も規制することで，**自国の企業のみで工業化を目指す政策（国産化政策）**⇒工業の基礎・基盤技術が芽生え，インフラ整備が進む一方，粗悪な工業製品が中心で輸出は難しい。

② **輸出指向型**

　　税金などの優遇を行った**輸出加工区**や**経済特区**などを設けて，外国企業を積極的に誘致し，国内の安価な労働力を活用して，輸出向け製品の工業化を目指す政策⇒外貨の獲得や技術水準の向上につながる。

　　アジアでは，**1970年代にシンガポール，韓国，1980年代前半にマレーシア，タイ，1980年代後半にインドネシア，1990年代に中国**，2000年代に入ってベトナムなどで**輸出指向型の工業化の動きが本格化**。

ツボ ② 先進国の新たな工業地域

1970年代の石油危機以降，先進国では新たな工業地域が台頭！

① アメリカ合衆国の**サンベルト**（北緯37度以南＆太平洋側）
　(1) **温暖な気候**や安い物価（生活環境が良好）。
　(2) 北部と比べ，**安価な土地や労働力**が存在。
　(3) **石油・天然ガス資源**が豊富。
　⇒ **人口増加，先端技術産業**（軍事，宇宙・航空，ICなど）**の発達**。

② ヨーロッパの**サンベルト**（スペイン北東部のバルセロナからフランス南部，イタリア北部にかけての地中海沿岸）

　　アメリカ合衆国の**サンベルト**と同様に，**温暖な気候**や**安価な土地や労働力**があったことから，**自動車**や**航空機**などの先端技術産業が発達。

チャレンジテスト（大学入学共通テスト実戦演習）

第1章 系統地理

問1 近年の産業の発展には，先端技術の開発が重要であり，研究開発の国際競争はますます盛んになってきている。次の表は，いくつかの国における人口1人当たり国内研究費と，国内研究費の財源割合を示したものであり，①～④はイギリス，フィンランド，ルーマニア，ロシアのいずれかである。フィンランドに該当するものを，表中の①～④のうちから一つ選べ。

表

	人口1人当たり国内研究費[ドル]	国内研究費の財源割合*[%] 政府	国内研究費の財源割合*[%] 企業
①	1,418	25	67
日 本	1,146	16	77
②	635	32	45
③	245	67	28
④	77	49	37

*政府，企業以外は省略した。
統計年次は2011年。
総務省の資料などにより作成。

問1 [答]

　表中に示された日本の特色から考えてみると，日本は先進国で**先端技術産業**が盛んなことから，人口1人当たり国内研究費は高い値を示す。よって同じ先進国であるイギリスやフィンランドが①または②のいずれかとなる。また，国内研究費の財源割合を見てみると，日本や①と②は政府よりも企業の割合が高いことも民間企業が早くから発達している先進国となる。一方，③と④は企業よりも政府の割合が高いことから，長い間，国営企業を中心に産業構造が成り立っていた旧社会主義国のロシアや東欧のルーマニアのいずれかとなる。

　①と②を考えてみると，①は日本以上に人口1人当たり国内研究費が高いことからフィンランドとなる。フィンランドは人口が少ないため，早くから教育や研究開発に国を挙げて力を入れ，優秀な人材の育成に注力してきた。その結果，**情報通信産業**の発達は世界的に有名である。よって，残った②はイギリスとなるが，注釈の「政府，企業以外は省略した」という点から，②が5か国の中で政府と企業を足した値が最も低いので，古くから高等教育機関が発達してきたため，大学等による研究が盛んなイギリスという根拠も見いだせる。

　ちなみに，③と④であるが，ソ連を引き継いだ大国であるロシアはいまだに高度な技術を必要とする軍事産業も盛んであることから，ルーマニアと比べて人口1人当たり国内研究費は高いと考え，③がロシア，残った④がルーマニアとなる。

18 工業の発達と現状・課題，日本の工業 | 119

問2 多国籍企業の進出がみられる輸出加工区について述べた文として最も適当なものを，次の①～④のうちから一つ選べ。

① 輸出加工区では，原材料の輸出を条件として，免税などの優遇措置が講じられている。
② 輸出加工区には，自国産の農水産物を原料とする食品加工業の工場が多く設けられている。
③ 輸出加工区は，外貨の獲得，雇用の拡大などを目的に設けられ，労働集約的な工業が立地している。
④ 輸出加工区は，内陸部の農村部に多く立地したため，その周辺地域に人口の急増をもたらした。

問2 ［答］ ③

③ 正文：多国籍企業は安価な労働力が得られるメリットがあり（詳しくは後述の①②を参照），輸出加工区を設置した国にとっては，外貨の獲得や雇用の拡大，技術の向上につながるメリットがある。
① 誤文：輸出加工区は，あくまで進出した多国籍企業が海外に工業製品などの加工品を輸出することを条件に，関税や法人税の優遇が受けられる。
② 誤文：輸出加工区に進出する多国籍企業は，自国よりもより安価な労働力を求めて，労働集約的な繊維や電気機械などの工場を設けることが多い。
④ 誤文：上述の①のとおり，輸出加工区で生産された製品は外国に輸出されることが前提なので，輸出加工区は電気や水道などのインフラが整備された大都市近郊で，海上交通に恵まれた海岸部に設けられることが多い。

問3 次ページの図は，いくつかの製造業における1960年と2000年の事業所数の全国に占める割合を都道府県別に示したものであり*，ア～ウは，出版・印刷業，食品品製造業**，電気機械器具製造業のいずれかである。ア～ウと業種名との正しい組合せを，下の①～⑥のうちから一つ選べ。

*2％未満は省略した。**2000年は食料品製造業と飲料・たばこ・飼料製造業の合計。

	①	②	③	④	⑤	⑥
出版・印刷業	ア	ア	イ	イ	ウ	ウ
食料品製造業	イ	ウ	ア	ウ	ア	イ
電気機械器具製造業	ウ	イ	ウ	ア	イ	ア

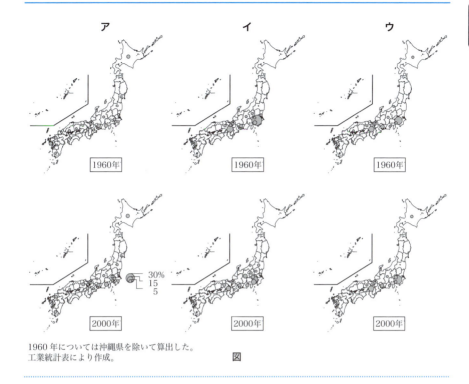

1960年については沖縄県を除いて算出した。
工業統計表により作成。　　　　　図

問3　[答]　⑤

　分布図の問題なので，集中か分散かを意識して判断にあたりたい。また事業所数とあるが，工場数と考えればよい。**ア**を見ると，1960年も2000年もおおよそ全国に分散し変化がほとんどない。よって，**ア**は食料品製造業となる。食品品は変質しやすい原材料を使用する場合は原料指向型の立地をとるため，農畜水産物の生産が盛んな北海道や九州などが上位に挙がる。また，同じ食料品でも変質しにくい原材料を使用する場合は，輸送費が最小になるように大消費地の近くに立地する市場指向型となるため，東京圏や京阪神圏，名古屋圏に属する都府県も上位に挙がる。**イ**を見ると，1960年は東京都，大阪府，愛知県に集中し，2000年には上記3都府県への集中が続くものの，その周辺に分散している。よって，**イ**は電気機械器具製造業となる。1960年当時の日本の電気機械工業は，数多くの部品を使うため，輸送上の利便性から部品製造を行う中小工場が集中する大都市の東京，大阪，名古屋に完成品の組み立てを行う工場も集中していた。しかしその後，1980年代にかけて欧米との貿易摩擦や円高，新興国の台頭などから，既存の国内工場は競争力を失い，多くの工場は閉鎖され，海外へと移転していった。現在，日本国内に残された工場は，母工場と呼ばれる研究開発部門や試作部門，高付加価値製品の生産が中心となっている。よって，優秀な人材が集めやすく，中枢管理部門をもつ本社との意思疎通が容易で，高速道路などの輸送網が整備され，最新鋭の工場の敷地の確保にも比較的容易な大都市圏の郊外に立地が移動している。**ウ**を見ると，1960年も2000年も変わらず，東京都，大阪府，愛知県とその周辺に集中している。よって，**ウ**は出版・印刷業となる。情報が製品の価値を決定する出版・印刷業は，情報が多く集まり，正確な情報を入手しやすい大都市に集中して立地する市場指向型の工業である。ちなみに現在，出版業は，第二次産業の製造業ではなくなり，第三次産業に分類されている。

19 第3次産業・交通・通信と世界の観光

第1章 系統地理 rank

1 商業・生活環境の変化と第3次産業 ★☆☆

♣ **商業**…第3次産業で最も大きな役割を占める。
① **商店の立地の変化**…大都市圏の郊外や地方では，**モータリゼーション**の進行で行動圏が拡大⇒最寄品（日用品）は近所の商店街で購入していたが，1960年代以降は，**郊外の幹線道路沿いに大型駐車場を完備したショッピングセンター**や**食品，衣料，日用品などの専門スーパーマーケット**などで購入。一方で，**駅前や都心の古くからあった商店街は衰退**（「シャッター通り」商店街が増加）。
② **小売業と卸売業**…小売業者は，ネット通販の普及やアジアの安価な輸入品の増加で価格競争が激しく，流通過程の複雑さの軽減を進める⇒近年，**卸売業の比重は低下傾向**。
● **小売業**…消費者に対し商品を小口販売する商業者（≒**スーパーマーケット，コンビニエンスストア，ショッピングセンター，デパート**など）。
● **卸売業**…生産者と小売業者の間で生産者からの商品の仕入れや小売業者への大口販売を行う商業者（**商社，問屋，市場**など）。

2 交通 ★★☆

♣ **鉄道**
① **旅客**…発展途上国で人口大国の**インドが最大，次いで中国**（自動車の普及で減少傾向）。**先進国の中で日本は例外的に多い**（新幹線網の整備，大都市圏の鉄道利便性が高い）。
② **貨物**…広大な面積をもつ，**大陸横断鉄道があるアメリカ合衆国やロシア，中国で多い**。
③ **その他**…環境負荷が小さいため，**先進国では都市内交通として再評価**されている⇒低床の路面電車を用いた郊外と都心部を直結する**LRT**やモノレールの導入など。

♣ **自動車**
① **旅客・貨物**…所得水準が高く，自動車保有台数の多い**先進国で中心**となっている。ただし，アメリカ合衆国の自動車貨物の割合は小さい。
② **その他**…環境負荷が大きいため，電気自動車，燃料電池車，ハイブリッドカーなどの低公害・低燃費車の開発や**モーダルシフト**，渋滞緩和策（**パークアンドライド**）などの**環境対策**が進められている。
● **モーダルシフト**…自動車から環境負荷の小さい鉄道や船舶に輸送機関を転換すること。
● **パークアンドライド**…郊外の駅などに整備された駐車場に駐車し，鉄道やバスなど

の公共交通機関に乗り換えて都心部へ向かう輸送体系。

❖ **航空機**
① **旅客**…国土面積が広く，所得水準が高い**アメリカ合衆国でとくに多い**。また，**EU域内では人々の移動の自由化が進み国際間の移動が多くなっている**。近年では**LCC（格安航空会社）の登場で世界的に輸送量が増えている**。
② **貨物**…量は少ないが，高価な電子部品や医薬品などが中心のため，貿易金額は大きい。
③ **ハブ空港**…各地に放射状に延びた路線網をもつ**地域の拠点空港**（ハブ＝空港，スポーク＝航空路線）。**シンガポール，インチョン（韓国），香港，ドバイ，ロンドン，パリ，フランクフルト，アムステルダム，アトランタ，ダラス・フォートワース**など。
④ **その他**…中高緯度地方では上層の偏西風である**ジェット気流**の影響が大きい⇒**西行きは向かい風，東行きは追い風となるため飛行時間や燃料消費量に差が生じる**。都市部では，騒音や振動の問題が生じやすい。

❖ **船舶**
① **旅客・貨物**…**貨物輸送が中心**⇒**近年は中国で急増**（コンテナ取扱数の**上位では中国の港が占有**）。とくに島国など海洋に面する国で多く，**ヨーロッパでは内航海運も盛ん**。
② **その他**…領海内でも航行が自由な国際海峡⇒**マラッカ海峡，ジブラルタル海峡，ボスポラス海峡，ホルムズ海峡**など。**便宜置籍船国**（税金などを優遇し，外国の船主にも登録を認めている国）の**パナマ，リベリア**など⇒**商船保有量が多い**。

3　通信

❖ **デジタルデバイド（情報格差）**…情報インフラや情報リテラシー（情報を取捨選択する力）の差から**デジタルデバイド（情報格差）**につながっている⇒**個人間，地域間，国家間での経済格差が拡大，固定化，大都市へのオフィス機能の一極集中へ**。
❖ **その他の通信**…固定電話，携帯電話，インターネットの普及率は，先進国で高いものの，**携帯電話は多額の設備投資を必要としないため，途上国でも普及率が高い**。

4　観光

❖ **観光行動**…先進国だけでなく，**最近は急速な経済成長を遂げてきた東アジアや東南アジアでも所得水準の上昇や交通インフラの整備によって観光客が急増**。また，国境審査の廃止や共通通貨**ユーロ**の導入を進めてきたEU域内でも観光客が多い。
❖ **観光活動**
① **エコツーリズム**…観光客が**自然環境や歴史文化**などの地域固有の魅力を**実体験**する観光⇒**地域経済の活性化および環境保護へ**。
② **グリーンツーリズム**…都市生活者を中心とする観光客が，**農林漁業などを実体験する観光**⇒過疎化が進む**地域経済の活性化へ**。

ここが共通テストのツボだ!!

ツボ ❶ 年間商品販売額と日本の都市

- **卸売業**…生産者と小売業者の間で生産者からの商品の仕入れや小売業者に大口販売を行う業者(商社・問屋・市場など)⇒流通拠点となる**三大都市(東京・大阪・名古屋)**や**広域中心都市**(札幌・仙台・広島・福岡),県庁所在都市などの都心周辺部に集中して立地。
- **小売業**…消費者に対し商品を小口販売する業者⇒**地域の人口規模に比例(分散)**して立地。

図1 卸売業・人口・小売業の都市別比較　　出典:平成26年商業統計,平成27年国勢調査など

	卸売業年間商品販売額	人口(万人)(2015年10月1日)		小売業年間商品販売額
1位	東京23区	東京23区	927.3	東京23区
2位	大阪	横浜	372.6	大阪
3位	名古屋	大阪	269.2	横浜
4位	福岡	名古屋	229.6	名古屋
5位	札幌	札幌	195.4	札幌

	卸売業年間商品販売額	人口(万人)(2015年10月1日)		小売業年間商品販売額
6位	仙台	福岡	153.9	福岡
7位	広島	神戸	153.7	神戸
8位	横浜	川崎	147.5	京都
9位	神戸	京都	147.5	広島
10位	さいたま	さいたま	126.4	仙台

ツボ ❷ 訪日外国人旅行者

観光産業は他産業に比べ,地域振興につながりやすい⇒**訪日外国人旅行(インバウンド)**を重視。一方で,観光客がもたらす騒音や混雑のために,地元の人々の静穏な生活環境が乱されるなどの**観光公害(オーバーツーリズム)**の問題が生じ始めている。

① 日本では2008年に観光庁が設置され,観光客の受入れを積極化⇒**従来から多かった韓国や台湾**に加え,急速な経済発展によって所得水準が上昇した**中国からも急増**。また,**東南アジアのタイやマレーシア,インドネシアからも増加**⇒イスラーム文化(**祈とう場所の確保,ハラール**)など異文化への配慮が重要に。

② 訪日外国人旅行者数は,2013年に初めて1,000万人を突破し,2018年には3,000万人超。近年の好調な要因としては,**東南アジア各国の好調な経済状況,LCCを含む新規路線の就航や増便**,円安による割安感,一般短期滞在数次ビザの運用開始(タイ,マレーシア,インドネシア),中国からの大型クルーズ船の寄港,訪日外国人旅行者向け消費税免税制度の見直し,SNS等を活用した訪日プロモーションの効果など。

図2 国・地域別訪日外国人旅行者数(2018年)

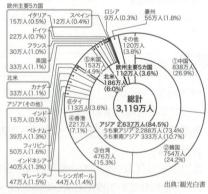

出典:観光白書

チャレンジテスト（大学入学共通テスト実戦演習）

問1 空港の旅客数は，所在する都市の特性やその国の都市システムによって異なる。次の図は，いくつかの都市の空港における国内線と国際線の旅客数*を示したものであり，①〜④はアトランタ，アムステルダム，東京**，マニラのいずれかである。東京に該当するものを，図中の①〜④のうちから一つ選べ。

  *出発客と到着客の合計。
  **東京は羽田空港，成田空港の合算値。

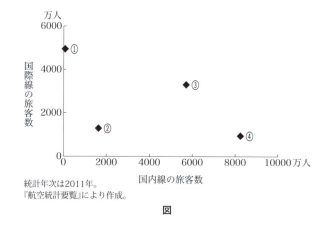

統計年次は2011年。
『航空統計要覧』により作成。

図

問1 [答]

人口や国土面積，所得水準から判断したい問いである。

③ 注釈にあるとおり，東京は羽田空港と成田空港の合算値になっている。そのため，国内人口が約1億2,000万人を抱える日本は，国内線も国際線も旅客数が多いと考える。

① アムステルダムはオランダの首都であるが，国土面積が狭いため国内における移動は航空機ではなく鉄道や自動車といった陸路が中心となる。そのため国内線の旅客数はほとんどいないが，ヨーロッパを代表するハブ空港のスキポール空港があることから，EU域内だけでなく域外からの乗り継ぎ客が多くなるため，国際線の旅客数が多い。

② マニラがあるフィリピンは，人口は日本と同程度であるが，まだまだ所得水準が低い国のため，航空機を使っての国内外の移動は多くはない状況にある。

④ アトランタのあるアメリカ合衆国は，広大な国土面積を持ち，3億人を超える人々が暮らしているが，国土の内陸に位置するシカゴやダラス・フォートワース，アトランタなどに国内の乗り継ぎを中心とする巨大なハブ空港が存在していることから，国内線の旅客数が多くなる。

問2 インターネットは世界の結びつきを変えている。次の図はインターネットの利用者数*と利用者率を示したものである。図に関することがらについて述べた文章として，下線部が最も適当なものを，下の①〜④のうちから一つ選べ。

*多いほど面積が広く表現されている。

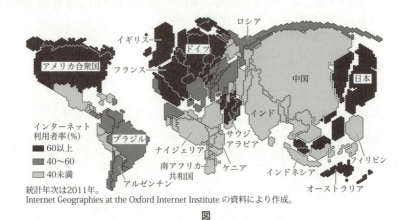

統計年次は2011年。
Internet Geographies at the Oxford Internet Institute の資料により作成。

図

　情報通信技術（ICT）の発展は世界の結びつきを変化させる。インターネットは，①高速で大量の情報を送受信できる人工衛星を用いて世界中をつないでおり，遠隔地と瞬時に連絡をとることを可能にした。図を見ると，利用者数では，人口が世界第1位の中国より②アメリカ合衆国の方が多い。また，固定電話の普及率が低い③サハラ以南のアフリカ諸国ではインターネット利用者率が西ヨーロッパに対して高くなっている。一方，ブロードバンドの導入にかかる費用負担が必要なことから，世界的にはインターネット利用者率は差が大きく，④情報へのアクセスがかたよるデジタルデバイドが生じている。

問2 ［答］　④

④ 正文：デジタルデバイドとは，経済格差が情報の送受信の差を生んでいるとする言葉であり，そのデジタルデバイドがいっそうの経済格差につながっているとされる。

① 誤文：今日，高速で大量の情報の送受信を可能にしているのは，海底や陸上にも張り巡らされた光ファイバーケーブルによるところが大きい。

② 誤文：カルトグラムが用いられており，利用者数の絶対値は面積の大きさで表現されていることから，世界最大の人口大国である中国が最も多くなっていることがわかる。

③ 誤文：下線部の後に「ブロードバンドの導入にかかる費用負担が必要」とあることから，アフリカは貧しい国々が多いため，先進国しかない西ヨーロッパと比べてインターネットの利用者率である相対値は低いことは推測できるし，地図の階級による色分けからも低いことがわかる。

問3 高山市内をめぐり，観光についての興味を深めたイズミさんは，高山市の観光統計*を整理した。次の図は高山市の旅行者数の推移を示したものであり，表は2015年の高山市と全国の外国人旅行者の地域別割合を示したものである。図と表から読み取れることがらとその背景について述べた下の文章中の下線部①〜④のうちから，適当でないものを一つ選べ。

＊高山市は，旧高山市の値。

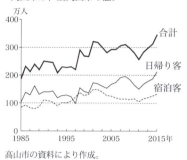

高山市の資料により作成。
図

表

	高山市	全 国
外国人旅行者数（万人）	26.8	1,973.7
地域別割合(%) アジア	58.7	84.3
ヨーロッパ	25.1	6.3
南北アメリカ	9.2	7.0
オセアニア	6.6	2.2
その他	0.4	0.2

高山市の値は，宿泊客のみの数値。
統計年次は2015年。
高山市の資料などにより作成。

　高山市の旅行者数は全体的に増加傾向にあり，その背景には，鉄道の高速化やトンネル・高速道路の開通などが考えられる。ただし，①<u>交通条件の改善は旅行者数の維持を保証するものではない</u>。

　2015年の高山市を含む岐阜県全体の日帰り客数は3,731万人，宿泊客数は629万人となっており，高山市は②<u>県内市町村の中でも相対的に宿泊をともなわない通過型の観光地としての性格が強い</u>。

　日本では国をあげて外国人の誘客に努めており，③<u>2015年の高山市の宿泊客数の約2割を外国人旅行者が占めている</u>。外国人旅行者の地域別割合をみると，高山市は全国に比べて，④<u>ヨーロッパやオセアニアの割合が高い</u>。

問3 [答] **②**

② **誤文**：前文のデータから，岐阜県全体では宿泊客数に対して日帰り客数は6倍ほど多い。一方，高山市は図のグラフを見ると宿泊客数に対して日帰り客数は2倍にも満たないことから，むしろ高山市は宿泊を伴う滞在型の観光地としての性格が強いと見ることができる。

① **正文**：文脈から考えると，交通条件の改善だけではなく別の要因も旅行者数の増減に影響していると読み取ることができる。

③ **正文**：表の注釈から，高山市の外国人旅行者数（26.8万人）は宿泊客数と見なすことができるので，図の高山市の全宿泊客数（約130万人〜140万人）のうち約2割を外国人旅行者が占めているというのは正しい。

④ **正文**：表の全国の外国人旅行者の地域別の内訳を見ると，アジアは8割を超えている。一方で高山市は，アジアからの割合が最も高いものの，全国に比べるとそれ以外の地域の割合が高く，中でもヨーロッパとオセアニアが大きく上回っている。

問4 次の図は,人口約40万人の日本のある市における施設の立地を示したものであり,ア～ウは大型小売店,銀行*,小学校のいずれかである。ア～ウと施設名との正しい組合せを,下の①～⑥のうちから一つ選べ。

*信用金庫,信用組合,郵便局などは含まない。

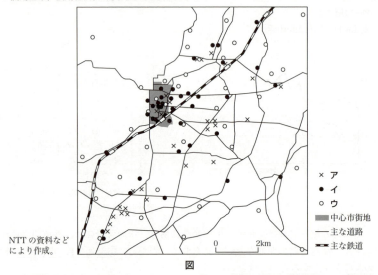

図

	①	②	③	④	⑤	⑥
ア	大型小売店	大型小売店	銀　行	銀　行	小学校	小学校
イ	銀　行	小学校	大型小売店	小学校	大型小売店	銀　行
ウ	小学校	銀　行	小学校	大型小売店	銀　行	大型小売店

問4 [答] ①

　全体的な分布の集中または分散の傾向を意識したい。**ア**の分布を見てみると,一部中心市街地にも分布が見られるものの,中心市街地から離れた郊外の主な道路沿いの方がより多く分布している。よって**ア**は大型小売店となる。大型小売店とは中心市街地に少数立地する百貨店や,モータリゼーションの進行に伴い駐車場が完備された郊外に数多く立地するショッピングセンターやロードサイドショップが挙げられる。本問では人口約40万人と中規模の都市で,主な鉄道が1本しか見られずモータリゼーションが進んでいる都市であると判断できる。次に**イ**の分布を見てみると,中心市街地に集中して立地し,一部郊外の道路沿いにも分散して立地している。よって,**イ**は銀行となる。銀行には注釈がつけられており,「信用金庫,信用組合,郵便局などは含まない」と書かれていることから,本問での銀行は資本力に富み,主な顧客を企業相手とする都市銀行や有力な地方銀行となる。それゆえ地価が高い中心市街地に立地することも可能であるし,中心市街地には中枢管理機能が集中し,顧客となる企業も数多く立地する。残った**ウ**の分布を見てみると,まんべんなく分散して立地している。よって,**ウ**は小学校となる。小学校は体力に乏しい小学生でも安全に安心して自宅から通える場所に立地していなければならない。それゆえ,特定の地域に集中して立地することはなく,分散して立地する。

問5 次の表は，いくつかの国における第3次産業就業者割合と第3次産業の業種別構成比を示したものであり，①～④は，アラブ首長国連邦，スイス，デンマーク，フィリピンのいずれかである。スイスに該当するものを，表中の①～④のうちから一つ選べ。

表

		①	②	③	④	(単位：%)
	第3次産業就業者割合	75.3	73.3	72.8	50.3	
第3次産業の業種別構成比	流通関連サービス（卸小売・運輸・通信など）	27.7	28.9	32.2	52.7	
	消費関連サービス（飲食・宿泊・家事など）	3.9	9.7	23.0	15.6	
	生産関連サービス（金融・不動産など）	17.8	24.2	15.4	7.7	
	社会関連サービス（教育・保健衛生・社会事業・公務など）	42.6	30.4	22.5	18.3	
	その他	8.0	6.9	6.9	5.6	

統計年次は2008年。国際労働機関の資料により作成。

問5 [答] ②

　早くに先進国になった国ほど第1次産業の割合が減少し，第2次産業割合が増えその後頭打ちとなった後，第3次産業が産業の中心となっていく動きを産業構造の高度化という。本問はこの視点に基づいて判断するとよい。

② 第3次産業就業者割合が高く，**金融を含めた生産関連サービスの割合が最も高いことからスイス**で正解となる。スイスは，古くから海外で活躍してきた傭兵からの送金による両替業や永世中立国で世界的に信用度が高い国という立場を生かし，今日ではとくに富裕層向けの金融業が栄えていることで知られる。

① 第3次産業就業者割合が高く，**教育・社会事業といった社会関連サービスの割合が最も高いことから，北ヨーロッパのデンマーク**となる。デンマークをはじめ北ヨーロッパの国は，先進国の中でもとくに社会保障が充実していることで知られており，従事している人の割合も高い。

③ 第3次産業就業者割合が他の先進国並みに高く，その中では流通や消費関連サービスが高いことからアラブ首長国連邦となる。アラブ首長国連邦のような中東の産油国では，政府などから与えられた第3次産業に従事している国民が多く，また海外からの出稼ぎ労働者は家政婦などに従事している。また，教育環境が不十分なこともあって熟練した技術や知識をあまり必要としない，単純労働の流通や消費関連サービスが多くなっている。つまり**中東の産油国は，先進国的側面と発展途上国的側面の両方を持っている**ことに特徴がある。

④ 第3次産業就業者割合が最も低く，流通関連サービスが過半になっていることからフィリピンとなる。フィリピンは，4か国中では最も経済発展が遅れている発展途上国なので，産業構造の高度化が最も遅れている。

第1章　系統地理　　　　　　　　　　　　　　　　　　　　　rank

20 世界と日本の貿易

1　貿易の種類と貿易問題　　　

❖ **保護貿易**…輸入品に高関税をかけ自国の産業の保護・育成を図る貿易。**保護貿易**が世界大戦につながった反省から，WTO（前GATT）による**自由貿易**を推進・拡大。
❖ **自由貿易**…関税がなく（低く），国家の干渉や制約を受けない貿易。
① **WTO（世界貿易機関）**…**GATT**（「関税と貿易に関する一般協定」）に代わり，1995年発足。**GATT**が扱わなかったサービス貿易や知的財産権の問題も扱う。近年は加盟国や対象品目の増加により，**WTOによる自由貿易の動きが行き詰まる**⇒2以上の国または地域間での自由貿易の推進へ（**FTA（自由貿易協定）**や**EPA（経済連携協定）**）。

■FTAとEPAの違い

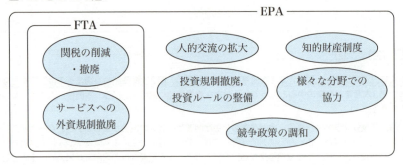

❖ **中継貿易**…在庫の保管（→手数料を得る）や輸入物資に多少手を加えて中間製品として，第三国へ再輸出する貿易。
❖ **加工貿易**…原料を輸入して加工し，製品を輸出する貿易。高度な技術と熟練した労働力を必要とする。
❖ **サービス貿易**…ある国の国民が外国に行ってサービスを受けること，外国の拠点から電話などを通じてサービスを受けること，外国企業から派遣された専門家からサービスを受けること，外国企業が支店などを設置してサービスを提供することの4種類がある。
❖ **南北貿易**…発展途上国（南）と先進国（北）との貿易。**発展途上国**が食料品や原燃料などの一次産品を輸出し，**先進国**が工業製品を輸出する⇒産業革命によりいち早く工業化を達成した欧米諸国が，アジア，アフリカ，ラテンアメリカを植民地として

支配し，特定の農産物や鉱産物の生産に特化させてきた（南北問題）⇒**モノカルチャー経済**（特定の一次産品の輸出に依存する経済）の国が多い（経済不安定）。
　近年では同じ発展途上地域の中でも中国や東南アジア諸国のように経済成長を遂げる国も現れ，発展途上国間でも格差が生じ始めている（**南南問題**）。

❖ **水平貿易**…先進国間でおもに同種の工業製品を輸出する貿易。**貿易摩擦**が生じやすい。
❖ **フェアトレード**…生産者と消費者がおもに商品作物を公平・公正な価格で売買する**貿易**⇒不利な条件で農産物を輸出せざるを得ない発展途上国の**農業生産者の生活改善**や**持続可能な開発**につなげようという取り組み。

2　日本の貿易

❖ **輸出入品目**…戦前および戦後まもなくは生糸や綿織物などの繊維製品が輸出の中心⇒1950年代後半からの高度経済成長にかけては重化学工業が発達し，原油や鉱産資源を輸入して鉄鋼や機械類に加工して輸出する**加工貿易**中心へ変化⇒輸入では，最近の資源価格高騰や国内需要の増加によって資源国からの原油や鉱産資源がさらに増え，日本企業が進出したアジアから家電製品などの機械類が増える一方，輸出では自動車や建設機械など機械類の輸出が増えている⇒**輸出入とも機械類が最大**。

❖ **貿易相手国**…戦後長年にわたって，最大の貿易相手国は**アメリカ合衆国**であった⇒1980年代には自動車や電気機械をめぐる**貿易摩擦**が発生し，アメリカ合衆国から**農産物の輸入自由化**を迫られる⇒**貿易摩擦**解消のため自動車などの生産拠点がアメリカ合衆国などへ流出⇒1990年代以降，**産業の空洞化**へ⇒2007年からは中国が最大の貿易相手国へ。

　日本は資源産出国との貿易では赤字（輸入超過），その他の多くの国との貿易では黒字（輸出超過）となっている。日本は1981年以降，しばらく貿易黒字となっていたが，東日本大震災が発生した2011年以降，自動車等の輸出が減少し，エネルギー資源の輸入が増加したため貿易赤字に転じた（⇒2016年以降は資源の価格安から再び貿易黒字になったが，2018年は貿易赤字）。

■世界の貿易額上位国（2018年）

（単位：百万ドル）

輸出		輸入		
中国	2,280,358	アメリカ合衆国	2,614,327	アメリカ合衆国は世界最大の貿易赤字国
アメリカ合衆国	1,664,085	中国	1,842,334	
ドイツ	1,335,866	ドイツ	1,056,495	
日本	738,173	日本	748,291	中国，ドイツ，オランダは貿易黒字国
韓国	625,437	フランス	672,144	
オランダ	585,604	イギリス	652,258	
フランス	581,042	（香港）	602,876	
イタリア	534,893	オランダ	521,367	
（香港）	531,163	韓国	513,517	
イギリス	467,163	インド	511,214	

※中国は2017年，ドイツは2016年。　『世界国勢図会』

ここが共通テストのツボだ!!

ツボ ① 貿易依存度(GDPに対する輸出額および輸入額の割合)

貿易依存度は，**市場(≒GDP)の大きさに注目**する！

① 貿易依存度が高い国・地域

貿易は活発だが人口が少なくGDPが小さい国

(1) **中継貿易**が盛んな国・地域…シンガポール，香港，オランダ，ベルギーなど。

(2) 輸出指向型の工業が盛んな国・地域…韓国，マレーシア，タイなど。

② 貿易依存度が低い国・地域

人口が多くGDPが大きい国…アメリカ合衆国，日本，中国。

図1 主要国の1人当たり貿易依存度（2017年）

国	輸出(%)	輸入(%)
ベルギー	86.9	82.1
オランダ	63.5	56.0
ドイツ	39.2	31.5
カナダ	25.7	25.9
韓国	37.5	31.3
フランス	20.7	24.2
イタリア	26.3	23.5
イギリス	16.8	23.4
アメリカ	7.9	12.4
日本	14.3	13.8
ロシア	22.6	14.4
中国	18.6	15.1
ブラジル	10.6	7.7
インド	11.6	17.4

出典:『日本国勢図会』

ツボ ② アジアの域内分業

アジア地域の分業体制をつかむ！

図2 アジアの工程分業とその進展

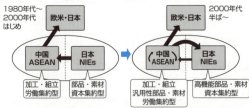

電気機械などの労働集約型の工業は，**アジア地域での分業**が進展。高技術国の**日本**や**アジアNIEs**では高機能で高付加価値(=高価)の部品を製造し，安価な労働力のある**中国**や**ASEAN諸国**では組立作業を行い，最終製品を欧米や日本へ輸出する。最近では，中国やASEAN諸国の現地企業の技術力が向上し，**部品や素材の現地調達(内製化)**も進んできている。

チャレンジテスト（大学入学共通テスト実戦演習）

問1 世界の諸地域は，貿易を通じて相互に結びついている。次の図は，中国と，いくつかの国・地域との間における，工業製品と農水産物の輸出額を相対比率*で示したものであり，A～Cは，アメリカ合衆国，日本，EU（欧州連合）のいずれかである。図中のA～Cと国・地域名との正しい組合せを，下の①～⑥のうちから一つ選べ。

*それぞれの貿易品目について，輸出額が最大となるものを100とした値。

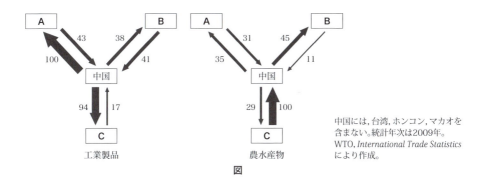

中国には，台湾，ホンコン，マカオを含まない。統計年次は2009年。
WTO, *International Trade Statistics* により作成。

図

	A	B	C
①	アメリカ合衆国	日 本	E U
②	アメリカ合衆国	E U	日 本
③	日 本	アメリカ合衆国	E U
④	日 本	E U	アメリカ合衆国
⑤	E U	アメリカ合衆国	日 本
⑥	E U	日 本	アメリカ合衆国

問1　[答]　

　各国，各地域間の貿易についての問いでは，**輸出と輸入を差し引き，貿易黒字か貿易赤字か**を意識することが重要となる。また，**輸出額と輸入額を足し合わせた貿易総額**も判断根拠となる。まず工業製品から見てみると，中国は**AとCに対して圧倒的な貿易黒字**を示し，**B**と比べても工業製品の貿易総額が大きいことがわかる。よって，今回は所得水準が高い先進国・地域が相手になるので，**市場規模**，つまり**人口が多い国や地域ほど，中国からたくさんの工業製品を輸入する**と考えられる。**アメリカ合衆国は3億人超，日本は約1億2000万人，EUは5億人超の人口**を抱える。よって，市場規模が大きいアメリカ合衆国とEUはAとCのいずれかとなり，残った**B**が日本となる。次に農水産物を見てみると，中国とCにおいては，圧倒的な中国の**貿易赤字**になっている。**大規模農業を行い，農業において強い国際競争力をもつのは新大陸のアメリカ合衆国**である。よって，中国に対して大きな**貿易黒字**を示すCがアメリカ合衆国となり，残ったAがEUとなる。アメリカ合衆国から中国には，大豆や肉類などが積極的に輸出されてきた（近年は米中貿易戦争によって低迷）。

問2 次の①~④の文は，アメリカ合衆国，サウジアラビア，中国，日本のいずれかについて，それぞれの国がかかえている貿易問題を説明したものである。アメリカ合衆国について述べた文として最も適当なものを，次の①~④のうちから一つ選べ。

① 巨大な国内消費を背景に，工業製品やエネルギー資源を大量に輸入しており，巨額の貿易赤字をかかえている。
② 高い技術力を背景として工業製品を積極的に輸出し，農産物を大量に輸入する一方，特定の穀物には高い関税をかけてきた。
③ 豊富で安価な労働力を背景として工業の発展がめざましく，様々な資源を大量に輸入しているため，資源の国際価格に大きな影響を与えている。
④ 豊富なエネルギー資源を有するが，国際機関を通して生産量の調整を行うことによって国際的な需給のバランスに影響を与えることもある。

問2 [答] ①

①がアメリカ合衆国で正解となる。アメリカ合衆国は3億人を超える巨大市場をもち，その購買力の高さから世界中から工業製品やエネルギー資源を大量に輸入している。それゆえ**アメリカ合衆国は，世界一の輸入国であり，世界最大の貿易赤字国**にもなっている。

②は日本についての記述である。日本は1960年代の高度経済成長期以降，急速に工業化が進み，高い技術力をもったことで現在でも高付加価値の工業製品を中心に輸出している。一方で**日本は資源に乏しいためエネルギー資源や，国際競争力が低いため農畜水産物を大量に輸入している**。その結果，食料自給率は著しく低下したが，**米に関しては高関税をかけ95%前後の自給率を保っている**。

③は中国についての記述である。1978年からの改革・開放政策以降，外国資本の進出が始まり，とくに1990年代後半に入ってから著しい工業化の進展を見せるようになった。その結果，**中国は工業製品の原材料が国内資源だけでは不足するようになり，世界中から大量の資源を輸入している**。そのことが**資源の国際価格に大きな影響を与える**ようになっている。

④はサウジアラビアについての記述である。**サウジアラビアはOPECに加盟し，世界有数の原油埋蔵量を誇り，世界最大の原油輸出国**である。それゆえ原油価格の動向を見ながら，生産量の調整が**OPEC**を通して行われることがある。

問3 次の表は，アメリカ合衆国における1987年と2009年の相手国別輸入額について，それぞれ上位8か国を示したものであり，A～Dは，イギリス，中国*，日本，メキシコのいずれかである。メキシコに該当するものを，下の①～④のうちから一つ選べ。

*台湾，ホンコン，マカオを含まない。

表　　　　　（単位：百万ドル）

1987年		2009年	
A	88,072	D	296,402
カナダ	70,644	カナダ	224,911
西ドイツ	28,020	B	176,537
B	20,511	A	95,949
韓　国	17,991	ドイツ	71,253
C	17,827	C	47,486
イタリア	11,633	韓　国	39,235
フランス	11,177	フランス	34,034
総　額	422,407	総　額	1,557,876

『国際連合　貿易統計年鑑』などにより作成。

① A　　② B　　③ C　　④ D

問3 [答]　②

　アメリカ合衆国の相手国別輸入額の変化，アメリカ合衆国の貿易赤字相手国の移り変わりがテーマとなっている。本問のような順位づけの問題では，選択肢の順位の上がり，下がりに注意するだけでなく，すでに国名が明示されている国との共通性を意識しながら判断にあたりたい。

　まず大きな流れを見てみると，Aは順位が下がり，Bは順位が上がり，Cは順位が変わらず，Dは欄外から一気に2009年にはトップまで上がっている。よってDは，急速な経済成長および工業化からアメリカ合衆国に工業製品を大量に輸出し，アメリカ合衆国に大きな貿易赤字を被らせている中国となる。今日の米中貿易戦争につながったことがよくわかる統計である。

　では残った選択肢であるが，すでに国名が明示されているドイツ（西ドイツ）や韓国，イタリアは順位が下がり，カナダとフランスは変わっていない。ここから見えてくる共通性は，先進国との貿易においては，順位が下がる，もしくは停滞傾向を示していることである。よって，1994年にアメリカ合衆国とカナダとの間でNAFTA（北アメリカ自由貿易協定）を締結し，経済的結びつきが強くなった新興国のメキシコが，順位が上がっているBとなる。メキシコは，今日ではアメリカ合衆国向けの自動車生産拠点としての地位を築いており，アメリカ合衆国の対メキシコ貿易では大きな貿易赤字となっているため，現在NAFTA（北アメリカ自由貿易協定）の見直しが進められている。

　最後に残ったAとCの判断であるが，Aが日本，Cがイギリスとなる。1980年代に大きな経済問題となった日米自動車貿易摩擦があったことを知っていれば，当時アメリカ合衆国の最大の貿易赤字相手国が日本であったと判断できる。

21 世界の人口分布と人口増加

1 世界の人口

✤ 大陸別人口変遷・将来人口

■大陸別人口変遷・将来人口　　　　　　　　　　　　　　　　　　　　　　　（百万人）

大陸・年	1800	1900	1950	2000	2015	2000～15年平均増加率(%)	2050	2100
アジア	602	937	1,404	3,730	4,420	1.14	5,257	4,780
アフリカ	90	120	229	818	1,194	2.56	2,528	4,468
ヨーロッパ	187	401	549	727	741	0.12	716	653
北アメリカ	16	106	228	489	572	1.05	714	761
南アメリカ	9	38	114	349	416	1.18	500	450
オセアニア	2	6	13	31	40	1.59	57	72
世界計	906	1,608	2,536	6,145	7,383	1.23	9,772	11,184
先進地域			815	1,191	1,253	0.34	1,298	1,285
発展途上地域			1,712	4,955	6,130	1.43	8,474	9,899
年平均増加率(%)	0.43	0.58	0.92	1.79	1.23		0.80	0.27

出典:『データブック　オブ・ザ・ワールド』

① **アジア**…モンスーンアジアには世界の人口の約6割が居住。近年は経済成長が著しいため，人口増加が鈍化している。
② **アフリカ**…第二次世界大戦後，公衆衛生が改善し以前より死亡率が低下し，一方で貧困のため子どもを働き手として求めるなどで，出生率が高い状態が続いており，現在でも人口爆発が続いている。
③ **ヨーロッパ**…18世紀中頃から19世紀にかけての農業革命による食料増産から，第一次人口爆発を経験し，早くから人口が増加したが，最近は人口が停滞・減少傾向。
④ **北アメリカ**…アメリカ合衆国やカナダは大量の移民を受け入れており，同じ先進地域のヨーロッパと比べて人口増加率が高い。

✤ おもな国の人口（2019年）

① **人口1億人以上の国**…1位**中国**（約14億人），2位**インド**（約13億人），3位**アメリカ合衆国**（約3.2億人），4位**インドネシア**（約2.7億人），5位**パキスタン**（約2.1億人）の順。以下，6位**ブラジル**（約2.1億人），7位**ナイジェリア**（約2.0億人），8位**バングラデシュ**（約1.6億人），9位**ロシア連邦**（約1.4億人），10位**メキシコ**（約1.2億人），11位**日本**（約1.2億人），12位**エチオピア**（約1.1億人），13位**フィリピン**（約1.0億人），14位**エジプト**（約1.0億人）

② **各地域のおもな人口5,000万人以上の国**
- アジア＝ベトナム9,646万人，トルコ8,343万人，タイ6,962万人，韓国5,122万人など。
- アフリカ＝南アフリカ5,855万人など。
- ヨーロッパ＝**ドイツ8,351万人**，**イギリス6,753万人**，**フランス6,513万人**，**イタリア6,055万人**（スペイン4,673万人）。
- 北米＝（**カナダ3,741万人**）
- オセアニア＝（**オーストラリア2,520万人**，ニュージーランド478万人）

✿ **人口密度（人口÷面積）**
① 世界の人口密度は，約58.7人/km²（2018年）。
② **人口密度の高いおもな国**（ミニステート〈バチカンなどの小国〉を除く）…1,127人/km²の**バングラデシュ**，509人/km²の**韓国**，411人/km²のインド，411人/km²のオランダ，331人/km²の日本など。

2　人口動態

✿ **人口増減＝自然増減＋社会増減**。
① **自然増減**＝**出生（数・率）**－**死亡（数・率）**。
② **社会増減**＝**流入（数・率）**－**流出（数・率）**。　※通常①の率はパーミル（‰）で表されることが多い。

✿ **合計特殊出生率**…1人の女性が生涯に産む子どもの数の平均。**自然増減の目安**とされる。日本の場合，2.07を下回ると人口は減少する。

■人口動態と人口ピラミッドの変化

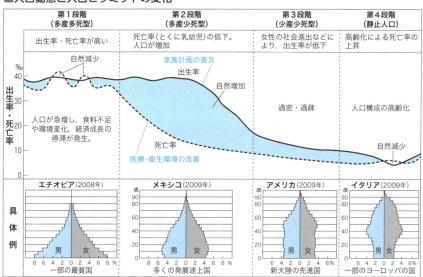

21　世界の人口分布と人口増加　｜　137

ここが共通テストのツボだ!!

ツボ❶ 人口が多い国

人口1億人以上の国をおさえる！⇒1位～5位までの国（中国，インド，アメリカ合衆国，インドネシア，パキスタン）は，必ず順位と概算数までおさえる。その他の1億人以上の国は地域ごとにおさえていく。

① **アジア**：栄養価の高い米の生産が盛んなため人口が多い（**世界人口の約6割**）⇒日本とフィリピンの弧状列島の国，インドを挟む位置にある**パキスタンとバングラデシュ**。
② **アフリカ**：アフリカ最大の人口大国は**ナイジェリア**（⇒主食のキャッサバやヤムイモなどの生産で世界一），次いで**エチオピア**が1億人超。
③ **ヨーロッパ**：ロシアだけが1億人超⇒ロシアは1991年のソ連邦解体後，社会・経済が混乱し，**人口が減少・停滞傾向**（東ヨーロッパの国々も同様）。
④ **新大陸**：ブラジル，メキシコのみ。

ツボ❷ 人口動態

人口ピラミッドの変化と形状をおさえる！

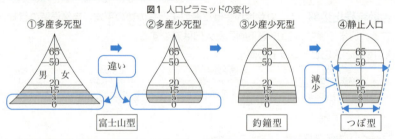

図1 人口ピラミッドの変化

● **多産多死型**と**多産少死型**の人口ピラミッドは**どちらも富士山型**。両者の違いは0～5歳と5～10歳の数に注目。
　① **多産多死型**⇒抵抗力の弱い乳幼児の死亡率が高いため，5～10歳の人数は0～5歳と比べるとかなり少ない。
　② **多産少死型**⇒乳幼児死亡率の低下によって以前ほどはたくさんの子どもをもうけておく必要がなくなり，0～5歳の人数が5～10歳より少なくなっている。
● **少産少死型**は**釣鐘型**，**静止人口**は**つぼ型**。両者の違いは親子の世代に注目。
　③ **少産少死型**⇒親と子の世代の数に大差がない。
　④ **静止人口**⇒明らかに親世代より子の世代の数が年々減少＝少子化が進んでいる状況を示している。

図2 日本の都市機能による人口ピラミッドの違い

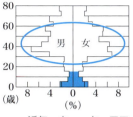

近年、ウォーターフロントに建設された高層マンション地区⇒収入の高い30～50代が中心。

古くからの臨海工業地区⇒男性の割合が高い。

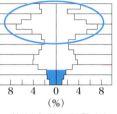

約30年前に開発された住宅団地⇒高齢化が進展中。

図3 おもな国の年齢別人口構成

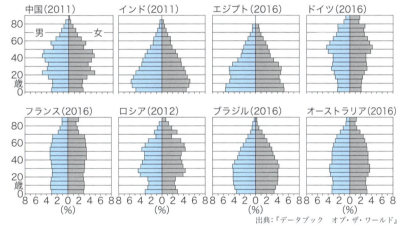

出典:『データブック オブ・ザ・ワールド』

図4 日本の年齢別人口構成

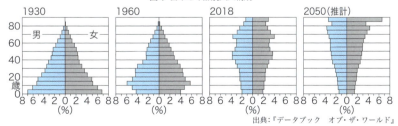

出典:『データブック オブ・ザ・ワールド』

21 世界の人口分布と人口増加 | 139

チャレンジテスト（大学入学共通テスト実戦演習）

問1 次の図は，世界の国・地域別の出生率，死亡率，人口の自然増加率をそれぞれ示したものである。図から読み取れることがらやその背景について述べた文として適当でないものを，下の①～④のうちから一つ選べ。なお，階級は指標ごとに異なっている。

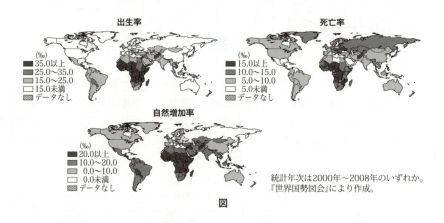

統計年次は2000年～2008年のいずれか。
『世界国勢図会』により作成。

図

① 北アメリカと中央・南アメリカとの間には，出生率の違いがみられるものの，出生率が死亡率を上回っている点では共通している。
② 旧ソ連諸国や東ヨーロッパでは，社会主義体制下での一人っ子政策などの影響により少子高齢化がすすみ，人口が自然減少している国が多い。
③ サハラ以南アフリカでは，出生率は近年低下傾向にあるものの依然として高い国が多く，保健衛生などの問題により死亡率も高い。
④ 日本や西ヨーロッパの一部の国では，少子高齢化にともなって死亡率が出生率を上回っている。

問1 [答]

② 誤文：<u>一人っ子政策</u>は，中国で行われてきたものである。1990年代の社会主義体制崩壊により社会・経済の混乱が生じた旧ソ連諸国や東ヨーロッパでは，<u>死亡率が上昇し，出生率が低下した</u>ことから，<u>自然減少</u>を示すようになった。
① 正文：「出生率－死亡率＝自然増加率」なので，自然増加率の図を見ればよい。北アメリカと中央・南アメリカはすべての国でプラスを示しているので正しい。
③ 正文：貧しい国を多く抱えるサハラ以南のアフリカでは，子どもを働き手として期待することから高い出生率が続いているし，医療・衛生環境が悪いことから感染症もまん延しており，<u>死亡率は高い</u>。
④ 正文：日本やドイツ，イタリアは，先進国の中でも社会保障が不十分であり，<u>合計特殊出生率</u>が低いままで，早くから少子化が進んできたことから死亡率が上昇し，人口が自然減少している。

問2 次の図は，いくつかの国における人口増加率と乳児死亡率を示したものであり，①〜④は，インド，ケニア，サウジアラビア，中国＊のいずれかである。インドに該当するものを，図中の①〜④のうちから一つ選べ。

＊台湾，ホンコン，マカオを含まない。

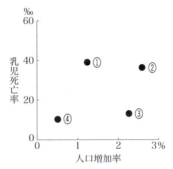

統計年次は，人口増加率が2005年〜2015年の年平均値，乳児死亡率が2014年。世界銀行の資料などにより作成。

図

問2 [答] **①**

　本問は，同じ途上国における人口動態の違いが問われている。2015年まで一人っ子政策を行ってきた中国は少子化が進んでおり，人口増加率が最も低いと考え④と判断する。次に乳児死亡率が④に次いで低い③は，産油国で衛生環境が改善していると考え，サウジアラビアと判断する。最後に残った①と②であるが，どちらも乳児死亡率が高いが，人口増加率に違いがある。どちらも途上国であるため，他国からの流入である社会増加はほとんど生じていないと考えると，本問の図には示されていない出生率が両国の人口増加率の差に影響していると考えることができる。出生率についてアフリカ地域とアジア地域を比較すると，アフリカ諸国の方が所得水準は低く，多産を好む文化的価値観が強いため，総じて出生率が高い。よって，人口増加率が高い②をケニア，残った①をインドとすればよい。

22 先進国と発展途上国の人口問題

1 先進国の人口問題

✿ **少子高齢化**…人口が停滞・減少となり若年労働力が不足し，**国内産業の停滞**（技術の継承など）や高齢者のための<u>社会保障費</u>の現役世代への負担の増加などが生じる。

① **少子化・高齢化**…女性の高学歴化で社会進出が増え，<u>晩婚・非婚化</u>による出生率の低下などが要因⇒夫婦の出産・育児休暇，給付金，職場復帰の支援など社会保障制度の充実が重要（日本の社会保障制度は不十分なため少子化が進行）。医療技術の進歩や<u>少子化</u>により<u>高齢化</u>が加速⇒高齢者の年金・介護など社会保障制度の拡充と退職後の就業機会の提供などが課題。

② **ヨーロッパ諸国の社会保障制度**…フランスやスウェーデンは，先進国の中でも経済支援が手厚く，育児休暇制度や保育施設以外の育児サービスも充実。

■おもな先進国の合計特殊出生率の動き

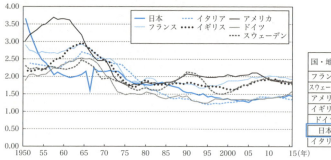

■おもなアジアの国・地域の合計特殊出生率の推移

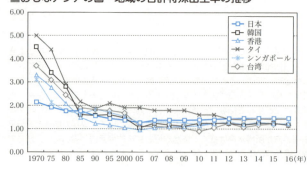

出典:『少子化社会対策白書』

■世界の高齢化率の推移

1. 欧米

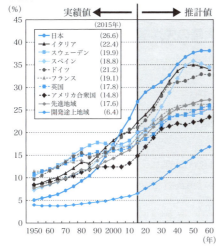

2. アジア

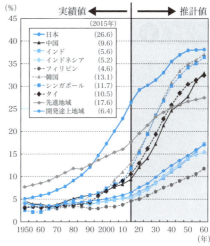

出典：『高齢社会白書』

2　発展途上国の人口問題

❖ **人口爆発**…発展途上国では，**医療・医薬品の普及や衛生環境の改善によって死亡率（とくに乳児死亡率）が低下**。一方，貧困ゆえ子どもを**働き手として期待すること**や多産を求める文化的価値観（老後の不安の解消，女性の社会的地位が極めて低いこと）が強いこと，乳児死亡率が先進国と比べるといまだに高いことにより**出生率は高いままである**⇒**人口爆発**，世界の総人口の約8割。

　最近，**経済発展が著しい東・東南アジア諸国**では**出生率が低下**している。また，**アフリカ南部では1990年代後半からHIVの蔓延で死亡率が上昇**。

❖ **中国の人口抑制策**

① **「一人っ子政策」から「二人っ子政策」へ**…1970年代は晩婚の奨励，1979年から**一人っ子政策**が実施され，これまでに約4億人の増加を抑制したとされる。一人っ子には優遇措置，2子以上の出産に対し罰則，罰金が科せられるが，**少数民族は適用外**であった。しかし，2012年には生産年齢人口（15〜59歳）が初めて減少するなど，様々な問題が懸念されるようになった⇒2016年から第2子を認める「**二人っ子政策**」へ転換。

② **問題点**…急速な少子高齢化⇒社会保障費の負担の増加，戸籍に載らない「**闇っ子**」（**黒孩子**）の増加⇒医療・教育などが受けられない，子どもが一人のみ⇒男子を好む価値観が強いため人工妊娠中絶の実施⇒**男女比の不均衡（男性＞女性）**，過保護などの問題が生じている。

ここが共通テストの ツボ だ!!

ツボ ① アメリカ合衆国（≒新大陸の先進国）の人口

- **移民が多い**…社会増加
  ⇩ 具体的には…
  ヒスパニックやアジアなどからの**若年層**が中心
  ∥　　　　　　　　　　　⇩
  スペイン語を話す　　　　**出生率が高い**…自然増加
  ラテンアメリカ諸国出身者　　⇧
  ∥
  カトリック教徒が多い≒**人口抑制に消極的**（宗教的理由）

図　アメリカ合衆国の人種・民族構成（2015年）

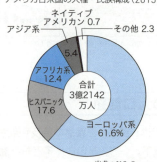

ネイティブアメリカン 0.7
その他 2.3
アジア系 5.4
アフリカ系 12.4
ヒスパニック 17.6
ヨーロッパ系 61.6%
合計 3億2142万人

出典：U.S. Census

ツボ ② 女性の社会進出の違い

女性の社会進出の状況を表す指標（労働力率，識字率，国会議員の割合など）について，国や地域の傾向性を知ろう！

- **先進国**…女性の社会進出は比較的進みつつある国が多いが，とくに**高度な社会保障を実現している北欧諸国（スウェーデン，フィンランド，デンマークなど）は女性の社会進出が進んでいる**（ただし労働力率の場合，手厚い年金制度のおかげで65歳以降は急激に低下）。

- **イスラーム教国**（産油国を含む），**インド**（ヒンドゥー教徒が多い国）…イスラーム教徒が多い国やヒンドゥー教徒が多いインドでは，**女性の社会的地位は宗教的な理由から極めて低い状況に置かれている**（低い値を示す）。

- **途上国**…**女性の社会進出は遅れている国が多いが，労働力率の場合，先進国以上に高い国が多い**（貧しいがゆえに家計を支える労働力として低年齢層から高年齢層までおもに農業従事者として働くため）。

チャレンジテスト（大学入学共通テスト実戦演習）

問1 次の表は，世界のいくつかの地域における合計特殊出生率*および65歳以上人口の割合を示したものであり，①〜④は，アフリカ，北アメリカ，中央・南アメリカ，東アジアのいずれかである。東アジアに該当するものを，表中の①〜④のうちから一つ選べ。
*女性1人が生涯に産む子どもの数に相当する。

表

	合計特殊出生率	65歳以上人口の割合 [%]
①	4.64	3.5
西アジア	3.02	4.7
②	2.30	6.9
③	2.03	13.2
④	1.61	9.5
ヨーロッパ	1.53	16.2

統計年次は，合計特殊出生率が2005〜2010年，65歳以上人口の割合が2010年。
*World Population Prospects*により作成。

問1 [答]

まず<u>合計特殊出生率</u>から考えてみると，<u>貧しい国を多く抱える地域ほど子どもを働き手として期待するなどの理由から高い合計特殊出生率</u>を示す。よって，最も多くの貧しい国を抱えるアフリカが①となる。

次に選択肢の中で合計特殊出生率が2番目に高い②が中央・南アメリカとなる。貧しい国が多いことに加えて，中央・南アメリカではカトリック教徒が多く，人口抑制には消極的な人々が多いからである。

最後に残った③と④であるが，③の方が合計特殊出生率は高く，④の方が65歳以上人口の割合が低い。あわせて，すでに示されている，先進国を多く抱えるヨーロッパの統計に注目すると，早くから少子化が進み最も低い合計特殊出生率を示す一方，最も高い65歳以上人口の割合を示している。<u>少子化がまず先に始まり，その後遅れる形で高齢化が進んでいく。</u>よって，③はヨーロッパに次いで65歳以上人口の割合が高い値を示していることから，ヨーロッパ並みに早い時期から少子化が進んだ，先進国のアメリカ合衆国やカナダを含む北アメリカとなる。

一方で④は，<u>現在では急速な経済成長，それにともなう女性の社会進出などによって少子化が顕著に進む日本や韓国，台湾，そして一人っ子政策を2015年まで行ってきた中国を含む東アジア</u>となる。東アジアはヨーロッパや北アメリカと比べると少子化は遅れて始まったため，65歳以上人口の割合では2地域と比べると高くはない。

問2 次の図1は，アフリカを5地域に区分して50年間の人口増加指数を示したものである。また，図2はこれらのうち3地域について出生率および死亡率の推移を示したものであり，ア〜ウは，北部アフリカ，中部アフリカ，南部アフリカのいずれかである。地域名とア〜ウとの正しい組合せを，下の①〜⑥のうちから一つ選べ。

括弧内の数値は，1960年の人口を100とした場合の2010年の人口を示す。
*World Population Prospects*により作成。

図1

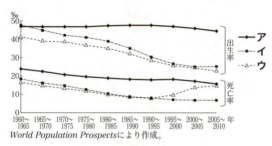

*World Population Prospects*により作成。

図2

	①	②	③	④	⑤	⑥
北部アフリカ	ア	ア	イ	イ	ウ	ウ
中部アフリカ	イ	ウ	ア	ウ	ア	イ
南部アフリカ	ウ	イ	ウ	ア	イ	ア

問2 [答]

　まず出生率と死亡率の関係を見てみると，**ア**は出生率と死亡率がともに高い状態が続いている。よって，**ア**は3地域の中で最も貧しく子どもを働き手として期待するなどして出生率が高く，医療・衛生環境も悪いため死亡率が高い，<u>サハラ砂漠</u>以南から<u>赤道</u>付近にかけての中部アフリカとなる。<u>サハラ砂漠</u>以南のアフリカの中でも西部アフリカや中部アフリカは，最貧国クラスの国が多いことを知っておきたい。また，高温多湿な環境下のため，マラリアなどの感染症も蔓延しやすく，死亡率も極めて高い。

　次に**イ**と**ウ**であるが，出生率はどちらも低下傾向にあるものの死亡率は1990年代後半以降，**ウ**の地域では急激に上昇している。よって，1990年代後半以降にHIVの蔓延から急激に死亡率が上昇した南部アフリカとなる。また，次のようにして求めることもできる。図1の括弧内の数値は，「1960年の人口を100とした場合の2010年の人口」とあることから，北部アフリカと比べて南部アフリカのほうが人口の伸びが小さい。つまり，図2中の出生率−死亡率で求められる<u>自然増加率</u>が低いのは，**イ**ではなく**ウ**と読み解くこともできる。知識からだけではなく，図表を見てもわかるようにもつくられた問題であった。よって，残った**イ**が北部アフリカとなる。

問3 次の図は，いくつかの国における人口の偏在の度合い*と1人当たり総生産の国内地域間格差を示したものであり，①～④は，オーストラリア，オランダ，南アフリカ共和国，メキシコのいずれかである。オーストラリアに該当するものを，図中の①～④のうちから一つ選べ。

*総人口のうち，人口密度の高い上位10%の地域に住む人口の比率。

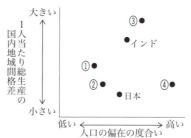

統計年次は，人口の偏在の度合いが2012年，1人当たり総生産の国内地域間格差が2010年。
OECD, *Regions at a Glance 2013*により作成。

図

問3 [答]

　あまりなじみのない指標問題であったかもしれないが，各国の特徴を踏まえ判断に当たりたい。まず横軸の人口の偏在の度合いに注目をすると，注釈から総人口のうち人口密度の高い上位10%の地域に住む人口比率とある。よって，**過半が乾燥環境下にあるオーストラリアや山・高原が国土の大部分を占めるメキシコ**は，自然環境が厳しいため特定の都市に人口が集中しやすい。高い値を示す③か④のいずれかが，オーストラリアまたはメキシコとなる。縦軸の1人当たり総生産の国内地域間格差に注目をすると，③と④では③のほうが高く，④のほうが低い。また既に示されているインドと日本を参考にすると，③の国はインドに近い傾向をもつ国と考えられる。この意味するところは，**近年経済成長が著しい国では，時流に乗った一部の富裕層が出現する一方，そこから遅れた大半の貧困層がおり，その格差が広がっている**ことを意味する。メキシコでは都市部と農村部の経済格差が存在する。よって③はメキシコとなり，もう一方の④が，日本と同じ先進国で中間所得層などが多くなり，**1人当たり総生産の国内地域間格差が小さいオーストラリア**となる。最後に残った①と②であるが，上述の点を踏まえると①が南アフリカ共和国，②がオランダとなる。

22　先進国と発展途上国の人口問題

第1章 系統地理

23 人口移動

1 人口移動

✤ 人口移動の理由
① **経済的理由**…高所得や雇用機会を求めて途上国から先進国へ，農村から都市へと移動。
② **宗教的理由**…信教の自由を求めて移動。パレスチナへと移動した**ユダヤ人のシオニズム運動**（⇒イスラエルの建国後，パレスチナ人が難民に）など。
③ **政治的理由**…戦争・紛争による移動（難民）。旧ソ連諸国では，強制的に民族が移動させられた⇒**飛地**が多い（**紛争の温床**）。

✤ 国内移動
…アメリカ合衆国の西漸運動，ロシアのシベリア開拓，**インドネシアのトランスミグラシ政策**（＝人口が集中するジャワ島から他の島への移住推進策），北海道の開拓（**屯田兵村**）など。

✤ 国外移動
① **華僑**…中国の華南地域（**福建省，広東省**）**出身**で商才に長けるといわれる人々。現地で国籍を取った人々を華人という。**東南アジアを中心に世界各地に居住し，商業や金融に従事**し経済力を有している人々が多く，世界の多くの大都市にはチャイナタウンが形成されている。
② **印僑**…インド出身で華僑と同じく商才に長けるといわれる人々。**近隣の東南アジア諸国や旧英領の国**（フィジーなど），**中東の産油国へ雇用機会を求めて移住した人々**が多い。最近では，**優秀なICT技術者などの高度人材として，アメリカ合衆国など先進国へ移住**する人々も増えている。
③ **その他**…農業労働者として日本から**ブラジル**やペルー，ハワイ，カリフォルニアへ**移住**⇒現地では日系人が多い（近年は減少傾向）。

2 第二次世界大戦後のおもな国際労働力移動

✤ 1970年頃
…1960年代，**ドイツやフランスでは高度経済成長期**を迎え，**労働力不足が生じたため，外国人労働力を招き入れた**（ドイツでは「ガストアルバイター」）。**ドイツはトルコやイタリアなどから，フランスは旧植民地の北アフリカ諸国（アルジェリアやモロッコ）**などから受け入れた。労働力不足は解消したものの，**1970年代に入ると石油危機から不況**となり**外国人労働者は失業したが，ドイツやフランスに手厚い社会保障を求めてとどまり続け**，次第に**外国人労働者に対する迫害や排斥**

運動が高まりを見せていった。また，**アメリカ合衆国**では移民法の改正などにより，メキシコやカリブ海諸国からの**ヒスパニック**（＝スペイン語を話すラテンアメリカ諸国出身者）**の流入が急増**した。

❖ **1980年頃**…**1970年代には2度の石油危機**によって，**ペルシャ湾岸の産油国は原油価格高騰の恩恵から好景気**を迎えていた。現地では，石油で得た資金をもとに，インフラの整備や超高層ビルの建設などが活発化し，**労働力不足**が発生した。雇用の場を求めて，**現在でも近隣の北アフリカ諸国や南アジア，東南アジアなどから外国人労働者の流入**が続いている⇒**アラブ首長国連邦**など中東の産油国では，過酷な土木・建設作業をともなう職種が中心のため，**男性の流入者が多く，男性割合が女性割合よりはるかに高い**。また，**オーストラリアでは白豪主義**を撤廃し，**多文化主義**へと政策転換したため，**アジアからの移民が急増**した。

❖ **1990年頃**…**日本は1980年代に貿易摩擦や円高，国内賃金水準の上昇**などで**製造業の国際競争力が低下**していた。**自動車などの製造業**において，**未熟練労働力として外国人労働者を求める動き**が高まりを見せ，**1990年に出入国管理法**を改正し，**日系人のみ国内での就労・在留資格を緩和**した。その結果，**日系移民が多くいたブラジルやペルーから外国人労働者が流入**した⇒**自動車関連産業が発達する愛知県や静岡県，群馬県などに多く居住**している（2008年以降の世界的不況や東日本大震災の影響で日系ブラジル人が解雇されるなど，最近は減少傾向）。

❖ **2000年代**

① ヨーロッパではEUの東方拡大によって，おもに**東欧諸国から西欧諸国への労働力の移動が活発化**した。受入国である西欧諸国では，1970年代と同様の文化的摩擦が生じ，各国で移民排斥運動が高まりを見せている（⇒イギリスのEU離脱問題の一因は，EU加盟後にポーランドなどから大量に流入した移民問題）。一方，**送出国の東欧諸国のルーマニアやブルガリアでは若年労働力の減少と急速な高齢化**が生じている。

② 日本では，外国人が技能実習制度や「留学生30万人計画」を活用して，2012年以降急増するようになった。**とくにベトナムやネパールからの流入が急増**している。技能実習生の約8割は製造業か建設業，留学生の5割以上が卸小売業かサービス業に従事しており，事実上の単純労働者となっている。2019年から新たに出入国管理法を改正し，人手不足が深刻な建設，介護，農業などの業種で外国人材の受入れへ。

■日本国内の在留外国人登録者数の推移（人）　出典：在留外国人統計

	1990年		2000年		2005年		2010年		2017年	
中国	150,339	14.0%	335,575	19.9%	519,561	25.8%	687,156	32.2%	730,890	28.5%
韓国・朝鮮	687,940	64.0%	635,269	37.7%	598,687	29.8%	565,989	26.5%	450,663	17.6%
フィリピン	49,092	4.6%	144,871	8.6%	187,261	9.3%	210,181	9.8%	260,553	10.2%
ベトナム	6,233	0.6%	16,908	1.0%	28,932	1.4%	47,781	2.0%	262,405	10.2%
ブラジル	56,429	5.2%	254,394	15.1%	302,080	15.0%	230,552	10.8%	191,362	7.5%
ネパール	—	—	3,649	0.2%	6,953	0.3%	17,525	0.8%	80,038	3.1%
合計（その他共）	1,075,317	100.0%	1,686,444	100.0%	2,011,555	100.0%	2,134,151	100.0%	2,561,848	100.0%

＊韓国・朝鮮の2017年の統計は韓国人のみ。

ツボ 1 インド系移民の分布

インド系移民は，大きく分けて3つの場所に分布。

① 奴隷制の廃止などにともない人手が不足した**旧イギリス植民地**（おもに農業労働者として）⇒**東南アジア**（マレーシア，シンガポールなど），**アフリカ東部〜南部**（南アフリカ共和国など），太平洋島嶼国（**フィジー**など），中央・南アメリカ（ジャマイカ，ガイアナなど）。この時期はインド系といっても南部のドラヴィダ系タミル人の移民が中心。

② 英語圏の**先進国**（1960年代はおもにサービス業などの非熟練労働者として，**1990年代以降はおもにICT技術者などの高度人材**として）⇒アメリカ合衆国やカナダなど。

③ 石油危機で好景気となった**中東の産油国**（おもに1970年代以降，土木・建設労働者として）⇒**サウジアラビア，アラブ首長国連邦**など。

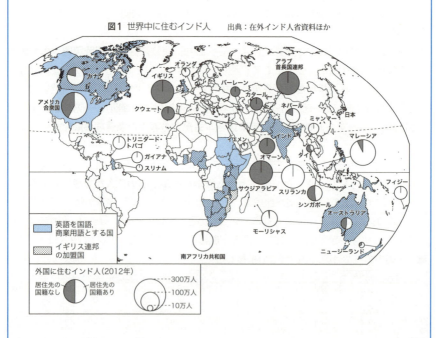

図1 世界中に住むインド人　　出典：在外インド人省資料ほか

ツボ ❷ オーストラリアの移民政策の変遷

歴史的な流れをおさえる！

① オーストラリアは，自然環境が厳しく，**古くから労働力が慢性的に不足**。
② 19世紀には金鉱の発見によるゴールドラッシュから，大量の鉱山労働者が中国やベトナムなどアジア地域から流入。
③ しかしゴールドラッシュが一段落した**20世紀の初頭**には，**白豪主義**が採用され，白人以外のとくにアジア系移民を厳しく制限。
④ **1973年に旧宗主国のイギリスがECに加盟**すると，**イギリスとの関係が薄れ**，距離的に近く，経済成長が見込める**アジア寄りの政策へと転換**。
⑤ 1970年代半ばに**白豪主義**を撤廃し，**多文化主義**を導入。
⑥ その後，**近隣のアジアからの移民が急増**。

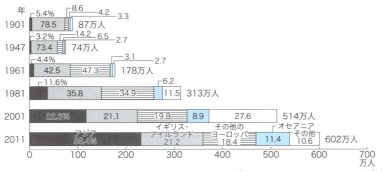

図2 オーストラリアへの移民の出生地の推移

出典：*Australian Bureau of Statistics* により作成

23 人口移動 | 151

チャレンジテスト（大学入学共通テスト実戦演習）

問1 次の文章は，国際的な労働力の移動について説明したものである。文章中の下線部①～④のうちから，適当でないものを一つ選べ。

　　労働者は，よりよい雇用機会を求めて国際的に移動することがある。例えば，①南アジアからは，多くの人々が西アジアの産油国へ出稼ぎ労働者として移動しており，最近では，②インドのソフトウェア技術者の先進国への移動もみられる。③ブラジルでは，かつて工業技術者として受け入れた日本人の子孫が，出稼ぎ労働者として日本に移動する例も多い。このため，外国人労働者の多い自治体では，④日本語教育の機会を設けたり，多言語表示を増やしたりするなど，様々な対策に取り組んでいる。

問1 [答]

③ **誤文**：かつて**日本からブラジルに渡った移民は**，工業ではなく奴隷制の廃止から不足した**農業労働に従事した**。現在日本では，**1990年の出入国管理法の改正**により，かつて**日本から渡った移民の子孫である日系人の在留・就労の資格が緩和**され，自動車産業が盛んな地域を中心に，ブラジルやペルー出身の人々が多く暮らすようになったが，近年は日本国内の自動車産業の停滞もあって，母国に戻る人々も増え，減少傾向にある。

① **正文**：1970年代の**石油危機**をきっかけに，原油価格の高騰から莫大な利益を手にした西アジアの産油国では，土木・建設などのインフラ整備事業が活発化し，労働力不足が生じた。その結果，**西アジアに近い南アジアから，とくに男性を中心に多くの出稼ぎ労働者が流入している**（最近は一部の国では流入の制限）。男性が多いのは，**厳しい自然環境の中で肉体労働を伴う土木・建設作業が中心**であるうえ，**イスラーム**の文化圏では女性の地位が極めて低いため，そもそも女性が従事できる職種が少ないからである。

② **正文**：**インドは英語力があり，数理的思考に長ける理工系の優秀な人材が多いことで世界的に知られ**る。もちろん**インド国内においてもこれら技術者を生かしたソフトウェア産業やコールセンター**，データ処理業などのサービス業が発達しているが，優秀な技術者はインド国内より高い賃金が支払われるアメリカ合衆国などの先進国の企業に移籍する人々も見られる。

④ **正文**：先進国である日本では，人権の配慮という点からも日本語教育や多言語表示など少しずつ整備が進んできている。今後は日本では人口減少からより多くの外国人労働者に依存する必要が出てくるため，国や自治体の積極的な取り組みや，多文化を受け入れる寛容さが大切になる。

問2 次の図は，日本国内における国籍別在留外国人数の推移を示したものであり，①～④はアメリカ合衆国，韓国・朝鮮，中国*，ブラジルのいずれかである。ブラジルに該当するものを，図中の①～④のうちから一つ選べ。

*台湾，ホンコン，マカオを含む。

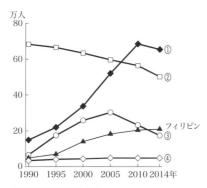

法務省の資料により作成。

図

問2 [答] ③

本問の在留外国人数は，観光や短期留学などは含まない値であることにまず注意しておきたい。

①は増加傾向にあり，現在最大となっていることから中国である。中国は近距離にあることに加え，近年日本と文化的，経済的に結びつきが強まり，留学や技能実習で来日し長期滞在する人が増え，国籍別在留外国人数では最大となっている。

②は，以前は最大であったが，近年は減少傾向にあることから韓国・朝鮮である。もともと多かった背景は，朝鮮半島がかつて日本の植民地であったことが大きい。戦時中または戦後間もない頃に，日本に自ら渡った，または一部には強制的に連れてこられた人もいた。現在では，こうした人々の高齢化が進んでいることや，日本国籍への変更者の増加などによって減少の一途をたどっている。

③は1990年以降急激に伸びたものの，2005年以降減少傾向を示していることからブラジルで正解となる。1990年に改正された出入国管理法では，日系二世・三世に限定して国内での就労・在留資格が緩和されたため，かつて日本から渡った移民の子孫が多くいたブラジルやペルーから多くの人々が，おもに自動車産業の非熟練労働力として働きにきた。しかし，2008年のリーマン・ショックによる世界金融危機や2011年の東日本大震災の影響から，日本の自動車産業は為替リスクや自然災害リスクを考えて日本国内の生産が停滞，縮小傾向にあり，職を失ったブラジルやペルーの人々の中には帰国する人々が増えている。

④は最少で，変化がほとんどないことからアメリカ合衆国である。アメリカ合衆国をはじめ欧米の先進国から日本にやってくる長期滞在者は，遠距離にあるためそもそも絶対数が少なく，多くの場合，高度人材と呼ばれる多国籍企業の管理職や教員などとして来日することが多い。

24 集落の成り立ちと村落・都市の立地・形態

第1章 系統地理　rank C

1 集村と散村

❖ **おもな集村の形態**
① **塊村**…泉や市場を中心に古くから自然発生的に発達した集落。道路や地割りは不規則。**奈良盆地や讃岐平野**など。
② **路村**…道路沿いに列状に発達した計画的な集落で家屋の背後には短冊状の地割りが見られることが多い。中世に発達したドイツの**林地（林隙）村**やオランダのポルダーの村落，近世（江戸時代）に発達した日本の**新田集落**など。
③ **円村（環村）**…広場などを中心に円形・楕円形など環状に発達し，防御的機能も備えた集落。北ドイツからポーランドにかけて多い（**日本には見られない**）。

❖ **散村の形態**…家屋が一戸ずつ散在している村落⇒どこでも水が得やすく，治安が良く，共同作業の必要性がなかったなどの理由から発達。**家屋の周りには屋敷林**を設けていることが多い。代表的な散村は，**砺波平野**（富山県），**出雲平野**（島根県），北海道の開拓地（日露戦争後の開拓村⇒北方警備の必要性が低下した）など。

2 日本の村落・都市

❖ **村落・都市の起源**
① **新田集落**…江戸時代（近世），水利技術の発達とともに計画的な新田開発により発達した集落。これまで**水利が悪かった台地**や干拓地などに多く開発された。また**路村形態**が見られる。地名として**新田**・新開など。
② **輪中（集落）**…江戸時代頃から**濃尾平野**を流れる**木曽川**，**長良川**，**揖斐川**に挟まれ，**洪水被害の多かった低湿な集落や耕地を人工堤防で囲った地域**。通常時は非常用の食料を保存する倉として利用し，**洪水時には避難場所も兼ねた，盛り土の上に石積みされた水屋**も以前には多く見られた。
③ **屯田兵村**…明治時代（近代），士族授産

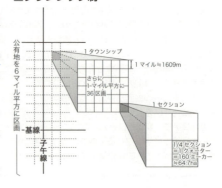
■タウンシップ制

や**屯田兵**による北海道の開拓と北方警備を目的として計画的につくられた集落。**アメリカ合衆国の**タウンシップ制（西部開拓の際にとられた6マイル四方を1タウンシップとした格子状地割りの土地区画制度）**に倣った**碁盤目状の地割り。

3 日本の都市

❖ **日本の都市**
① **門前町**…有力な寺社の参道沿いに商業的機能が集積した都市。**成田・長野・琴平**など。
② **城下町**…領主の城を中心に**寺町，職人町，町屋，武家屋敷町など身分・職業別による地割りや地名**が見られる都市。**袋小路や鉤型の屈曲路，丁字型街路による**遠見遮断**形式をとっている**ものが多い。現在の県庁所在都市の多くは城下町が起源。
③ **宿場町**…参勤交代や交通の発達で主要街道沿いにつくられた都市。大名やその配下の宿泊する本陣・脇本陣，庶民の宿泊する旅籠などがあった。遠見遮断の形式をとることが多い。

❖ **世界の都市**
① **囲郭都市**…古代や中世に**市街地を土塁・城壁・濠などで囲んだ防御的集落**。中国やヨーロッパなどに多く，日本や新大陸には少ない。

4 都市の街路形態

❖ **直交路型**…道路が碁盤目状。**北京・京都・札幌・ニューヨーク・シカゴ**など。
❖ **放射環状路（同心円）型**…広場や記念建造物を中心に道路が放射状にのびる。ヨーロッパの諸都市やその植民都市に多い。**パリ・モスクワ・キャンベラ**など。
❖ **放射直交路型**…直交路**と**放射状道路**を組み合わせたもの。現代の計画的都市に多い。**ワシントン**・ブラジリアなど。
❖ **迷路型**…自然発生的。西アジアから北アフリカのイスラーム都市に多い。**テヘラン・ダマスカス**など。

■都市の街路形態の模式図

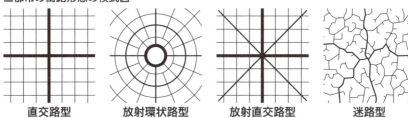

直交路型　　放射環状路型　　放射直交路型　　迷路型

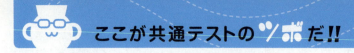

ツボ ① 路村と散村

地形図上での見た目と，日本と世界の代表例を知ろう！

① 路村…道路沿いに立地した家屋の背後に短冊状の地割りが見られることからもわかるとおり，**自然発生的ではなく計画的に開拓された集落**に見られる！

⇒ 日本の新田集落（近世）とドイツの林地村（中世）によく見られる。

② 散村
- フェーン現象による火災の類焼防止から散村が形成された場所⇒**日本海側やヨーロッパのアルプス山脈北斜面**など。
- **アメリカ合衆国の西部開拓**時に，入植者には大規模な土地（160エーカー）が与えられて各戸の距離が離れたため，散村が形成された場所⇒**アメリカ合衆国西部**。

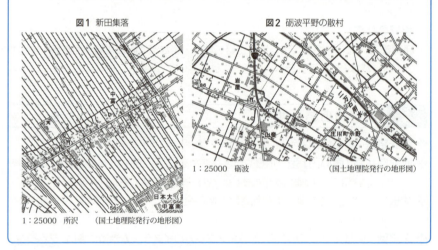

図1 新田集落　　　　　　　　　　図2 砺波平野の散村

1：25000　所沢　（国土地理院発行の地形図）　　1：25000　砺波　（国土地理院発行の地形図）

ツボ ② 合掌造りと輪中の水屋

① **合掌造り**…富山県の**五箇山**や岐阜県の**白川郷**の豪雪地帯では，「合掌」という言葉のとおり，**茅葺きの屋根を急傾斜にした家屋**が見られる（雪下ろし作業を軽減し，古くから養蚕業が盛んだったことで少しでも上層階に広い作業場所を確保するため）。

図3 合掌造り

② **輪中の水屋**…濃尾平野を流れる**木曽川**，**長良川**，**揖斐川**に挟まれ，**洪水被害の多かった低湿な集落や耕地を人工堤防で囲った地域**を**輪中**という。その**輪中**では，普段は**倉庫**として，**洪水時には避難場所**として利用される，盛り土した上にさらに石積みした**水屋**を建造し，水害から逃れてきた（近年はさらなる人工堤防の積み増しや排水ポンプの普及もあって水屋は大幅に減少）。

図4 水屋

チャレンジテスト（大学入学共通テスト実戦演習）

問1 村落の伝統的な形態と機能について説明した次の文章中の下線部①〜④のうちから，適当でないものを一つ選べ。

　村落の形態には，散村と集村がある。散村は屋敷の周りに耕地を集めやすいという農業経営上の利点をもつ。日本では，①出雲平野や砺波平野に典型的な散村が見られる。②アメリカ合衆国のタウンシップ制にもとづく村落も散村の一つである。集村は村落共同体としてのまとまりが良いという傾向をもつ。③防御的機能に優れた集村の例には，ヨーロッパの丘上集落がある。また，中世以降，森林開発によって成立したドイツの林地村は，④教会を中心に，家屋や耕地・林地が同心円状に配列されている。

問1 ［答］

④ 誤文：中世に開拓集落として成立したドイツの林地村は，路村の形態が採用されており，教会を中心に家屋が同心円状に配列した円村ではなかった。路村は，道路沿いに家屋が列状に発達し，家屋の背後には短冊状の地割りが設けられていた。

① 正文：島根県の出雲平野と富山県の砺波平野は，日本では典型的な散村が見られる場所として知られている。散村の立地要因として，リード文中の耕地を集めやすいという以外に，フェーン現象が生じやすい日本海側において火災の類焼防止を考慮して成立したという説もある。

② 正文：アメリカ合衆国の開拓時に採用されたタウンシップ制では，大規模な碁盤目状の地割りに加え，初期には入植者1戸に160エーカーの土地を無償で与えた。その結果，各入植者の家々の間隔が広かったため，散村の形態が見られる。

③ 正文：ヨーロッパの地中海沿岸では，聖所や防御施設を置くため，また低湿地に発生しやすいマラリアの原因となる蚊から身を守るため，丘上に集落や都市が築かれた。

問2 次の図中のア〜ウは，いくつかの国の首都における街路パターンを示したものであり，ア〜ウは，ペキン，モスクワ，ワシントンのいずれかである。都市名とア〜ウとの正しい組合せを，下の①〜⑥のうちから一つ選べ。

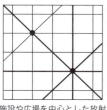

施設や広場を中心とした放射直交路型の街路パターン
ア

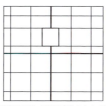

碁盤目状に道路が配された直交路型の街路パターン
イ

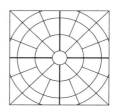

複数の環状道路をもつ放射環状路型の街路パターン
ウ

図

	①	②	③	④	⑤	⑥
ペキン	ア	ア	イ	イ	ウ	ウ
モスクワ	イ	ウ	ア	ウ	ア	イ
ワシントン	ウ	イ	ウ	ア	イ	ア

問2 [答] **④**

アはワシントンである。**放射直交路型**は，計画的な都市において見られやすい。アメリカ合衆国の首都であるワシントン（D.C.）は，計画的に連邦議事堂を中心に南北と東西の碁盤目状の道路網と放射状道路網を組み合わせ，各所に広場や公園を設けた。

イはペキンである。**直交路型**は，中国の古くから発達した都市や，中国の都を模してつくられた日本の平城京，平安京の奈良や京都がその例である。また，アメリカ合衆国の大都市や，そのアメリカ合衆国の西部開拓の際に採り入れられた**タウンシップ制**に倣った北海道の**屯田兵村**を起源にする北海道の主要都市もあてはまる。

ウはモスクワである。モスクワをはじめヨーロッパの古くから発達した都市は，広場や教会を中心にした**円村**を起源にもつものが多いため，今日においても円村を基に発達した**放射環状路型**の街路をもつ都市が多い。

第1章 系統地理

25 都市の発達，機能と生活

1 都市の機能と立地

❖ **都市機能**…生産都市，交易都市，消費都市に大きく区分。

分類		代表的な都市
生産都市	鉱業都市	ヨハネスブーグ（金），カルグーリー（金），チュキカマタ（銅），イタビラ（鉄），メサビ（鉄），クリヴォイログ（鉄），キルナ（鉄），サドバリ（ニッケル），フーシュン〔撫順〕（石炭），カラガンダ（石炭），ノヴォクズネツク（石炭），マラカイボ（石油），バクー（石油），ターチン〔大慶〕（石油）
	工業都市	北九州（鉄鋼），川崎（鉄鋼），ウーハン〔武漢〕（鉄鋼），ゲーリー（鉄鋼），ピッツバーグ（鉄鋼），エッセン（鉄鋼），マグニトゴルスク（鉄鋼），豊田（自動車），デトロイト（自動車），ヴォルフスブルク（自動車），グラスゴー（造船），君津（化学），四日市（化学），グルノーブル（アルミニウム），マンチェスター（綿工業），ムンバイ（綿工業），リヨン（絹織物），苫小牧（製紙），富士（製紙）
	林産都市	能代，新宮，シトカ
	水産都市	銚子，釧路，焼津，ベルゲン，セントジョンズ
交易都市	商業都市	大阪，ニューヨーク，ブエノスアイレス，シャンハイ〔上海〕，ロンドン
	交通都市	ウィニペグ（鉄道），パナマ（港，鉄道），タシケント（鉄道），横浜（港），神戸（港），シンガポール（港，航空），ホンコン（港，航空），ドバイ（港，航空），アンカレジ（航空）
消費都市	政治都市	ワシントン，ブラジリア，キャンベラ，オタワ，イスラマバード，アブジャ
	軍事都市	横須賀，ポーツマス，ジブラルタル，ウラジオストク
	宗教都市	エルサレム（キリスト教・ユダヤ教・イスラーム），バチカン（キリスト教），メッカ（イスラーム），メディナ（イスラーム），ヴァラナシ〔ベナレス〕（ヒンドゥー教），ブダガヤ（仏教），ラサ（チベット仏教），伊勢（神道），琴平（神道），ソルトレークシティ（新宗教）
	住宅都市	立川（東京周辺），多摩（東京周辺），船橋（東京周辺），高槻（大阪周辺），茨木（大阪周辺），豊中（大阪周辺），芦屋（大阪周辺），レッチワース（ロンドン周辺），ベルサイユ（パリ周辺）
	文化・学術都市	つくば，国立，ケンブリッジ，オックスフォード，ライプチヒ，ボストン
	観光都市	京都，奈良，日光，ローマ，アテネ，ヴェネツィア，ナポリ，インターラーケン，ジュネーブ，ラスベガス
	保養都市	軽井沢（避暑），箱根（温泉），草津（温泉），熱海（温泉），別府（温泉），バンドン（避暑），カンヌ（避寒），ニース（避寒），モナコ（避寒），ヤルタ（避寒），マイアミ（避寒）

❖ **都市の立地**

立地の場所	代表的な都市
河口	ニューヨーク（ハドソン川），ニューオーリンズ（ミシシッピ川），ロッテルダム（ライン川），ハンブルク（エルベ川），マルセイユ（ローヌ川）
渡津（河川の両側，双子都市）	ブダペスト（ドナウ川），島田・金谷（大井川）
滝線	リッチモンド，ローリー
湖岸	シカゴ（ミシガン湖），ジュネーヴ（レマン湖）
海峡・地峡	イスタンブール（ボスポラス海峡）
峠の麓	三島（箱根峠）

2 都市機能

❖ **中心地機能**…都市が周辺地域に対して教育・医療などのサービスや雇用の場や消費物資などを供給する機能。

■中心地機能の指標

	小都市	中都市	大都市
中心地機能	・スーパーマーケット，小商店 ・卸売業，金融業の支店 ・高校 ・保健所，病院	・大型小売店 ・都市銀行の支店，地元企業の本社 ・短期大学　　・総合病院 ・役所の出先機関	・百貨店，高級専門店 ・全国企業の本社　・大学，博物館 ・専門病院　・広域の行政機関

❖ **都市圏**…日常生活において，中心都市の影響・勢力の及ぶ範囲≠行政的区分。通勤・通学圏・商圏・サービス圏などによって決定。大都市圏は，都市が空間的に拡大し周辺の都市と密接なつながりをもつ範囲。

❖ **コナーベーション（連接都市）**…**隣接する2つ以上の都市の市街地が，行政的境界を越えて連続する都市群**。東京周辺や**ドイツのルール地方**。

❖ **メガロポリス**…中枢管理機能の集積する**大都市圏が交通・通信網によって結びつけられ，帯状に連なった地域**。**東京から神戸にかけての**東海道メガロポリス，ボストンからワシントンにかけての**アメリカ合衆国北東部**のメガロポリス。

❖ **日本の都市階層**…**東京・大阪・名古屋の**三大都市圏を頂点に，広域中心都市（地方中枢都市）である札幌・仙台・広島・福岡が続き，その後に高松や金沢，新潟，岡山，鹿児島，さらにその他の県庁所在都市へと続く。

■各主要都市の階層

3 都市人口率と農村人口率

早くから第二次・第三次産業が発達し，雇用の場が多い都市に多くの人々が居住してきた**先進国**や，入植者が厳しい自然環境を避け，貿易の利便性も高い海岸部に多くの人が集住してきた**新大陸の国**において，都市人口率は古くから高い。一方，農業従事者割合が高い途上国は，都市人口率は低く，農村人口率はいまだに高い（ただし都市人口率は次第に上昇中）。

ここが共通テストのツボだ!!

ツボ ① 政治都市

計画的に開発された政治都市の例を知ろう！

① **イスラマバード**（パキスタン）…海岸部に位置する人口最大都市の**カラチ**から，内陸部のインドとの領土問題を抱える**カシミール**地方に近い**イスラマバード**に遷都（独立を象徴，イスラームの象徴）。

② **アブジャ**（ナイジェリア）…海岸部に位置する人口最大都市の**ラゴス**から国土の中央付近の**アブジャ**に遷都（民族融和，国土の均衡ある発展）。

③ **オタワ**（カナダ）…イギリス系住民が多い**オンタリオ州**とフランス系住民が多い**ケベック州**の州境付近に立地（民族融和）。

④ **ブラジリア**（ブラジル）…海岸部に位置する人口第二の都市の**リオデジャネイロ**からブラジル高原のほぼ中央に位置する**ブラジリア**（飛行機型の街路形態）に遷都（国土の均衡ある発展）。

⑤ **キャンベラ**…旧首都で人口第二の都市の**メルボルン**と最大都市の**シドニー**が首都をめぐり争った後，両都市のおよそ中間付近の**キャンベラ**に遷都（**首都争いの折衷策**）。

ツボ ② 首都が人口最大の都市ではない国

① アジア…中国（首都：**北京**，最大都市：**重慶**（郊外人口を含む場合）），**ベトナム**（首都：**ハノイ**，最大都市：**ホーチミン**），ミャンマー（首都：ネピドー，最大都市：ヤンゴン），インド（首都：**デリー**，最大都市：**ムンバイ**），スリランカ（首都：スリジャヤワルダナプラコッテ，最大都市：コロンボ），**パキスタン**（首都：**イスラマバード**，最大都市：**カラチ**），カザフスタン（首都：ヌルスルタン，最大都市：アルマトイ），**トルコ**（首都：**アンカラ**，最大都市：**イスタンブール**）。

② アフリカ…モロッコ（首都：ラバト，最大都市：カサブランカ），コートジボワール（首都：ヤムスクロ，最大都市：アビジャン），**ナイジェリア**（首都：**アブジャ**，最大都市：**ラゴス**）。

③ 新大陸…**アメリカ合衆国**（首都：**ワシントンD.C.**，最大都市：**ニューヨーク**），**カナダ**（首都：**オタワ**，最大都市：**トロント**），ブラジル（首都：**ブラジリア**，最大都市：**サンパウロ**），**オーストラリア**（首都：**キャンベラ**，最大都市：**シドニー**），ニュージーランド（首都：ウェリントン，最大都市：オークランド）。

チャレンジテスト（大学入学共通テスト実戦演習）

問1 次の①～④の文は，カイロ，ハンブルク，ベネチア（ヴェネツィア），ベルゲンのいずれかの都市の立地とその特徴について説明したものである。ハンブルクに該当するものを，次の①～④のうちから一つ選べ。

① 三角江（エスチュアリー）をなす河口から約100kmほど内陸に発達した都市で，国内最大の港湾都市となっている。
② 潟湖（ラグーン）の中に形成された都市で，近年では高潮による水没の被害に悩まされている。
③ 大河川の三角州（デルタ）の頂点に立地する都市で，現在の市街地は河川の分岐点に発達している。
④ 両側を急斜面に挟まれた入り江に位置する都市で，国内有数の海運業の拠点となっている。

問1 [答]

　①がハンブルクで正解となる。ハンブルクは，河口がエスチュアリ（エスチュアリー）となっているエルベ川に面したドイツ最大の港湾都市である。問題文中にも国内最大とあることから，どこかで聞き覚えのある都市を選ぶというのも，解法として大事である。
　②はイタリア北東部の水の都と称されるヴェネツィアである。ヴェネツィアは，潟湖（ラグーン）に面しており，街の中には数多くの運河が築かれ，そのきれいな街並みは多くの観光客を惹きつけてきた。ただ，近年は地球温暖化による海面上昇の影響などもあり，高潮による被害が深刻化している。
　③はエジプトの首都であるカイロである。カイロは，ナイル川三角州の円弧状（扇状）をしている要（かなめ）部分に位置する。
　④はノルウェーの港町として知られるベルゲンである。「両側を急斜面に挟まれた入り江」とあるとおり，フィヨルドに面している街でかつては漁港として知られていた。
　ハンブルクを判断する際に，①と④で迷ったかもしれないが，①は「国内最大」，④は「国内有数」とあることから，④の都市はあまり聞き覚えのない都市である可能性が高いことを匂わせている。

問2 次の図は、いくつかの国における1人当たりGDP（国内総生産）と都市人口率の推移を示したものであり、①〜④はアルゼンチン、イギリス、ナイジェリア、マレーシアのいずれかである。アルゼンチンに該当するものを、図中の①〜④のうちから一つ選べ。

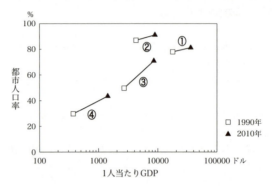

World Urbanization Prospects などにより作成。

図

問2 ［答］ ②

　都市人口率は、早くから産業構造の高度化が進んだ先進国で高かった。また**都市人口率**は、旧宗主国のヨーロッパとの貿易が行いやすく、厳しい自然環境を避け、海岸部に早くから人々が集住、つまり都市が早くから発達した**新大陸の国**でも高い。よって、都市人口率が高い①と②がアルゼンチンかイギリスとなる。もちろん先進国であるイギリスは、1人当たりGDPがアルゼンチンより高いので、①がイギリス、②がアルゼンチンとなる。
　残った③と④であるが、1人当たりGDPが低く、まだまだ農業中心であるため都市人口率が最も低い④がアフリカのナイジェリアとなる。最後に残った③が、近年急成長を遂げ、産業構造が高度化し都市人口率が急速に上昇するマレーシアとなる。

問3 次の表は、いくつかの国について、人口規模の上位4都市における人口を示したものであり、首都を★で表している。表中の①～④は、イタリア、オーストラリア、トルコ、メキシコのいずれかである。トルコに該当するものを、表中の①～④のうちから一つ選べ。

表　　　　　　　　　　（単位：万人）

順　位	①	②	③	④
1位	★1820.5	1082.3	433.6	★262.7
2位	383.4	★395.3	380.6	130.6
3位	347.3	258.4	185.8	98.0
4位	188.8	159.7	155.5	90.1

統計年次は、イタリア、オーストラリア、トルコが2007年、メキシコが2006年。
『世界人口年鑑』により作成。

問3 [答]

　知識があれば容易な問題であるが、トルコの最大都市は首都のアンカラではなく、ボスポラス海峡に面したイスタンブールである。よって、首都が最大の都市にはなっていない②か③となる。また、同様に首都が最大の都市になっていない国はオーストラリアである。オーストラリアは二大都市であるシドニーとメルボルンが、かつて首都をめぐる対立をおこしたことから別途、計画的な首都であるキャンベラが両都市の中間地点につくられた。こうして考えると、オーストラリアの首都であるキャンベラは、人口の上位には上がってこないと考えることができ、③がオーストラリアとなり、②がトルコとなる。
　また次のように考えることもできる。各国の都市の人口の順位が示された場合は、都市機能や人口が一極集中するプライメートシティをもつ国かどうかが問われている可能性が高い。一般にプライメートシティをもつ国は、経済成長が著しい途上国やかつて植民地化によって拠点とされた都市をもつ国において見られやすい。それゆえ①と②は、人口規模が1位と2位の都市では大きな差を示していることも判断根拠となる。よって①と②は、近年経済成長が著しいトルコかメキシコのいずれかとなる。ちなみに①は首都が最大の都市であり、プライメートシティをもつことから、急速な経済成長を遂げ、行政機能や商工業が都市に集中する中央集権国家のメキシコ、④は同様に首都が最大都市ではあるものの2位との格差が小さく、都市・工業の発達の歴史が古いイタリアとなる。

第1章　系統地理

26 世界の都市・居住問題

1 都市問題

- **先進国の都市問題**…雇用の場が多く，賃金水準も高い都市へと農村から人口が流入し，都市人口が急増することで問題が発生（**Pull要因**）。
- ① **ドーナツ化現象**…都心や都心周辺部での地価の高騰，居住環境の悪化で郊外へと人口が移動し，都心部の人口が減少・空洞化する現象（都心部には都市機能が集中⇒都心部＝昼間人口＞夜間人口，郊外＝昼間人口＜夜間人口）。
- ② **インナーシティ問題**…空洞化した**都心部に高齢者**が取り残され，**低所得者や外国人労働者**が流入し，産業や商店街の衰退を招き，治安の悪化や**劣悪な居住環境をもつスラム**を形成。
- ③ **スプロール現象**…土地が安価な郊外に工場や住宅地が**無秩序・虫食い状に発達**し，**都市が無計画に拡大**する現象。
- ④ **セグリゲーション**…**都市内部で人種・民族・生活水準などで住み分け**がなされている現象⇒アメリカ合衆国の大都市などでは，**白人やアジア系の富裕層が郊外に，ヒスパニック**や黒人の貧困層が都心周辺部に集住。
- **発展途上国の都市問題**…農村からの余剰人口が都市に流入し，都市人口が急増することで問題が発生（**Push要因**）。人口増加にインフラの整備が追いつかず，**交通渋滞や大気汚染，水質汚濁などの環境問題が発生**し，**スラム**が都市郊外を中心に形成されやすい。**住民の多くは定職に就けず**，露天商や日雇いなどの仕事に従事しているインフォーマルセクターのホームレスやストリートチルドレンが多い。
- ●**プライメートシティ（首位都市）**…人・モノ・金・サービスが一極集中し，**人口規模で第2位以下の都市を大きく引き離している都市（メキシコシティ〈メキシコ〉など）**（⇒都市問題が発生しやすい）。最大都市にインフラ整備が優先されるため，先進国の企業や大使館などが集中し雇用機会が多いことから，農村だけでなく他都市からも人口流入。
- ① 行政機能や商工業が集中する**中央集権的な国**（日本，韓国など）。
- ② 出生率が高い状態にあり若年人口率も高い国≒経済成長中の**途上国**（≒ただし人口大国の中国やインドなどを除く）。
- ③ **中央・南アメリカやサハラ以南のアフリカなどの旧植民地国**。

2　ロンドンの都市計画

　ロンドンでは，工業化による大気汚染やドーナツ化現象やスプロール現象などが発生し，20世紀初めにハワードが「田園都市構想」を提唱し，レッチワースなどの職住近接型の都市を建設。第二次世界大戦直後，「田園都市構想」を基に大ロンドン計画を実施。ロンドンの市街地周辺に**グリーンベルト**（緑地帯）を設け，その外縁部に**職住近接**型の**ニュータウン**（⇔日本の**ニュータウン**は**職住分離**型）を建設した（スティーブニジ，ハーローなど）。これによりロンドンの人口は，停滞そして減少傾向に。

3　再開発

- ❖ **再開発の手法**…歴史的な建造物や空間などをそのまま生かす**修復・保全型**（⇒ヨーロッパの大都市の都心・都心周辺部で多い）と，一度更地にした上で近代的建造物を建造する**一掃型**（⇒アメリカ合衆国・日本の大都市の都心・都心周辺部やヨーロッパの郊外で多い）に分けられる。
- ①**ウォーターフロント開発**…河川沿いや臨海部などの**水際の遊休地を再開発**。
- ②**ジェントリフィケーション**…旧市街地の**高級化**（⇒富裕層の流入による活性化）⇒既存の住民の追い出しにより，住民どうしや住民と行政との対立を招きやすい。
- ❖ **世界のおもな再開発**
- ●ロンドンの**ドックランズ**の再開発…ロンドンの都心地区であるシティの東に位置し，**かつては世界的な港湾地域**として栄えていた**ドックランズ**では，1960年代に倉庫群や建造物の老朽化，**コンテナ埠頭の整備の後れから衰退**した。1980年代に入り，大規模な**ウォーターフロント開発**による**再開発**を行い，オフィスビル，高級マンション，**国際金融センター**，レジャー施設などが完成し，活気が戻った。

■**都市の立面形態**

〔パリ〕
中心部には景観や土地利用の観点から，中・低層の歴史的建造物を保全。周辺部には高層ビルが並ぶ副都心が形成。

〔シカゴ〕
中心部には中心業務地区をなす高層ビルが並ぶ。郊外には一戸建ての住宅地域。

ここが共通テストのツボだ!!

ツボ ❶ 都市の内部構造

都市の内部構造と機能を理解して，ツボ2の理解を深めよう！

図 都市の内部構造の模式図

- ●…**都心部**（**CBD**〈中心業務地区〉）
  官公庁や企業などの中枢管理機能が集中。
- ●…**都心周辺部**（旧市街地，インナーシティ）
  住宅地，商業地，工場が混在。
- ○…**郊外**（≒日常生活において，都心や都心周辺部に依存する範囲〈通勤圏に近い〉）
  住宅地中心（一部，工場あり）。

※郊外の外側は農村。

ツボ ❷ ドーナツ化現象とインナーシティ問題

都心部や**都心周辺部**（**旧市街地，インナーシティ**）では，人口流入が続くと**地価の高騰**や**居住環境の悪化**を招く。

良好な居住環境を求めて，**郊外へと人口が流出し都心部や都心周辺部で空洞化**（**ドーナツ化現象**）。

おもに流出するのは，
① **日本**：**若年層（子育て世代の20代〜30代）**中心。
② **アメリカ合衆国**：**富裕層の白人**中心（一部アジア系も）。

その結果，
ⓐ **都心部**：居住者は少ないが，通勤・通学者は流入⇒**昼間人口＞夜間人口（常住人口）**（人口密度は低下）
ⓑ **都心周辺部**（**旧市街地，インナーシティ**）…**日本**の場合：**高齢者**が取り残される。**アメリカ合衆国**の場合：**低所得者層や移民が流入**（ヒスパニックや黒人）⇒**都心周辺部がスラム化**しやすい（**インナーシティ問題**）。

チャレンジテスト（大学入学共通テスト実戦演習）

問1 先進国における大都市圏の成長・衰退・再生について述べた文章として下線部が適当で**ない**ものを，次の①〜④のうちから一つ選べ。

① 都心部には中心業務地区が形成される。<u>国際的な大企業の中枢管理部門や金融市場などが集積し，世界都市へと発展する都市もみられる。</u>

② 都市の成長とともに，都市域は郊外に拡大する。<u>郊外で大規模なニュータウンの開発がすすむ現象は，スプロール現象とよばれる。</u>

③ 空洞化のすすむ都心部周辺では，低所得者や海外からの移民が老朽住宅に集住することがある。<u>こうした地域における治安や衛生環境などの悪化は，インナーシティ問題とよばれる。</u>

④ 衰退した都市内部を再開発し，オフィスや高級住宅地が建設される都市もみられる。<u>高所得者が再び都心部に流入する現象は，ジェントリフィケーションとよばれる。</u>

問1 [答]

② 誤文：**スプロール現象**とは，都市が虫食い状かつ無計画に，郊外へと拡大していく現象を表す。

① 正文：先進国の大都市の都心部では，大企業の本社や官公庁などが集中し，世界的な都市となっている都市もある。

③ 正文：**インナーシティ問題**とは，都心周辺部において住宅環境の悪化などから，既存の住民が流出し，新たに低所得者層や海外からの移民が住み着くようになり，治安や衛生環境の悪化につながる問題である。

④ 正文：**ジェントリフィケーション**とは，「再開発の高級化」と表現され，衰退した都心部や都心周辺部を新たに富裕層向けに再開発し，人口が再流入する現象である。一見すると問題がないように見える再開発ではあるが，既存の住民が追い出され，住民どうしや住民と行政との対立につながりやすいという問題もある。

問2 メキシコシティには農村から大量の人口が流入し，不良住宅地（スラム）が形成されている。次の図中の①〜④は，メキシコシティにおける高級住宅地，中級住宅地，低級住宅地，不良住宅地のいずれかの分布を示したものである。不良住宅地に該当するものを，図中の①〜④のうちから一つ選べ。

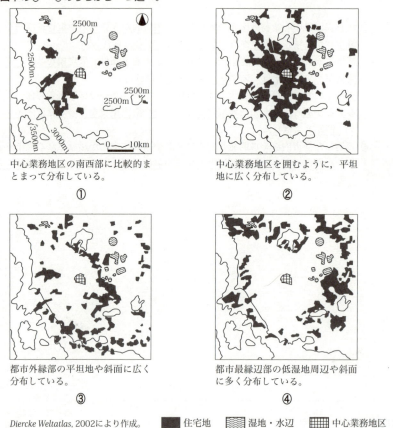

Diercke Weltatlas, 2002により作成。　■住宅地　〰湿地・水辺　⊞中心業務地区

図

問2 ［答］　**④**

　メキシコの首都であるメキシコシティのような**発展途上国の大都市**においては，原則として不良住宅地つまり**スラム**は，都市の郊外に形成されることが多い。また**スラム**は，郊外の中でも本来であれば人が住める環境に適さない，インフラが未整備な山地の急斜面や低湿地などに形成されやすい。よって，④が正解となる。

　①は中心業務地区に近く，面積も他と比べて狭いことから，途上国の中では至極限られた高級住宅地となる。②は①と同様に中心業務地区に近く，面積は①と比べて広いことから次の階級の中級住宅地となる。よって残った③は，④ほど郊外の中でも外れには位置していないことから，低級住宅地となる。

問3 次の図は，いくつかの時期における東京圏（島嶼部を除く東京都，神奈川県，埼玉県，千葉県）の市区町村別人口増加率を示したものであり，ア～ウは，1985年～1990年，1995年～2000年，2005年～2010年のいずれかである。図中のア～ウについて古いものから年代順に正しく配列したものを，下の①～⑥のうちから一つ選べ。

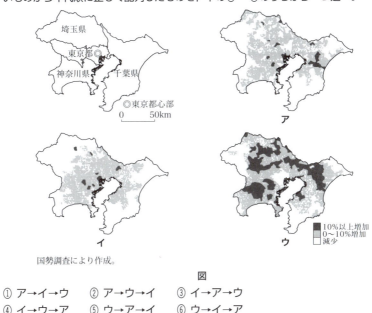

国勢調査により作成。

図

① ア→イ→ウ　② ア→ウ→イ　③ イ→ア→ウ
④ イ→ウ→ア　⑤ ウ→ア→イ　⑥ ウ→イ→ア

問3 ［答］　⑤

　都市圏の内部構造の問題では，図中に示されたスケールを半径とし，その図の中心を軸として円を描いてみると，その場所が大きな境目となり，判断しやすくなることを知っておきたい。
　本問でも図中の東京都心部から50kmのスケールを半径として円を描いてみると，アは50kmを超えて0～10％増加の地域が広がっている。イは50kmを超える人口増加地域の広がりはほとんど見られず，50km圏内では東京都心部からほぼ隙間なく0～10％増加の地域が見られる。ウは東京都心部とその周辺では減少を示しており，50kmを超えた地域では10％以上増加の地域を見ることができる。各期間の時代の背景を考えてみると，1985年～1990年は，バブル経済期にあたり東京都心部では地価の高騰からドーナツ化現象が生じていた時期である。よって，東京都心部では人口減少，一方の郊外地域では顕著な人口増加を示すウが対応する。次に1995年～2000年であるが，バブル経済が崩壊してから数年経った時期にあたり，地価が下がり始め，東京都心部では住宅供給の再開発が始まる時期である。よって，東京都心部でも人口が増加に転じるが，一つ前の1985年～1990年の時代背景を引きずっており，まだ50kmを超えた地域でも人口増加地域が見られるアが対応する。最後に2005年～2010年であるが，さらなる地価下落から東京都心部での再開発がいっそう進み，住宅供給も増えて人々の都心志向が強まるようになった時期である。よって，人口増加がほぼ50km圏内までとなっているイと対応する。

第1章　系統地理

27 日本の人口・人口問題，都市と都市・居住問題

1 日本の人口動態

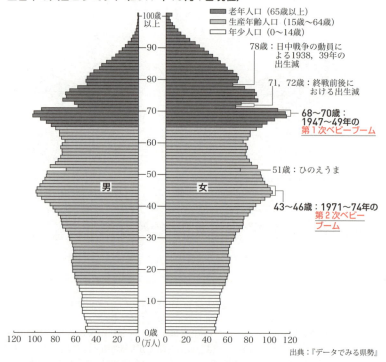

■日本の人口ピラミッド（2017年10月1日現在）

出典：『データでみる県勢』

　第二次世界大戦後の高度経済成長以降，多産少死型から少産少死型へ。1970年代半ば以降，急速に少子高齢化が進行し，1990年代後半に老年人口割合は年少人口割合を上回り，2005年には**世界で初めて老年人口率が20％を超え**，人口減少が予測より早く始まった（2018年の老年人口率は28.1％）。

2 都道府県別人口の変遷

❖ **1960年代**…1960年代には地方から大都市部（とくに三大都市圏）へ就業の場を求めて人口が大量に流入（**向都離村**）した結果，地方では過疎化が進展し，**1960年代**

後半からは東京圏や大阪圏では<u>ドーナツ化現象</u>が顕在化した。
* **1970年代**…1973年の<u>石油危機</u>後，地方から大都市部への人口流入は沈静化。U ターンやJターンなど人口還流現象が生じ，**1970年代後半には，地方圏でも人口が増加**に転じた。
* **1980年代**…1980年代になると，サービス経済化やグローバル化の進展から**東京圏への一極集中**が進み，再び地方の県では過疎化が進むこととなった。1980年代後半には，バブル経済による地価の高騰で東京圏でのドーナツ化がさらに加速した。
* **1990年代～現在**…<u>バブル経済</u>の崩壊後，地価が次第に下落し始め，**1990年代後半**からは人口流出が続いていた**東京都心部で再開発**が行われ，住宅供給が増えた。その結果，人口流出が停滞，**1990年代後半に入ると，東京都心部では夜間（常住）人口が増加へと転じる「都心回帰」**が生じ，2000年代にはいっそう都心居住の志向が強まっている。**人口が増加しているのは，東京圏の一都三県（東京都，埼玉県，千葉県，神奈川県），愛知県，滋賀県，福岡県，沖縄県**に限られる（2015年国勢調査）。

3　日本の都市

* **日本の都市階層**…三大都市圏（東京，大阪，名古屋），広域中心都市（札幌，仙台，広島，福岡）などの階層。
* **市町村合併**…2000年代には地方分権を推進し，少子高齢化による自治体の財政難を改善するため，「<u>平成の大合併</u>」を推進して公共サービスの効率化を図った⇒3,200ほどあった市町村数は約半減。しかし，効率が優先され，もともと財源の乏しかった，**人口の少ない市町村の公共サービスは切り捨てられ，住民の意見が届きにくくなる**懸念がある。
* **コンパクトシティ構想**…小規模化した市街地に公共交通機関を整備し，徒歩や自転車でも移動可能な範囲に都市機能を集積させ，コミュニティの再生や住みやすいまちづくりを目指す構想⇒とくに財政難が深刻な地方の中規模都市を中心にこうした動きがある。

4　日本のニュータウン

　日本では**高度経済成長期**に，**都市郊外**に**職住分離型**の<u>ニュータウン</u>が建設された。その後も<u>ドーナツ化現象</u>や人口流入により，**郊外**に<u>ニュータウン</u>など新興住宅地の開発が進められ，**郊外人口は増加**した。しかし当時のニュータウンでは，現在「**オールドタウン化**」現象が生じ，**居住者の高齢化**や**建物の老朽化**が進み，**人口減少，商店街の撤退**などの問題が生じている。

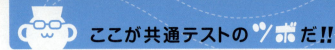

ツボ ① 昼夜間人口比率と東京圏の「都心回帰」

① 昼夜間人口比率（昼間人口÷夜間人口×100）
　(1) 100超⇒**大都市または各地域の中心都市（の都心部）を含む地域**，工業都市。
　(2) 100未満⇒**大都市または各地域の中心都市の郊外地域の都市を含む地域**。
　(3) ほぼ100⇒**地方の中小都市**。
② 東京圏の「都心回帰」
　(1) 高度経済成長期以降，大都市を中心に**ドーナツ化現象**が発生（都心部では昼間人口が増加，夜間人口は減少＝昼夜間人口比率は上昇）。
　(2) **1990年頃にバブル経済**が崩壊し，地価が次第に下落。
　(3) とくに東京圏では，**1990年代後半から通勤に便利な都心や都心周辺部で住宅供給中心の再開発が活発化⇒都心・都心周辺部の東京23区を中心に人口増加**（都心部では昼間人口も増加しているが，夜間人口はそれをも上回るペースで増加＝昼夜間人口比率は低下）。

図　東京大都市圏・名古屋大都市圏・大阪大都市圏の昼夜間人口比率

	1985 昼間人口(千人)	昼夜間1)人口比率	1995 昼間人口(千人)	昼夜間1)人口比率	2005 昼間人口(千人)	昼夜間1)人口比率	2015(年) 昼間人口(千人)	昼夜間1)人口比率
茨　城	2,661	97.7	2,853	96.6	2,886	97.0	2,843	97.5
栃　木	1,862	99.8	1,976	99.7	1,998	99.3	1,955	99.0
群　馬	1,918	99.8	1,996	99.6	2,021	99.9	1,970	99.8
埼　玉	5,110	87.2	5,726	84.8	6,159	87.5	6,456	88.9
千　葉	4,509	87.6	4,998	86.3	5,340	88.5	5,582	89.7
東　京	13,998	118.4	14,572	124.2	14,978	120.6	15,920	117.8
神奈川	6,761	91.0	7,367	89.4	7,905	90.3	8,323	91.2
岐　阜	1,962	96.7	2,018	96.1	2,019	95.9	1,953	96.1
静　岡	3,574	100.0	3,731	99.8	3,783	99.9	3,692	99.8
愛　知	6,554	101.6	6,979	101.7	7,341	101.7	7,586	101.4
三　重	1,701	97.3	1,789	97.1	1,824	97.8	1,785	98.3
滋　賀	1,102	95.4	1,223	95.1	1,327	96.2	1,364	96.5
京　都	2,614	101.1	2,637	100.7	2,651	100.8	2,656	101.8
大　阪	9,121	105.3	9,318	106.1	9,241	105.5	9,224	104.4
兵　庫	5,037	95.5	5,150	95.4	5,299	95.1	5,294	95.7
奈　良	1,137	87.1	1,230	86.0	1,259	88.7	1,228	90.0
和歌山	1,072	98.6	1,052	97.4	1,012	97.8	946	98.2

各年10月1日現在。1)常住人口100人当たりの昼間人口の割合。　　　　出典：『日本国勢図会』

チャレンジテスト（大学入学共通テスト実戦演習）

問1 現在の出生率や人口構造は，村落や都市の将来の人口に影響する。次の図は，都道府県別の合計特殊出生率*と自然増加率を示したものである。図に関連することがらを述べた下の文章中の下線部①〜④のうちから，適当でないものを一つ選べ。

*女性1人が生涯に産む子どもの数の推計値。

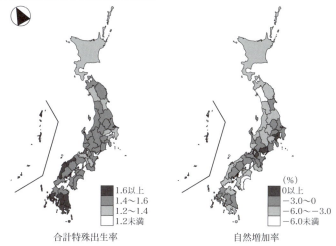

合計特殊出生率　　　　　自然増加率

統計年次は，合計特殊出生率が2014年，自然増加率が2013〜2014年。
人口動態統計などにより作成。

図

　図を見ると，①合計特殊出生率は東京都や大阪府とその周辺府県のほか，宮城県などで低く，②自然増加率は大都市圏で相対的に高い傾向が読み取れる。この背景として，非大都市圏の多くの地域では，③合計特殊出生率は人口を維持できる水準を上回っていること，また④大都市圏へ若年層が流出し，高齢者の割合が全国平均よりも高くなっていることがあげられる。

問1 [答] ③

- ③ 誤文：そもそも非大都市圏の道県では沖縄県を除いて，自然増加率はマイナスを示しており，人口を維持できる水準を上回っていない。また，将来的にも人口を維持できる目安とされている合計特殊出生率の置換水準は，2.07であり，それを上回る自治体は実際には存在しないし，図からも1.6以上の非大都市圏の道県が少ないことも根拠となる。
- ① 正文：東京都とその周辺の神奈川県，埼玉県，千葉県も1.2〜1.4と低いことが読み取れる。
- ② 正文：確かに女性1人が生涯に産む子どもの数である合計特殊出生率は大都市圏では低いが，親世代となる若年層の母数が多いため，自然増加率は相対的に高くなっている。
- ④ 正文：非大都市圏であるほとんどの地方圏では，雇用機会を求めて大都市圏へと若年層が流出し，人口減少と高齢化が同時に進む過疎化が深刻になっている。

問2 2000年代以降の日本の都市や農村で広くみられる問題について述べた文として適当でないものを，次の①〜④のうちから一つ選べ。

① 交通機関の発達にともない，山間部などでも雇用の機会が増え，住宅地の不足が顕著になっている。
② 高度経済成長期に開発された住宅団地では，居住者の世代構成がかたより，高齢者の多い地区が生じている。
③ 農村部では，人口減少にともなう医療機関の閉鎖や移転がみられ，医療サービスの維持が課題になっている。
④ 市町村の合併が進む中で，行政機能が整理され，住民の利便性が低下した地区が生じている。

問2 [答] ①

① 誤文：山間部では採算が見合わないため交通機関の整備は進んでおらず，雇用の機会などは限られる。それゆえ過疎化が進み，高齢者の割合が極めて高く，行政サービスや地域コミュニティの維持が困難で限界集落と呼ばれるような自治体も増えてきている。
② 正文：1960年代の高度経済成長期には住宅不足から，大都市の郊外を中心に職住分離型の住宅団地などのニュータウンが建設されていった。最近は入居者の高齢化や減少が進んでおり，不採算となった商店が撤退するなど，日常生活を送るのに支障をきたすニュータウンも現れ始めている。
③ 正文：①で解説したとおり，山間部などの農村地域では過疎化による人口減少から自治体の税収が減少し，医療などの公共サービスの維持が困難になり始めている自治体も少なくない。
④ 正文：高齢化に対応した住民サービスの維持や税収難の改善をおもな目的に，2000年代に入って市町村合併が進められてきた。しかし，中心都市ではなかった周辺の小規模な町村の中には，行政サービスの効率化という名目の下に，学校の統廃合や病院の閉鎖などが進められ，以前よりも住民サービスが低下した地区もある。

問3 都市は，その立地や機能により異なる特徴を有する。次の表は，日本のいくつかの都市について銀行本・支店数，第2次産業就業者の割合，昼夜間人口指数*を示したものであり，**ア〜ウ**は仙台市，千葉市，浜松市のいずれかである。表中の**ア〜ウ**と都市名との正しい組合せを，下の①〜⑥のうちから一つ選べ。

*昼間人口÷夜間人口×100

表

	銀行本・支店数（店）	第2次産業就業者の割合（％）	昼夜間人口指数
ア	208	15.3	107.7
イ	104	19.2	97.2
ウ	76	37.0	100.7

統計年次は，銀行本・支店数が2008年，第2次産業就業者の割合と昼夜間人口指数が2005年。国勢調査などにより作成。

	ア	イ	ウ
①	仙台市	千葉市	浜松市
②	仙台市	浜松市	千葉市
③	千葉市	仙台市	浜松市
④	千葉市	浜松市	仙台市
⑤	浜松市	仙台市	千葉市
⑥	浜松市	千葉市	仙台市

問3 [答]

日本の都市階層に関する問題である。**ア**を見てみると，銀行本・支店数が最も多く，また昼夜間人口指数が100を大きく超えている。よって，日本の中では三大都市に次いで中心地機能をもつ広域中心都市（地方中枢都市）の一つである仙台市となる。中心地機能が集まる三大都市や広域中心都市には，企業の本社や支社，大学などの高等教育機関などが集中する。そのため，昼間に通勤や通学で他の市町村から多くの人口が流入する。それゆえ，昼夜間人口指数が100を大きく超えていることも判断根拠となる。

一方で**イ**は，その昼夜間人口指数が100を下回っている。よって，千葉市となる。千葉市は三大都市の一つである東京23区の郊外地域に位置しており，昼間は通勤や通学で東京23区に流出する人々も多い。ただし夜間になると千葉市に帰宅するため，昼間よりも夜間人口の方が多くなり，昼夜間人口指数は100を下回る。

最後に残った**ウ**は，第2次産業就業者の割合が顕著に高いことから，二輪自動車などの自動車関連産業が集積する浜松市となる。また，本問の3都市はすべて政令指定都市だが，人口規模で最も小さく，県庁所在地になっていない浜松市には，中心地機能の指標の一つである銀行本・支店数が少ないことも判断根拠となる。

28 世界の衣食住と言語・宗教

1 世界の衣服

熱帯から温帯にかけては麻や木綿，絹などが，冷涼・寒冷な地域や乾燥帯では毛織物や獣皮革が素材として用いられることが多い。

- **チマ・チョゴリ**…**朝鮮民族の伝統衣服**の上衣をチョゴリといい，女性はチマと呼ばれる袴を身につける。保温性に長け，近年では明るい色が好まれる。
- **アオザイ**…**ベトナムの民族衣装**。隣国の中国や旧宗主国のフランスの影響などから，女性の身体のラインを強調する薄手の生地で仕立てた，上下分割した長い衣服。
- **サリー**…おもにインドにおいて，**ヒンドゥー教徒の成人女性が身につける一枚布の衣服**。放熱性と吸湿性に富んだ絹や綿を素材とした衣服。
- **チャドル**…各国によって呼び名は異なるが，**厳格なイスラーム教徒**の女性が身体を覆い隠す黒地の衣服。
- **ポンチョ**…おもにアンデス高地で，先住民が身につける防寒・防風を兼ねた貫頭布。

チマ・チョゴリ

チャドル

アオザイ

ポンチョ

サリー

2 宗教と食生活

- **イスラーム**…**豚肉を食することや，飲酒が禁じられている**⇒イスラーム法に則って処理・調理された**ハラール**（「許されている」の意）。ラマダン（断食月）もある。
- **ユダヤ教**…豚などの胃袋で反芻しない動物を食すること，イカやタコのように鱗のない魚介類を食することなどが禁じられている。
- **ヒンドゥー教**…聖なる動物の牛を食さないだけでなく，不殺生の教えから**肉・魚類を食さず，菜食主義**の人が多い⇒**インド**。

3　世界の気候と住居

- **熱帯地域の家屋**…年中，高温多雨な気候環境下にあるため，風通しや排水に優れた，急傾斜の屋根を持つ高床式の杭上家屋や樹上家屋が見られる（一部には水上家屋も）。
- **乾燥帯地域の家屋**…樹木が少ないため，暑さ対策として，日干しレンガ（アドベ）や石造りで窓が小さい家屋が多い。また，遊牧民は移動可能なテント式住居（モンゴルではゲル，中国ではパオ，中央アジアではユルト）などを用いている。
- **温帯地域の家屋**…樹木が多いため，木造家屋が中心。日本の東北・北陸地方では豪雪のための雪よけとして軒先を長くした雁木や，沖縄地方などでは台風による強風対策として家を強固な石垣で囲った家屋が見られる。ただし，地中海沿岸では，夏の高温乾燥が厳しいため，窓を小さくした白色の石造りの家が多い。
- **亜寒帯（冷帯）・寒帯地域の家屋**…冷帯地域は，樹木が多いため，丸太を組んだ木造家屋（イズバなど）が中心。永久凍土上では，家屋からの放射熱が永久凍土を融解し地盤を軟弱化させ，家屋が傾くのを防ぐため高床式家屋が見られる。また，朝鮮半島や中国東北部では台所からの廃熱を利用した床暖房設備のオンドルなどがある。

高床式家屋（熱帯地域）　　日干しレンガ（乾燥地域）　　白壁の家（ギリシャ・温帯地域）　　高床式家屋（寒冷地域）

4　世界のおもな言語

- **インド・ヨーロッパ語族**…ほとんどのヨーロッパ系言語とイラン〜インド北部，バングラデシュにかけて分布（ゲルマン語派，ラテン語派，スラブ語派，ケルト語派，ヒンディー語，ペルシア語など）。
- **ウラル語族**…フィンランド語，ハンガリー（マジャール）語。
- **アルタイ諸語**…モンゴル語，トルコ語。
- **シナ・チベット諸語**…中国語，チベット語，タイ語，ミャンマー語。
- **アフリカ（アフロ）・アジア語族**…アラビア語，エチオピア語，ヘブライ語。トゥ

■世界の言語分布

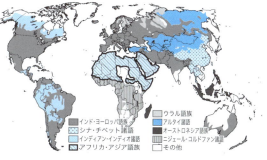

アレグ語。
- ❖ **ニジェール・コルドファン諸語**…中南アフリカにかけて分布。
- ❖ **オーストロネシア（マレー・ポリネシア）語族**…マダガスカル〜東南アジアの島嶼部〜太平洋の島々にかけて分布（マレー語，ポリネシア語など）。
- ❖ **その他**…ドラヴィダ系，コイ＝サン系，カフカス系など。

5　世界のおもな宗教

❖ **キリスト教（イエス＝キリスト／エルサレム）**

■世界の宗教分布

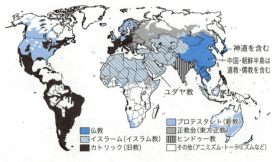

① **カトリック（旧教）**…<u>ラテン系民族</u>（南欧・ラテンアメリカ）・アイルランド・ポーランド・フィリピンなど。

② **プロテスタント（新教）**…<u>ゲルマン系民族</u>（ドイツより西部・北部）・新大陸（アメリカ合衆国・オーストラリアなど）。

③ **正教会（ギリシャ正教，東方正教）**…<u>スラブ系民族</u>（東欧・ロシアなど）。

④ **その他**…<u>エチオピアのコプト派</u>，レバノンのマロン派。

❖ **ユダヤ教（エルサレム）**：ユダヤ人の民族宗教…イスラエルなど。

❖ **イスラーム（ムハンマド／メッカ・メディナ・エルサレムなど）**

① **スンナ（スンニー）派**…多数派，西アジア・中央アジア・北アフリカ。サウジアラビアのワッハーブ派。

② **シーア派**…少数派，イラン，アゼルバイジャンなど。

❖ **仏教（シャカ／ブダガヤ）**

① **上座（南伝）仏教**…インドシナ半島・スリランカなど。

② **大乗（北伝）仏教**…東アジアの日本など，ベトナムなど。

③ **ラマ教（チベット仏教）**…チベット・モンゴル・ブータン，聖地はラサ（拉薩）。

❖ **ヒンドゥー教（ヴァラナシ）**：インドの民族宗教…インド，ネパールなど。

❖ **儒教（孔子）・道教（老子）**…中国。

ここが共通テストのツボだ!!

ツボ ① ヨーロッパの言語と宗教分布

● 分布の傾向性をおさえる！

ゲルマン語派はプロテスタント（ドイツを含めて北部・北西部にかけて），ラテン語派はカトリック（ドイツを含まず南部・南西部にかけて），スラブ語派は正教会（東方正教）（ドイツを含まず東部にかけて）。

● 例外

① アイルランド島やフランスのブルターニュ半島は，ケルト系。

② ポーランド～チェコ・スロバキア～スロベニア・クロアチア（東経20度付近）のおもに東ヨーロッパは，スラブ語派。

③ ルーマニアは，国名の由来が「ローマニアン＝ローマ人が移住した土地」の意味なので，イタリアのローマからやって来たラテン語派。

④ フィンランドとハンガリーは，ウラル語族。

図1 ヨーロッパの言語分布
出典：国立民族学博物館資料ほか

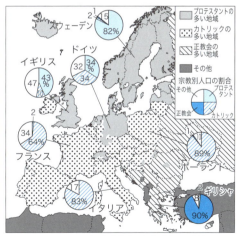

図2 ヨーロッパの宗教分布と宗教別人口の割合
出典：Diercke Weltatlas 2008 ほか

28 世界の衣食住と言語・宗教 | 181

チャレンジテスト（大学入学共通テスト実戦演習）

問1 ミズホさんたちは，世界の宗教の多様性を示すために，主な宗教の分布や人口について，展示資料にまとめた。展示資料の表中のA〜Cは，イスラーム，ヒンドゥー教，プロテスタントのいずれかである。A〜Cと宗教・宗派名との正しい組合せを，次の①〜⑥のうちから一つ選べ。

(平成30年度大学入学共通テスト試行調査〈改〉)

展示資料「世界の宗教」

凡例：
- カトリック
- プロテスタント
- 東方正教
- イスラーム
- 仏教・道教など
- ヒンドゥー教
- その他

図　主な宗教の分布

表　主な宗教・宗派別人口(2016年)　(単位：百万人)

A	1,752
カトリック	1,242
B	1,019
C	553
仏教	521
東方正教	284

図はAlexander Schulatlasにより作成。
表はThe World Almanac and Book of Factsにより作成。

	①	②	③	④	⑤	⑥
イスラーム	A	A	B	B	C	C
ヒンドゥー教	B	C	A	C	A	B
プロテスタント	C	B	C	A	B	A

問1 [答] ①

　共通テストで見られる，複数の資料を提示しながら，問いの連動を意識させる新傾向の問題である。<u>イスラーム</u>の分布は，<u>西アジア（アラビア半島）</u>から北アフリカを中心に，<u>中央アジアや南アジア，東南アジアのマレー半島以南</u>などに広がっている。よって，<u>人口が多いアジアやアフリカに広がること</u>から，17億人超の世界最大の宗教・宗派別人口を抱えるAがイスラームとなる。ちなみに<u>国別で最大の</u><u>イスラーム</u>人口をもつのは，インドネシアである。同じく広範囲に広がっているキリスト教であるが，<u>プロテスタント</u>はおもに<u>ゲルマン系言語</u>を使用する，ドイツから北部や西部のヨーロッパを中心に，そこから移住した人々が多いアメリカ合衆国やオーストラリアにかけて広がっている。これらの国々の人口数を考慮すると，Bの数値のような10億人を超えるとは考えにくい。よって，Cがプロテスタントとなる。最後に残った10億人超のBがヒンドゥー教となる。<u>ヒンドゥー教</u>は，ほぼインドでのみ信仰される宗教であるが，<u>インドの総人口約13億人のうち8割ほどの人々が信仰している</u>ので，ヒンドゥー教徒の人口も10億人ほどの数になる。

問2 次にミズホさんたちは，世界の宗教がどのようにして現在のような分布になったのか，各宗教が伝播する経路を問1の展示資料の図中に書き込むことにした。それについて話し合った会話文中の下線部①〜④のうちから，適当でないものを一つ選べ。

(平成30年度大学入学共通テスト試行調査〈改〉)

ミズホ 「世界各地の宗教のなかでも，キリスト教とイスラームと仏教は世界各地に広く分布しているね」

アズサ 「①キリスト教はヨーロッパの人々が他の大陸へ入植したり，植民地支配を進めたりしたことで広まったのではないかな」

ツバサ 「同じキリスト教でも，②東方正教はゲルマン語派の言語を話す国々を中心に伝わっていったようだね」

ミズホ 「③イスラームは交易や領土の拡大によってアラビア半島から北アフリカに伝わったと考えられるよ。その後は中央アジアや東南アジアにも拡大しているね」

アズサ 「インドで生まれた仏教は，中国を経由して東アジアへ伝わった経路のほかに，④南アジアから東南アジアへ伝わった経路があるんじゃないかな」

問2 [答] ②

問1の流れを受けて，会話文中の下線部の正誤を判断していく問題である。

② 誤文：**東方正教（正教会）**は，ヨーロッパ東部からロシアにかけておもに**スラブ系言語**を話す人々によって信仰されているキリスト教の宗派である。これらの国々は植民地化を行った歴史はほとんどないので，他地域へは広がっていない。

① 正文：問1の解説のとおり，**プロテスタント**は**ゲルマン系言語**を使用する人々を中心に広がった宗派で，それらの人々が入植したアメリカ合衆国やオーストラリアへと広まった。**カトリック**は，**ラテン系言語**を使用する南ヨーロッパが中心で，とくにスペインやポルトガルが植民地化の際，自分たちの宗教であるカトリックに強制改宗させた結果，**ラテンアメリカやフィリピン**に広がった。

③ 正文：問1の解説のとおり。

④ 正文：もともとインドの地で生まれた**仏教**は，北回りで中国から朝鮮半島，日本へと伝わった**大乗仏教**と南回りでスリランカやインドシナ半島へと伝わった**上座（部）仏教**がある。

29 世界の民族・領土問題

1 おもな民族問題

■おもな民族問題の地域とその特徴①

紛争地域	背景
Ⓐミンダナオ紛争	フィリピンの**ミンダナオ島南部に居住するイスラーム教徒のモロ族による分離・独立運動**。40年近く続いた紛争の結果，ミンダナオ島の住民の6割が貧困層となった。2012年に政府と合意後，2019年にイスラーム教徒による暫定自治政府が設立（2022年から開始）。
Ⓑカシミール紛争	**カシミール地方の帰属をめぐるインド（ヒンドゥー教徒）とパキスタン（イスラーム教徒）の対立**。第二次世界大戦後，イギリスからの独立に際し，この地を支配していた**ヒンドゥー教徒の藩王と住民の約8割を占めていたイスラーム教徒がそれぞれの国へ帰属を求めたことで戦争に発展**。過去に3度の印パ戦争が起こり，両国とも核兵器保有国に。インドがほとんどの地域をジャンム・カシミールとして支配。
Ⓒスリランカ民族紛争	**多数派の上座（部）仏教徒のシンハリ（シンハラ）人と少数派のヒンドゥー教徒のタミル人との対立**。政府軍はタミル人の過激派組織LTTE（タミル・イーラム解放の虎）の掃討作戦を実行し，2009年にLTTEのトップが死亡したことで26年間の内戦終結を宣言。
Ⓓパレスチナ紛争	1948年，**パレスチナ地方にユダヤ人国家イスラエルが誕生し，この地から追放されたパレスチナ人と彼らを支援するアラブ諸国がイスラエルと対立**，紛争へ。それぞれの宗教である**ユダヤ教とイスラームの対立**が根底にある。現在，ガザ地区とヨルダン川西岸地区は，パレスチナ自治政府によっ

	て管理されているが,対イスラエルの方向性をめぐり,穏健派のファタハと強硬派のハマスに分かれて,パレスチナ人どうしが対立している。2011年9月に国家パレスチナとして国連へ加盟申請(⇒オブザーバー国家へ格上げ)。
E クルド人の独立運動	**イラン,イラク,トルコ,シリアの国境付近に居住するクルド人の独立運動。**各国の国境でクルド人は分断されて少数派となり,迫害・弾圧を受けている。
F キプロス紛争	**南部のギリシャ系住民(正教会)と北部のトルコ系住民(イスラーム)の対立。**南部のギリシャ系キプロスのみがEUに加盟。北部はトルコ軍が駐留し,トルコのみ承認の北キプロス・トルコ共和国の独立を宣言。和平交渉は難航。
G ソマリア紛争	1991年に内戦が勃発し,北部は「ソマリランド」と自称して独立国家の様相を呈する。中南部には2012年に21年ぶりに統一政府が樹立されたが,国内は三分割(北部,中南部,南部)の状態となっている。
H ダルフール紛争	**スーダン西部のダルフール(ダールフール)地方**において2003年に勃発した,**反政府勢力である2つの黒人勢力と政府からの支援を受けたアラブ系民兵組織による紛争**。政府側は,黒人住民への無差別の虐殺や迫害・略奪を繰り返し,「世界最悪の人道危機」と国連が指摘。死者は30万人以上。数多くの国内避難民が発生し,隣国チャドに逃れた難民も数十万人。
I スーダン,南スーダンの問題	スーダンでは,**アラブ系イスラーム教徒中心でイスラーム化を推進する北部とアフリカ系キリスト教徒中心の南部との間で半世紀以上にわたって内戦**が続いてきた。その後2011年に,**スーダンから石油資源が豊富な南スーダンが分離独立した。南スーダンでは**,最大のディンカ系住民と非ディンカ系住民との間の対立から**内戦が続いており,大量の難民が発生している。**両国の国境付近の石油資源に恵まれるアビエイ地区は,帰属が決まっていない。
J ルワンダ内戦	**支配勢力であるフツ族(多数派)とツチ族(少数派,旧支配層)の対立**。1994年,大統領(フツ族)暗殺事件を契機に部族抗争が激化。フツ族によるツチ族の無差別大量虐殺が発生し,ツチ族の報復を恐れた大量のフツ族住民が周辺諸国に逃亡,深刻な難民問題が生じた。しかし現在では,内戦中に海外に逃れ知識や技術を磨き,資本力を蓄えてきたツチ族が,すずやタングステンなどの資源開発を中心に国の復興に尽力しており,ルワンダは「アフリカの奇跡」と呼ばれる急速な経済成長を遂げている。
K アパルトヘイト	南アフリカ共和国における,**黒人など非白人に対する人種差別政策**。非白人の参政権を認めず,異人種間の結婚の禁止や公共施設・交通機関の区別,**アフリカ系黒人に,ホームランド(バントゥースタン)と呼ばれる不毛の地を割り当て居住区**とした。国際社会からの非難を受け,経済制裁が強められるようになったことから,**1991年より撤廃**。1994年には全人種が参加しての初めての総選挙が実施され,黒人のネルソン=マンデラが大統領に選出された。しかし現在でも白人と黒人の経済格差は縮まっていない。
L ビアフラ戦争	ナイジェリアでは,**少数派で迫害を受けてきたイボ族の居住する南東部のビアフラ地方で,油田(ポートハーコート油田など)が開発された**ことな

第1章 系統地理

29 世界の民族・領土問題　185

■おもな民族問題とその特徴②

	どから，イボ族が分離独立を宣言し，紛争に発展。北部のハウサ族，フラニ族，南西部のヨルバ族からの攻撃を受けたイボ族は，無条件降伏に追い込まれ，多数の死者を出し，大量の難民を周辺国に流出させる結果となった。その後，特定の民族集団に偏らないようにするため，1991年に首都をラゴスから内陸部のアブジャ（主要民族から等距離に位置する）へ遷都した。
Ⓜ北アイルランド紛争	イギリスの北アイルランド地方における多数派のプロテスタントと少数派のケルト系カトリック教徒との対立。1999年に北部の統合を掲げて戦ってきたケルト系カトリック教徒のIRA（アイルランド共和国軍）が武装解除に応じ，自治政府が発足。イギリス政府も北アイルランドの駐留部隊や基地の大幅な縮小に合意し，現在は順調に和平の道を歩んでいる。
Ⓝバスク人の独立運動	スペインとフランスの国境であるピレネー山脈の西部におもに居住するバスク人の分離・独立運動。かつて抑圧を受けたスペイン側では，過激派組織のETA（バスク祖国と自由）が中心となり，活発な分離・独立運動を展開。
Ⓞカタルーニャの独立問題	スペインのカタルーニャ州はバルセロナを中心とする地域で，住民は独自の言語と歴史に強いアイデンティティをもち，議会主義を重んじてきた。また，自動車や化学などの工業が盛んで，スペインのGDPの約2割を稼ぐ最も豊かな州。しかし2008年の世界的な金融危機後の不況の中で中央政府から十分な税の配分がなされず，バスク自治州がもつ徴税権も認められていない。また自治権拡大に対し裁判所から無効の判断が出され，さらにその後，再中央集権化を進める政権が誕生した。それらの不満から近年独立の気運が急激に高まっている。
Ⓟベルギーの言語問題	北部にオランダ系フラマン人，南部にフランス系ワロン人が居住し，南北の経済格差が言語対立を助長している。首都ブリュッセルを両言語共通地域にし，1993年からは連邦制へ移行するなどしてきたが，近年は経済が好調な北部のオランダ語圏で独立の気運が高まっている。

| 186 |

ⓠ **ボスニア＝ヘルツェゴビナ紛争**	ボシュニャク人（ムスリムと呼ばれるイスラーム教徒），セルビア人（正教徒），クロアチア人（カトリック教徒）の三者が，互いに領土を主張して譲らず，1992年から1995年にかけて**激しい内戦**となった。現在はボシュニャク人とクロアチア人を主体とするボスニア＝ヘルツェゴビナ連邦とセルビア人を中心とするスルプスカ共和国の2つから構成される国となり，統一国家を目指している。
ⓡ **コソボ自治州独立運動**	セルビア共和国内のコソボ自治州で，自治権を抑圧されてきた約9割を占める**アルバニア系住民**が，セルビア共和国からの**分離独立運動**を展開。2008年に**コソボ共和国として独立**を宣言。
ⓢ **チェチェン紛争**	ロシア連邦内のチェチェン共和国における，**チェチェン人の独立派武装勢力とロシア政府との紛争**。
ⓣ **ケベック州独立運動**	イギリス系住民が多いカナダで，**フランス系住民が8割を占めるケベック州での分離・独立運動**。これまで2度の州民投票ではいずれも独立反対が上回るが，年々その差は縮小。**フランス系住民最大の都市はモントリオール**。
ⓤ **フィジー**	先住民のメラネシア系の**フィジー人**と，サトウキビプランテーション労働力として移住し，**経済的実権を握るインド人との対立**。

2 おもな領土問題

紛争地域	対立国・地域	背景
南沙群島（スプラトリー諸島）	中国／台湾／ベトナム／フィリピン／マレーシア／ブルネイ	6つの国・地域が領有権を主張。海底油田・ガス田存在が確認されて以後，領有権をめぐり対立。
カシミール地方	インド／パキスタン	1947年印パ分離・独立の際，その帰属をめぐり対立。武力紛争。
イラクの**クウェート侵攻**	イラク／クウェート	1990年，イラクはクウェートを自国領と主張して全土を制圧。米英軍を中心とする多国籍軍がクウェートを解放。湾岸戦争（1990年～1991年）。
西サハラ	モロッコ／西サハラ	1976年にスペインが領有権を放棄した西サハラの主権をめぐる紛争。
英領ジブラルタル	イギリス／スペイン	1713年ユトレヒト条約で英領。スペインは返還を要求。軍事的要衝。
フォークランド諸島（マルビナス諸島）	アルゼンチン／イギリス	旧スペイン領を1833年イギリスが占領。1816年独立のアルゼンチンはスペインからの継承を主張。1982年軍事衝突→イギリスの勝利。

ここが共通テストの ツボ だ!!

ツボ ① 民族問題は3W！

民族問題では，**Who＝だれが**，**Where＝どこで**，**Why＝何が理由**かをつかむ！

① **カシミール紛争**，**スリランカ民族紛争**，**ビアフラ戦争**➡イギリス領だった地域では，植民地時代に，**少数派住民に多数派住民を統治させる**という方法を採っていたため，**イギリスからの独立後，多数派住民の少数派住民への不満が高まり，少数派と多数派の対立へ**とつながった。

図1　スリランカの民族分布　　図2　ナイジェリアの民族分布

- **カシミール**➡宗教対立＝**イスラーム教**徒【多】VS **ヒンドゥー教**徒【少】
- **スリランカ**➡宗教対立＝**上座（部）仏教**徒シンハラ人【多】VS **ヒンドゥー教**徒タミル人【少】
- **ビアフラ**➡資源（原油）争い・宗教対立が背景＝ハウサ族・ヨルバ族など VS **イボ族**【少】

② **クルド人**➡どこの国に分断されているのか

クルド人は決して少数民族ではないが，**複数の国によって分断されているために，どの国でも少数派となり迫害**を受けている。

③ **ケベック州**➡場所と代表的な都市を知ろう

図3　クルド人の居住地域

カナダ全体ではイギリス系住民が多数派（カナダ最大，イギリス系住民最大の都市はトロント）だが，**東部のケベック州ではフランス系住民が多数派**（ケベック州最大，フランス系最大の都市は**モントリオール**）。そのほか，アジア系移民なども多いことから，**カナダでは多文化主義**を推進し，公文書や標識などでは英語とフランス語が併記されている。ただ，その中にあって**分離独立運動の気運があるのがケベック州**である。

チャレンジテスト（大学入学共通テスト実戦演習）

問1 民族の文化的・歴史的背景の違いが，時として紛争に結びつくことがある。下のア〜ウの文は，次の図中のA〜Cのいずれかにおける地域紛争を説明したものである。A〜Cとア〜ウとの正しい組合せを，下の①〜⑥のうちから一つ選べ。

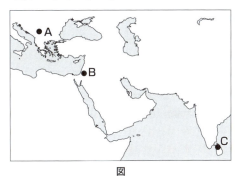

図

ア 1948年に建国を宣言した民族と，これに反対する周辺諸国との間で，紛争が起きている。

イ ヒンドゥー教徒であるタミル人と，仏教徒であるシンハリ（シンハラ）人との間で，紛争が起きた。

ウ ムスリム（イスラーム教徒）を中心とした民族が独立運動を起こし，紛争を経て独立に至った。

	①	②	③	④	⑤	⑥
A	ア	ア	イ	イ	ウ	ウ
B	イ	ウ	ア	ウ	ア	イ
C	ウ	イ	ウ	ア	イ	ア

問1［答］

アは，Bにおける**パレスチナ問題**の説明である。戦後，イギリスなどの支援を受けてユダヤ人国家を樹立したイスラエルは，同じ土地に住んでいたパレスチナ人との領土問題を現在でも抱えている。イスラエルと，**建国直後からパレスチナ人を支援する周辺のアラブ諸国との間で中東戦争が勃発**し，紛争が繰り返されてきた。

イは，Cにおける**スリランカの民族問題**の説明である。スリランカでは，**多数派上座（部）仏教徒のシンハリ（シンハラ）人と少数派ヒンドゥー教徒のタミル人との間で長らく対立が続いてきた**。しかし，近年では和平が進み，民主化が順調に進みつつある。

ウは，Aにおける**コソボ紛争**および独立の説明である。セルビア共和国にあったコソボ自治州には隣国のアルバニア系の**ムスリム（イスラーム教徒）が多く，独立を画策する中でセルビア人と紛争状態**に入った。コソボはおもにアメリカ合衆国や西欧諸国の支援を受けてセルビアからの独立を果たしたが，国連では独立国の承認には至っていない。

問2 民族と国家をめぐる紛争には，いくつかのパターンがある。次の図は，そのパターンを模式的に示したものである。クルド人にかかわる紛争に最も近いパターンを，図中の①〜④のうちから一つ選べ。

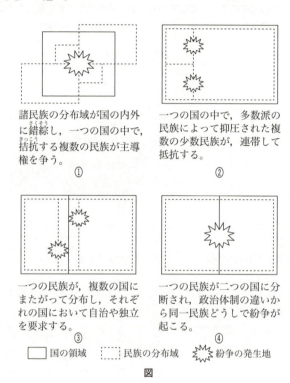

図

問2 ［答］ ③

　<u>クルド人</u>は，おもにイラン，イラク，シリアなどの<u>国境付近にまたがって居住する民族</u>で，総人口は3,000万人近いとされる。しかし，どの国でも少数派となっているため，<u>自治や独立の要求は認められず，弾圧や迫害を受け続けている</u>。よって，③が正解となる。
　ちなみに①のパターンはかつての<u>ルワンダやブルンジの内戦</u>，②のパターンはかつての<u>ボスニア＝ヘルツェゴビナ内戦</u>，④のパターンは<u>朝鮮半島（北朝鮮と韓国）の問題</u>に近似する。

問3 世界のエネルギー供給の過半を占める化石燃料は，地域的に偏在することから資源をめぐる紛争の原因となったり，その利用に際しては環境に負の影響を与えることが懸念されている。次の図中のA～Dの地域・海域で発生した資源・エネルギーをめぐる問題について述べた文として最も適当なものを，下の①～④のうちから一つ選べ。

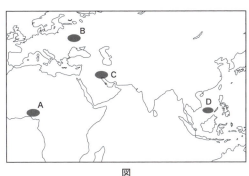

図

① Aの地域では，石炭の採掘権をめぐって分離独立運動が起こり，多数の餓死者や死傷者を出した。
② Bの地域では，ロシアとヨーロッパを結ぶ天然ガスの鉄道輸送網が整備されているが，関税設定をめぐり産出国と経由国との間で紛争が起きている。
③ Cの地域では，戦争により油田が破壊され，火災や周辺海域への重油の流出により，深刻な海洋汚染や大気汚染を引き起こした。
④ Dの海域では，石油の埋蔵が確認されたことなどを背景に，中国，フィリピン，インドネシアなど複数の国が群島の領有権をめぐって争っている。

問3 [答] ③

③ 正文：C地域のクウェートでは，1991年の湾岸戦争により破壊された油田から大量の重油が流出し，ペルシャ湾の海洋汚染や油井火災による大気汚染が深刻化した。

① 誤文：A地域のナイジェリアの南東部のビアフラ地方では，石炭ではなく石油資源をめぐって民族対立が生じ，この地域に居住するイボ族が分離独立を宣言した。これによりイボ族と政府軍との間でビアフラ戦争が発生。イボ族は多数の餓死者を出し，無条件降伏をすることになった。

② 誤文：ロシアと東ヨーロッパでは，天然ガスは旧社会主義時代に整備された鉄道ではなくパイプラインにより輸送されてきた。しかしソ連解体後，産出国であるロシアと経由国であるベラルーシ，ウクライナ（B地域）の間では，繰り返し天然ガスの供給や料金改訂をめぐって対立が生じている。

④ 誤文：Dの広大な大陸棚が広がる南沙群島（スプラトリー諸島）付近では，水産資源や石油などの海底資源に恵まれており，周辺の中国，台湾，ベトナム，フィリピン，マレーシア，ブルネイの6か国・地域が領有を主張している。よって，インドネシアは領有を主張していないので誤りとなる。

30 国家・国家群

1 国家

　国家の3要素＝**主権**・**国民**・**領域**（**領土**・**領海**・**領空**）。**領海**の外側は公海，大気圏外は宇宙空間の扱いとなり，領有はどの国にも認められていない。

- **領海**…最低潮位線から**12海里**の範囲をとるのが一般的。
- **排他的経済水域**…最低潮位線から**200海里**の範囲をとるのが一般的。

①**天然資源（水産資源，エネルギー・鉱産資源）のみ，沿岸国に対する独占的利用が認められている水域**。漁業専管水域とは水産資源のみ。②船舶の航行，水域上の航空機の航行，海底電線・光ファイバーケーブル・パイプラインの敷設は自由（公海自由の原則が適用）。③**国連海洋法条約**（1982年採択，1994年発効，日本は1996年批准）で条文化。

2 国境の種類

- **自然的国境**…海・湖沼・山脈・河川を境に分けた国境。河川の場合，流路が変わることで，国境紛争を引き起こすことがある。
- **国際河川**…2か国以上の国を貫流し，航行の自由が認められている河川。
- **人為的国境**…人為的，恣意的に引かれた**経線や緯線による数理的国境**や人工物で分けられた国境⇒**民族分布と一致しないため，民族対立や紛争の温床**となりやすい。

自然的国境	山脈	スカンディナヴィア山脈	ノルウェー・スウェーデン	自然的国境	河川	ライン川	フランス・ドイツ・スイス
		ピレネー山脈	フランス・スペイン			リオグランデ川	アメリカ合衆国・メキシコ
		カフカス山脈	ロシア・ジョージア・アゼルバイジャン		砂漠	大インド砂漠（タール砂漠）	インド・パキスタン
	河川	アムール川（黒竜江）	ロシア・中国		湖沼	チチカカ湖	ペルー・ボリビア
		メコン川	ラオス・タイ			ヴィクトリア湖	ウガンダ・タンザニア・ケニア
		ドナウ川	モルドバ・ブルガリア・ルーマニア・セルビア・クロアチア・ハンガリー・スロバキア・オーストリア	人為的国境	緯度・経度	北緯49度，西経141度	アメリカ合衆国・カナダ
						東経141度	インドネシア・パプアニューギニア

3 国家群

- **国際連合（United Nations）**…1945年に設立。**本部はニューヨーク**。国際平和の維持，国家間の経済・社会・文化・人道的問題の解決，基本的人権の尊重，諸国間の友好関係の促進を目指す。安全保障理事会は，5か国（アメリカ合衆国，イギリス，フランス，ロシア，中国）の常任理事国と10か国の非常任理事国によって構成。

独立国197か国中（2019年10月現在），バチカン市国と**コソボ共和国（国連未承認）**，クック諸島，ニウエを除く**193か国が加盟**（2011年南スーダン共和国が加盟）。

❖ **NATO（北大西洋条約機構）**…本部はブリュッセル。東西冷戦の脅威にともない**アメリカ合衆国が西ヨーロッパ諸国と結成した軍事的同盟。**

❖ **OECD（経済協力開発機構）**…第二次世界大戦後，アメリカ合衆国がヨーロッパ復興に当たり，西ヨーロッパと北アメリカ諸国の経済協力体制の強化を図る目的で発足し，現在は貿易の拡大と財政・金融の安定の維持および**発展途上国の援助が主な目的。「先進国クラブ」とも呼ばれる。加盟国は世界の先進国の大部分。**

❖ **EU（ヨーロッパ連合）**…**本部はブリュッセル，議会はストラスブール**，司法裁判所はルクセンブルク，中央銀行はフランクフルト。**加盟数は27か国**（2020年8月現在）。石炭などの資源をめぐり世界大戦につながった反省から，第二次世界大戦後，ベネルクス関税同盟，その後ECSC（**ヨーロッパ石炭鉄鋼共同体**）が結成されたのが始まり。その後，**EC（ヨーロッパ共同体）を経て，1993年のマーストリヒト条約発効によりEU（ヨーロッパ連合）へ。**原加盟国はフランス，ドイツ，イタリア，ベルギー，オランダ，ルクセンブルク。ヨーロッパの主要国では，**ノルウェー，アイスランド，スイスが非加盟**（イギリスは2020年1月に離脱）。EUは，**経済的統合（域外共通関税の実施，域内関税の撤廃**など）を中心に発展した**EC（ヨーロッパ共同体）**を基礎に，**通貨統合（ユーロ**導入）や外交・安全保障，警察・刑事司法協力なども図る政治的統合も目指す。また，自由な人の移動のために国境審査を廃止する**シェンゲン協定**（⇒**域内の労働力や観光客の移動が活発化**）。

❖ **NAFTA（北米自由貿易協定）**…**アメリカ合衆国，カナダ，メキシコの3か国で1994年発効。加盟国間の関税の引き下げ**，金融・投資の自由化，知的財産権の保護などを取り決め，**円滑な貿易を行うために**結ばれた。**協定発効後，域内の貿易は拡大⇒アメリカ合衆国の貿易赤字も大幅に拡大⇒協定の見直しへ（USMCA）。**

❖ **ASEAN（東南アジア諸国連合）**…加盟国は東ティモールを除く東南アジア10か国。**原加盟国はインドネシア，マレーシア，フィリピン，シンガポール，タイ**の5か国（1967年）⇒**東南アジアにおいて社会主義国をけん制する狙いから結成。**その後，イギリスからの独立をきっかけにブルネイが加盟し，**1990年代にはベトナム，ラオス，ミャンマー，カンボジア**が加盟⇒**加盟国間の経済格差が大きい。**現在では域内経済統合を推進⇒**AFTA（ASEAN自由貿易地域）**を締結，**ASEAN経済共同体（AEC**，2015年末に約6億人の巨大単一市場が完成）。

❖ **AU（アフリカ連合）**…アフリカ統一機構（OAU）が，2002年に新機構として発足。**西サハラを含む54か国と1地域が加盟。**EU型の政治・経済の統合を進める。

❖ **MERCOSUR（南米南部共同市場）**…EU型自由貿易市場を目指し，1995年発足。**アルゼンチン，ブラジル，ウルグアイ，パラグアイ，ベネズエラ，ボリビア**の6か国加盟。

❖ **APEC（アジア太平洋経済協力会議）**…EUをはじめとする経済ブロックに対抗するため，アジア・太平洋圏の経済関係強化を目指して発足。

ここが共通テストの ツボ だ!!

ツボ ❶ EUの政策

① **シェンゲン協定**…より自由な人の移動を実現するために国境審査を廃止（国境でのパスポートやビザの提示が不要）する取り決めのこと。特に**2000年代には旧社会主義地域の東ヨーロッパ諸国も加盟**するようになり，**EU域内において観光客の移動や労働力の移動が活発化**⇒中でも労働力の移動において，**賃金水準が低い東ヨーロッパ諸国から賃金水準が高い西ヨーロッパ諸国へ**⇒受け入れ側の西ヨーロッパ諸国では**文化的摩擦や治安の悪化が顕在化**（移民を排斥する動き）。

② **共通農業政策（CAP）**…新大陸の国々と比べてEU諸国は農業の競争力が弱い⇒農家の所得を確保するため，1960年代から**国際市場価格より高価格で農産物の買い取りを実施**⇒**1970年代にはヨーロッパ各国（イギリスやフランスなど）で生産過剰が生じ**，農業予算だけで年間のEC予算の3分の2を占めるまでになり，**アメリカ合衆国やオーストラリアとの貿易摩擦も発生**⇒現在では農産物の買い取り価格（支持価格）を下げ，農家の所得保障だけでなく，**EU加盟国間・地域間の経済力や生産条件などの格差を是正するための農村開発政策を中心に進めている**⇒零細で生産性の低い農家が多い新規加盟国の東欧諸国に予算が配分されやすくなり，**これまでより政策の恩恵が小さくなったフランスなどは不満**を見せている。

ツボ ❷ 各地域経済統合組織の比較

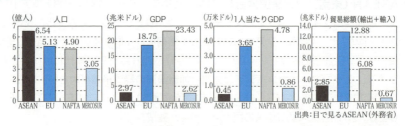

出典：目で見るASEAN（外務省）

- 人口はASEANが最大，ただし**発展途上国**が多いため，1人当たりGDPは最も低い。
- EUとNAFTAはGDP，1人当たりGDPが拮抗するが，貿易は早くから経済統合を進めてきたEUのほうが活発。
- 世界最大の**貿易赤字**（輸入超過）国であるアメリカ合衆国を含むNAFTAは，NAFTA全体で見ても大幅な**貿易赤字**（輸入超過）を示す。

チャレンジテスト（大学入学共通テスト実戦演習）

問1 ユウさんは，EU（欧州連合）の統合について先生に質問することにした。次の図は，先生が示してくれたメモであり，これを参考にユウさんはEUの統合が進んだ理由を考えた。統合が進んだ理由として最も適当なものを，下の①〜④のうちから一つ選べ。

（平成29年度大学入学共通テスト試行調査〈改〉）

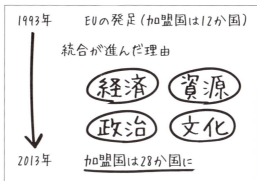

図

① 経済の面では，EU域内で流通する工業製品や農産物に関税をかけて自国の産業を保護する必要があったため。
② 資源の面では，風力発電など自然再生エネルギーの共同利用を図り，資源をめぐる国家間の対立を緩和するため。
③ 政治の面では，東欧革命により東西冷戦時代が終わり，東ヨーロッパ諸国が統合を望んだため。
④ 文化の面では，食事の時にワインを日常的に飲む習慣が存在し，食文化の共通性が高かったため。

問1 [答] **③**

③ **正文**：1990年前後から東ヨーロッパ諸国では社会主義体制が崩壊し，資本主義体制へ移行する中で，二度と東西冷戦のような政治の主義・信条による深い対立にならないようにするため，超国家的な組織として政治的な統合を求めるようになった。そして2000年代に入ると，東ヨーロッパ諸国はEU加盟を達成し，経済的統合だけでなく，外交や安全保障といった政治的統合へと深化することになった。

① **誤文**：EU域内においては関税が撤廃されている。アメリカ合衆国や日本といった巨大市場に対抗していくためには，域内関税撤廃による単一市場の形成が不可欠であった。

② **誤文**：風力発電など自然再生エネルギーの共同利用は，化石燃料などのエネルギー資源をめぐる国家間の対立を緩和するためではない。あくまで，環境対策が遅れている旧社会主義地域の東ヨーロッパ諸国にも，高度な環境対策技術を広めようという取り組みである。

④ **誤文**：食文化では同じEU加盟国のなかでもさまざまであり，ぶどう栽培が可能な温暖な南部ヨーロッパではワインを飲む習慣が多いが，一方冷涼な北部や東部では，大麦などからつくったビールなどを飲む習慣のほうが多い。

問2 ユウさんは，EUへの拠出金の分担をめぐって，加盟国間で議論が交わされていることを知った。各加盟国のEUへの拠出金額と1人当たりGNI（国民総所得）との関係を調べるために，ユウさんは次の図を作成した。下のア～ウの文は，図中に示したA～Cの国家群について説明したものである。A～Cとア～ウの文との正しい組合せを，下の①～⑥のうちから一つ選べ。

（平成29年度大学入学共通テスト試行調査〈改〉）

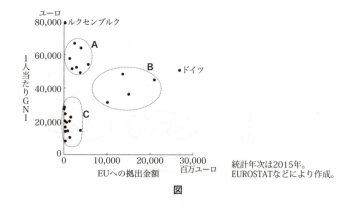

図

ア　EUの政治経済において中心的な役割を担ってきた国が多い。
イ　EU発足後に新たに加盟した国が多い。
ウ　国内人口は少ないが，経済活動が活発な国が多い。

	①	②	③	④	⑤	⑥
A	ア	ア	イ	イ	ウ	ウ
B	イ	ウ	ア	ウ	ア	イ
C	ウ	イ	ウ	ア	イ	ア

問2　[答]　

　Aは，ルクセンブルクが好例であるように，EUへの拠出金額はそこまで多くはないが，1人当たり**GNI**が極めて高い。よって，**ウ**の「国内人口は少ないが，経済活動が活発な国が多い」が対応する。Aには小国だが高い所得水準を誇る，ベネルクス三国のうちオランダやベルギー，北ヨーロッパのスウェーデン，フィンランド，デンマーク，そしてEUの東方拡大以前から加盟するアイルランドやオーストリアが入る。

　Bは，ドイツが好例であるように，EUへの拠出金額が多く，1人当たり**GNI**はAほど高くはないが，全体的に高い値を示している。よって，**ア**の「EUの政治経済において中心的な役割を担ってきた国が多い」が対応する。おもにドイツと同様に原加盟国としてEUを主導してきたフランスやイタリア，そして2019年10月現在離脱協議中のイギリス，南ヨーロッパのスペインがあてはまる。

　全体的な国の数が多いCは，EUへの拠出額が少なく，1人当たり**GNI**も低い値を示している。よって，**イ**の「EU発足後に新たに加盟した国が多い」が対応する。もちろんこれらの国々は，前問とのつながりからもわかるとおり，旧社会主義地域で経済的水準が低い，東ヨーロッパ諸国がほとんどである。

問3 EU各国において国際的な人口移動が活発であることを知ったユウさんは，移民の流れを示した次の図を作成し，このような移動がみられる理由について考えた。次のX～Zは，ユウさんが考えた仮説を示したものであり，カ～クは仮説を確かめるために集めたデータを示したものである。X～Zとカ～クの組合せとして最も適当なものを，下の①～⑨のうちから一つ選べ。　　　　　　　　（平成29年度大学入学共通テスト試行調査〈改〉）

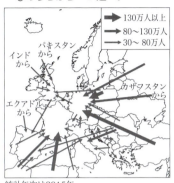

統計年次は2015年。
Trends in International Migrant Stock により作成。
図

【仮説】
X　旧宗主国と旧植民地の国々との間では言語の障壁が比較的低く，雇用機会が不足し治安が悪い旧植民地から旧宗主国への人口移動がみられた。

Y　国境での審査なしで自由に出入国ができるようになり，先進国どうしの人々の相互移動が活発化し，大量の人口移動につながった。

Z　産業が発達している先進国とその他の国々との間の賃金格差が大きくなり，賃金水準の低い国々から先進国に向けて移民が流出した。

【データ】　カ　EU加盟国および周辺国における食料自給率についてのデータ
　　　　　　キ　EU加盟国および周辺国における大学進学率についてのデータ
　　　　　　ク　EU加盟国における1人当たり工業付加価値額についてのデータ

① X—カ　② X—キ　③ X—ク　④ Y—カ　⑤ Y—キ　⑥ Y—ク
⑦ Z—カ　⑧ Z—キ　⑨ Z—ク

問3 [答] **⑨**

本問は，共通テストの試行調査で出題された新傾向の問題である。仮説の検証にはどのデータが適当なのかを判断していく問いである。まずXの仮説であるが，確かに北アフリカの旧植民地から旧宗主国へと人口移動が生じている。ただ雇用機会が不足する旧植民地から旧宗主国であるヨーロッパへ向かう人々は，教育水準が低いため，知識や技術が乏しく，単純労働力として渡ることが多い。よって，どのデータからもそのことを検証することは難しい。次にYの仮説であるが，確かにEU加盟国の多くの国の間では，<u>シェンゲン協定</u>によって<u>国境審査が廃止され，人々の移動が自由化されて活発化した</u>ことは間違いない。ただ先進国どうしの人々の移動の場合，高度人材として渡ったり，観光に訪れたりする移動が中心であり，図からある程度の先進国どうしの移動は見られるが，どのデータを用いても検証することは難しい。最後にZの仮説であるが，前問からの流れおよび図の読み取りから，おもに先進工業国へ雇用機会を求めて向かう動きが中心であることが読み取れる。また，Xの仮説で解説したとおり，おもに移民は現地で単純労働力として従事することになるわけだが，**ク**の1人当たり工業付加価値額のデータを見れば，製造業が盛んで賃金水準が高い国に多くの移民が雇用機会を求めて流入しているという対応関係を検証することができる。よって，**Z**と**ク**の組合せが最も適当である。

第2章 地誌

「地誌」では，「系統地理」で学んだ「自然環境」，「産業」，「文化」を各地域ごとに深く掘り下げて見ていきます。

その際，意識をしたいことは2つです。

1つは，各地域における共通点と相違点を捉えることです。例えば，西アジアの場合，「大部分で乾燥した気候が広がりイスラームの文化が見られるが，例外となる国や地域はどこか」と，捉えるようにしましょう。

また主要国の場合は，「同じ国の中でも地域によってどのような違いが見られるのか」ということも捉えておくのがよいでしょう。

2つめに，完璧主義に陥らないことです。共通テストではさまざまな国や地域が出題されますが，一部の私大入試で見られるような重箱の隅をつつくような細かい知識は絶対に問われません。仮にその国やその地域に関する知識や情報が少なくても，隣接する国や地域の影響を考慮すれば，類似の自然環境，産業，文化が見られるものと類推して解答にのぞむことが求められます。

そのためにも，各地域の主要国の特徴をしっかりおさえておくようにしましょう。

第2章　地誌　　　　　　　　　　　　　　　　　　　　　rank C

31 東アジア

1 東アジアの自然環境 ★☆☆

♣ **地形**…中国の地形は**西高東低**（大シンアンリン山脈（ヘイホー）〜ユンコイ高原（ルーシー）が境目）。プレートの衝突に伴い隆起した**ヒマラヤ山脈**と断層作用で再隆起した**古期造山帯**。**環太平洋造山帯**は，日本から台湾にかけて。朝鮮半島の西岸・南岸には**リアス海岸**。中国南東部には**カルスト地形（タワーカルスト）**。

♣ **気候**…夏季に**南東季節風**が太平洋上から吹き込むため，湿潤。冬季は**シベリア高気圧**からの**北西季節風**が強まるため，乾燥。東部は夏から秋にかけて台風に襲われる。中国は東が湿潤，西が乾燥（≒大シンアンリン〜ユンコイ線）。

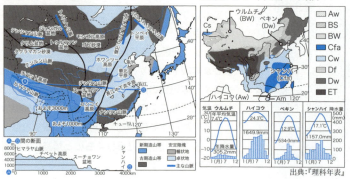

2 東アジアの社会 ★☆☆

♣ **朝鮮半島**…1910年に日本による韓国併合⇒日本語の強制使用や**創氏改名**など。戦後，米ソによって分割統治され，朝鮮戦争後，**北緯38度線**によって南北朝鮮が分断。1990年代には両国とも国連加盟。朝鮮民族固有の**表音文字**の**ハングル**を使用。民族衣装の**チマ**と**チョゴリ**。キムチ⇒野菜の摂取量が多い。儒教文化。

♣ **中国**
① **政策の変遷**…1966〜1976年の文化大革命（社会主義の強化）⇒経済が停滞。1978年から**市場経済**を導入する**改革・開放**政策を実施し，**4つの近代化（農業・工業・国防・科学技術）**を推進。1989年，天安門事件が発生。1993年より「社会主義市場経済」を提唱し，改革・開放政策を推進⇒2000年から**東部（沿海部）に比べ開発の遅れ**

た西部（内陸部）の持続的な発展を促す大規模開発を行い，**経済格差の是正を目指す西部大開発**を実施。2001年にはWTOにも加盟。
② **人口分布**…人口分布は，地形とは逆の東高西低。**内陸部の農村から沿岸部の都市へと人口移動（民工潮）**⇒最近，沿海部では，出稼ぎ労働者の減少や賃金の高騰により，企業は安価で豊富な労働力を求めて内陸部へ。また，国民には生まれながらにして農業戸籍・非農業戸籍のいずれかが定められ，**農業戸籍をもつ人は農地の割り当てが受けられる一方，都市に定住するには制約がある。**

3　東アジアの主な国・地域

❖ **中国**（面積約960万km², 人口約14億人，首都ペキン）
① 漢民族9割超＋55の少数民族，23省・**4直轄市**（⇒**ペキン**…首都，**テンチン**…ペキン外港，**シャンハイ**…**長江**河口付近の中国最大都市で経済の中心，**チョンチン**…**長江**上中流部，西部内陸最大市）。5自治区（⇒**シンチヤンウイグル自治区**…**イスラーム**/自治区中面積最大/**オアシス農業**，**チベット自治区**…**チベット仏教**⇒聖地**ラサ**/**ヤクの遊牧**，**内モンゴル自治区**…**チベット仏教**/馬の**遊牧**，**コワンシーチョワン族自治区**…自治区中人口最大，**ニンシヤホイ族自治区**…牧畜）。2特別行政区（**ホンコン**はイギリスから，**マカオ**はポルトガルから返還⇒一国二制度＝資本主義と社会主義を維持）。
② 1979年から**一人っ子政策**⇒人口増加を抑制，しかし様々な問題が懸念されるようになり，2016年から**二人っ子政策**へ緩和。
③ **中国の農牧業**

■東アジア（中国）の農業地域

1980年代には**人民公社**の解体，**生産責任制**の導入で農民の労働意欲が向上し**農作物生産が増大**。万元戸などの裕福な農家も登場したが，**農民間の貧富の差が拡大し余剰労働力（≒安価な労働力）が発生**⇒「民工潮」の動きや**郷鎮企業**の発達につながった。
　西部は乾燥地域で牧畜中心，東部は湿潤地域で農耕中心⇒**チンリン山脈―ホワイ川線**（＝年降水量約1,000mm）を境に北部は畑作，南部は稲作。
● 西部（牧畜中心）：シンチヤンウイグル自治区では，オアシス農業（**綿花**，小麦，野菜など）や遊牧（羊，ヤギなど），**内モンゴル自治区**（**馬**，羊，ヤギ⇒酪農による牛乳生産）や**チベット自治区**（ヤク，牛，ヤギ）では**遊牧**が行われている。
● 東部（農耕中心）：東北地方…とうもろこし，大豆など。ヘイロンチヤン（黒竜江）省では，**灌漑による稲作**も盛ん。華北地方…冬小麦，**綿花**。華中…稲作中心，米と小麦の二毛作。華南…米の二期作（チュー川以南），**フーチエン省**付近にかけては茶の栽培も盛ん。スーチョワン盆地…稲作。都市近郊…野菜の生産が増加（⇒交通の要衝

であるシャントン省からは日本へも輸出)。

④ 鉱工業…かつては**国有企業による原料立地型の重化学工業が中心**であった⇒三大鉄鋼コンビナートの**アンシャン**(鞍山)・**ウーハン**(武漢)・**パオトウ**(包頭)など。**シャンハイ**近郊に日本企業の援助でできた**パオシャン**(宝山)製鉄所は原料を海外から輸入する臨海立地型である。**1978年から改革・開放政策を実施、外資の導入を積極化**⇒**安価で豊富な労働力と国内市場の拡大**を背景に、**急速な工業化を達成**し、さまざまな工業製品で世界最大の生産国となった。一方で急速な工業化から、**エネルギー資源の不足**や**環境問題**などが懸念。

■東アジア(中国)の工業地域

- ●**経済特区**…外国企業に関税・所得税の低減、土地や用水の優先使用などを認めた総合特区⇒**南部沿岸部の5つのみ**設置、**シェンチェン**(初、**ホンコン**と隣接)、アモイ、スワトウ、チューハイ、ハイナン島⇒その後は**沿岸部だけでなく内陸部**にも**経済特区**に準ずる**経済技術開発区**を設置。
- ●**郷鎮企業**…農村の余剰労働力を活用して、**地方行政**や個人単位で**軽工業**を行う組織。

✤ **韓国(人口約5,000万人、首都ソウル)**
① 南部に**リアス海岸**、日本海側にテベク山脈。
② 1960年代後半から輸入代替型の工業化、**1970年代から輸出指向型**の工業化を推進⇒1970年代以降の急速な経済発展で**アジアNIEs**へ。1997年のアジア通貨危機後は、家電や情報通信産業への選択と集中を進め、各国・各地域とのFTAを推進⇒インターネットの普及率・利用率も高い。
③ 1970年代から**セマウル**(=新しい村)運動=農村の開発⇒米の自給率向上に貢献⇒農村には他産業が乏しく、急速に農村から都市に人口が流入⇒ソウルの一極集中。
④ **ソウル**(ハン川、**一極集中による過密化**⇒行政機能の一部を他都市へ移転)、**ポハン**(鉄鋼)、**ウルサン**(自動車・石油化学)、**プサン**(造船、第2の都市)、マサン(輸出自由区)、**インチョン**(**ソウル**の外港、**ハブ空港**)。

✤ **東アジアのその他の国・地域**
① **北朝鮮**…鉱産資源が豊富、チョンリマ運動による工業化⇒失敗。国連開発計画(UNDP)によるトマン川開発⇒停滞。
② **モンゴル**…**内陸国**(⇒魚介類の消費量少)、馬の遊牧(移動式住居ゲル)⇒**チベット仏教**(**ラマ教**)。
③ **台湾**…タイペイが中心、環太平洋造山帯⇒地震が多い、北回帰線が通過、電子工業が盛ん⇒**アジアNIEs**、カオシュン(**輸出加工区**)。

ここが共通テストのツボだ!!

ツボ ① 中国の急速な工業化につながった背景

中国では**1978年から始まった改革・開放**政策のもと，1980年代には人民公社の解体，**生産責任制**の導入で農民の労働意欲が向上し，**農作物生産が増大**⇒裕福な農家も登場したが，**農民間の貧富の差が拡大**し，**大量の余剰労働力が発生**⇒この余剰労働力が「**民工潮**（現在では農民工）」，「**郷鎮企業**」につながり，中国の「**安価で豊富な労働力**」という今日の中国の工業化，経済発展を支えてきた。

① **民工潮**（農民工）

　海岸部の大都市などへ，**内陸部の農村**から雇用の場を求めて人々が移動していく流れ，**出稼ぎ労働者**のこと（≒**海岸部の労働力**）。最近は，待遇改善を求める労働者によるストライキや暴動も頻発。海岸部に進出している外国企業は，**より賃金水準が低い内陸部やベトナム，バングラデシュなどに安価な労働力を求め，新たな生産拠点を立ち上げる動きも見られる**（「**チャイナプラスワン**」）。

② **郷鎮企業**

　生産責任制によって生じた余剰労働力・資本を活かして，地方政府，農民連合，個人などによって設立された企業で，軽工業が多い（≒**農村部の労働力**）。

ツボ ② 中国の工業立地の特徴

① 食料品加工業（集中or分散立地）

　原料指向（製糖）または**市場指向（ビール）**。

② 鉄鋼業（分散立地）

　急速な経済成長，工業化にともなうインフラ整備の需要が多く，**盛んな省が多い**。その中でも首都の**ペキン周辺の省（ホーペイ省，シャンシー省，リヤオニン省など）で生産量が多い**。

③ 自動車工業（集中立地）

　部品工業が集積する大市場をもつ大都市とその周辺（**ペキン**，**シャンハイ**，**チョンチン**など）。

④ 電気機械工業（集中立地）

　部品工業が集積する大都市周辺または**部品の輸入・完成品の輸出に便利な臨海部の大都市**（**シャンハイ**周辺，**経済特区**など）。

チャレンジテスト（大学入学共通テスト実戦演習）

問1 次の図中に示したA〜Dの地域でみられる主要な農牧業について説明した文として適当でないものを，下の①〜④のうちから一つ選べ。

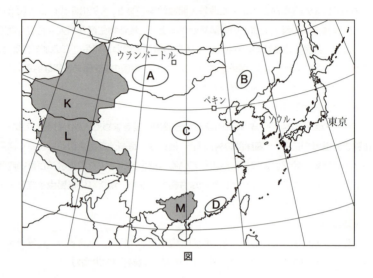

図

① A地域では，馬やヤギなどの放牧がみられる。
② B地域では，畑作が行われ，トウモロコシや大豆の生産が多い。
③ C地域は，小麦や米が多く生産される穀倉地帯となっている。
④ D地域は，水稲の二期作が盛んな地帯となっている。

問1 ［答］ ③

③ 誤文：C地域は，チンリン山脈とホワイ川を結んだラインよりも高緯度かつ内陸を示している。よって，年降水量約1,000mmを下回る地域と考えられ，米の栽培はほとんど行われておらず，小麦や綿花などの畑作が中心となっている。
① 正文：A地域はモンゴル付近を示しており，モンゴルでは馬や羊，ヤギの牧畜が盛んである。
② 正文：B地域は中国の東北地方を示しており，とうもろこしや大豆といった畑作が中心である。また，ロシアとの国境に近いヘイロンチヤン（黒竜江）省では，灌漑による稲作も行われている。
④ 正文：D地域は中国南東部を示しており，亜熱帯性の気候で気温も高く降水量も多いので，同一耕地で1年間に2回，米の栽培・収穫を行う二期作が盛んである（とくにチュー川流域）。

問2 次のア～ウの文は，問1の図中のK～Mで示されたいずれかの自治区を主とする中国の少数民族について述べたものである。K～Mとア～ウとの正しい組合せを，下の①～⑥のうちから一つ選べ。

ア 中国の少数民族の中では最も人口が多く，生活には仏教や道教の影響がみられる。
イ 羊やヤクの遊牧がみられ，独自の発展を遂げた仏教にもとづいて生活する人が多い。
ウ 文字の表記にはアラビア文字をもとにした字体が主に使われているが，漢語を話す人も増えている。

	①	②	③	④	⑤	⑥
K	ア	ア	イ	イ	ウ	ウ
L	イ	ウ	ア	ウ	ア	イ
M	ウ	イ	ウ	ア	イ	ア

問2 [答] ⑥

アは「少数民族の中では最も人口が多く」という点から，中国南東部で降水に恵まれて，稲作も盛んなため，多くの人口を養えたコワンシーチョワン族自治区を示したMとなる。

イは「ヤクの遊牧」と「独自の発展を遂げた仏教」であるラマ教（チベット仏教）から，中国南西部のチベット自治区を示したLとなる。

ウは「アラビア文字をもとにした字体が主に使われている」という点から，トルコ系のイスラーム教徒が多く居住する中国北西部のシンチヤンウイグル自治区を示したKとなる。シンチヤンウイグル自治区では，西部大開発などをきっかけに豊富な原油や天然ガス資源を求め，漢民族が大量に流入し，ウイグル族との文化的摩擦が生じている。

32 東南アジア

1 東南アジアの自然環境

- **地形**…**インドシナ半島**とマレー半島や小スンダ・大スンダ列島，フィリピン諸島などの**島嶼部**からなり，間には**大陸棚**が広がる**南シナ海**。小スンダ・大スンダ列島（インドネシア），フィリピン諸島は，**大陸プレートと海洋プレート**の**狭まる境界**によって形成された**弧状列島**⇒地震や火山が多い。
- **気候**…赤道直下は **Af（熱帯雨林気候）**，その周辺部は **Aw（サバナ気候）**。季節風（モンスーン）の影響を受ける⇒西部は南アジア，東部は東アジアと同様の風向⇒インドシナ半島の河川流量は，季節変化が大きい。フィリピン北部の**ルソン島**は**台風**による，ミャンマーは**ベンガル湾**からの**サイクロン**による被害が大きい。

■東南アジアの地形　　■東南アジアの気候

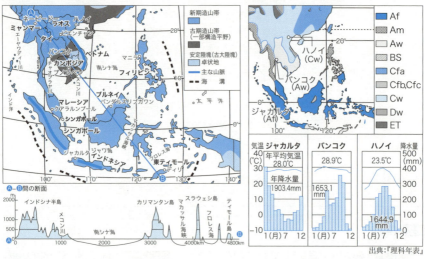

出典：『理科年表』

2 東南アジアの社会

- **旧宗主国**…タイ（＝緩衝国，東南アジアで唯一の独立を維持した国）を中心におさえる。タイより東側（ベトナム，ラオス，カンボジア）が旧フランス領，タイより西側（ミャンマー）と南側（マレーシア，シンガポール，ブルネイ）が旧イギリス領。インドネシアは旧オランダ領，フィリピンは旧スペイン領→旧アメリカ合衆国領，東

ティモールは旧ポルトガル領。
- 宗教…インドシナ半島は仏教徒が多数⇒ベトナムのみ大乗仏教，その他は上座（部）仏教（ラオス，カンボジア，タイ，ミャンマー）。マレー半島より南側はイスラーム教徒が多数（マレーシア，インドネシア，ブルネイ）。バリ島はヒンドゥー教徒が多い。フィリピン，東ティモールはカトリック教徒が多数。フィリピンのミンダナオ島南部にはイスラーム教徒のモロ族が居住。

3　東南アジアのおもな国

- **ベトナム（人口約9,500万人，首都ハノイ）**
① 北部ホン川，南部メコン川のデルタ⇒稲作。
② 1986年からドイモイ政策（市場経済の導入）を実施⇒1990年代以降急速に経済発展，米やコーヒーの生産量が増加，繊維産業や二輪自動車などの製造業も発達。
③ 南沙群島付近では原油が産出⇒群島の領有をめぐり周辺国と対立。
④ ベトナムの最大都市は，ホーチミン。

- **タイ（人口約7,000万人，首都バンコク）**
① バンコク⇒プライメートシティ，交通渋滞や大気汚染などの都市問題。
② 第二次世界大戦前，東南アジア唯一の独立国。敬虔な上座（部）仏教国，王制。
③ チャオプラヤ川⇒稲作（輸出は世界有数），下流で浮稲。天然ゴムの生産世界一。鶏肉など輸出向けの食料品加工業も盛ん。エビの養殖池⇒マングローブ林の破壊。
④ 日本を中心とした外国企業による電気機械・自動車産業の生産拠点。

- **マレーシア（人口約3,000万人，首都クアラルンプール）**
① 少数派の中国系が経済的実権⇒多数派のマレー人を優遇するブミプトラ政策（マレー語のみ公用語，イスラム教を国教，政府機関の雇用の優先など）を実施。
② 輸出加工区（ペナン島など）を設置し，1970年代後半から輸出指向型の工業化を推進。日本やアジアNIEsからの工場進出により，1980年代後半以降，電気機械産業を中心に急速に工業化が進展⇒天然ゴム（⇒パーム油（油ヤシ）へ），すずのモノカルチャー経済から脱却。現在は情報通信産業などを推進中。
③ 日本の天然ガス輸入相手先，熱帯材供給地。

- **シンガポール（面積は淡路島程度，人口密度高）**
① 中国系の割合が高い（約75％）⇒中国語，マレー語，インド系のタミル語，英語が公用語，公教育の中心は英語。これまで積極的に移民を受入れてきたが，現在は移民を制限する政策へ転換。
② ジュロン工業団地（東南アジア最大，石油化学工業など）を中心に輸出指向型の工業化を進め，東南アジアで最も早く工業化を達成⇒アジアNIEs。現在はアジアの金融センターへ。
③ 中継貿易が盛ん⇒貿易依存度が高い。ハブ空港（チャンギ国際空港）。

❖ インドネシア（人口約2.7億人，首都ジャカルタ）

① 地震や火山が多い。
② 人口の約2/3が**ジャワ島**に集住⇒**移住政策**。東ティモールが2002年分離独立。
③ **ジャワ島**などで**棚田**による稲作，**緑の革命**の好影響⇒**世界第3位の米生産量**。天然ゴム，パーム油（油ヤシ）⇒熱帯林の破壊。エビの養殖池⇒**マングローブ林**の破壊。丸太輸出規制⇒木材は，合板類での輸出が中心⇒熱帯林の破壊。
④ 原油（国内消費量の増大，資源の枯渇⇒産出量減少，OPEC脱退）⇒代わりに石炭の採掘が近年急増。

❖ フィリピン（人口約1億人，首都マニラ）

① 地震や火山（**ピナトゥボ山**）が多い⇒地熱発電
② **キリスト（カトリック）教徒**が多い⇒**ミンダナオ島**南部で**イスラーム教徒**の**モロ族**が分離独立運動⇒和平交渉が進展し政情が安定。**公用語**はタガログ語と**英語**⇒アメリカ合衆国など外国への出稼ぎ労働者が多い（＝海外からの送金が多い）。また，最近では国内でコールセンターやデータ処理業が発達。
③ **ルソン島**などで**棚田**による稲作（ただし米の上位輸入国）。コプラ（ココヤシ）の生産世界一。バナナは南部の**ミンダナオ島**中心⇒日本の最大輸入相手先。
④ セブ島などで**銅鉱**。

❖ その他の東南アジアの国

① **カンボジア**…**アンコールワット**の遺跡。
② **ミャンマー**…**エーヤワディー川**流域の稲作。**サイクロン**の被害大。軍事政権下にあったが最近民主化が進み，アメリカ合衆国による経済制裁が解除⇒急速に外国企業が進出中（繊維工業など）。

■東南アジアの農業地域

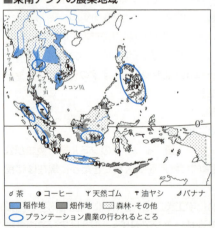

■東南アジアの鉱工業地域

ここが共通テストのツボだ!!

ツボ ① 東南アジアの旧宗主国と宗教の分布

① 唯一の独立維持国「タイ」を中心に旧宗主国をつかむ！
- 西側のミャンマー，南側のマレーシア，シンガポール，ブルネイ…旧イギリス領。
- 東側のベトナム，ラオス，カンボジア…旧フランス領。
- フィリピン…旧スペイン領⇒旧アメリカ領。結果，現在はキリスト教（カトリック）が多く，英語が公用語の一つ。

② 宗教分布の原則をつかむ！
- インドシナ半島の国々（ベトナム，ラオス，カンボジア，ミャンマー）…仏教。
- マレー半島以南の国々（マレーシア，インドネシア）…イスラーム。
- フィリピン，東ティモールはキリスト教（カトリック）⇒フィリピンは南部のイスラーム教徒との対立をかかえ，東ティモールはイスラーム教国のインドネシアから分離独立。

図1 植民地支配

図2 宗教分布

ツボ ② 華僑人口とマレーシア・シンガポール

- 総数1位…インドネシア（人口総数が多いため割合は低い）。割合1位…シンガポール。
シンガポールは元々マレーシアやブルネイと1つの国だった。しかし，経済的実権を握る華僑への国民の反発から，マレー語のみ公用語，行政機関への雇用を優先するなどのマレー人優遇政策（現在マレーシアで行われているブミプトラ政策に近い政策）が実施されたため，不満を持った華僑が多く住むシンガポールが分離独立。シンガポールは，マレーシアとは対照的に主な民族の母語である中国語，マレー語，インド系のタミル語をすべて公用語にした上で，旧宗主国の英語も公用語にすることで民族対立を緩和している。

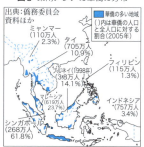

図3 東南アジアの華僑の分布

32 東南アジア | 209

チャレンジテスト（大学入学共通テスト実戦演習）

問1 次の図2は，図1中のA〜Dのいずれかの地点の月平均気温と月降水量を示したものである。Dに該当するものを，図2中の①〜④のうちから一つ選べ。

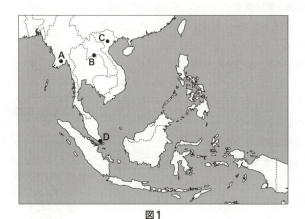

図1

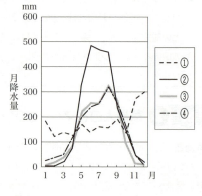

『理科年表』により作成。

図2

問1　[答]　

　Dは，マレー半島の先端付近に位置しており，赤道に最も近いことから，年中高温多雨を表している①となる。
　残りの選択肢であるが，ベトナム北部で最も高緯度側に示しているCは，熱帯気候とはならず最寒月平均気温が唯一−18℃を下回る温帯気候の④となる。またBは，インドシナ半島の内陸に位置していることから，雨季の降水量は海洋に近いAほど多くなく，また気温の年較差が大きいと判断し③となる。よって，残った②がAとなる。

問2 次の図は，シンガポール，フィリピン，ベトナム，マレーシアにおける宗教別人口の割合を示したものであり，①～④はイスラーム（イスラム教），キリスト教，ヒンドゥー教，仏教のいずれかである。イスラームに該当するものを，図中の①～④のうちから一つ選べ。

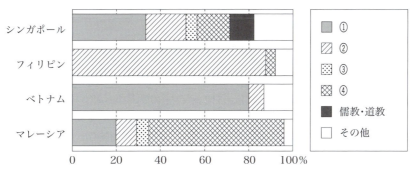

宗教別人口の割合が5％以下の場合にはその他に含めた。
統計年次は2010年。
ASEAN-JAPAN Centreの資料により作成。

図

問2 [答]　**④**

　東南アジアでは，インドシナ半島では仏教，マレー半島以南ではイスラーム（イスラム教），フィリピンではキリスト教（カトリック）を信仰する人々が多い。よって，マレーシアで最も高い割合を占める④が，イスラーム（イスラム教）となる。マレーシアでは経済的地位が低いマレー系の人々を優遇するブミプトラ政策が行われており，イスラームが唯一の国教となっている。
　次に，フィリピンで最も高い割合を占める②がキリスト教となり，ベトナムで最も高い割合を占める①が仏教となる。ちなみに，インドシナ半島に位置する国はすべて仏教徒が多数を占めるが，ベトナムだけ大乗仏教中心で，他は上座（部）仏教が多くなっている。そして，最後に残った③がヒンドゥー教となる。シンガポールとマレーシアには，イギリス植民地時代に移住したインド系のヒンドゥー教徒のタミル人が1割弱ほど居住している。

第2章　地誌　　　　　　　　　　　　　　　　　　　　　　　rank C

33 南アジア

1　南アジアの自然環境　★☆☆

❖ **地形**…プレートの移動に伴って，ゴンドワナランドの一部だった**溶岩台地のインド亜大陸がユーラシア大陸と衝突し**，**ヒマラヤ山脈**を形成（火山はない）。インド亜大陸側には低地が広がり，**ガンジス川**や**インダス川**が流れる。

❖ **気候**…**モンスーン**（季節風）の影響が大きい（インド半島より東側）⇒夏季に**南西季節風**の影響を受け，山脈の風上側となる**西ガーツ山脈**の西麓や**ヒマラヤ山脈**の南麓（アッサム地方やガンジス川デルタ）では地形性降雨が生じ，**多雨**となる。一方，冬季には**北東季節風**の影響を受けるため少雨となるが，インド半島の東部では風上側となり，多雨となる。**ベンガル湾**上で熱帯低気圧の**サイクロン**が発生し，**ガンジス川**デルタ一帯に洪水や高潮などの被害をもたらす。北西部の内陸部は乾燥地域が広がる。

■南アジアの地形

■南アジアの気候

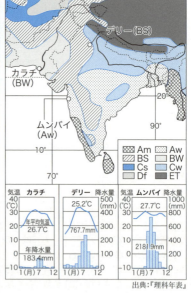

■モンスーンと降水量の変化

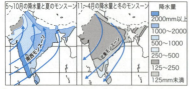

2　南アジアの社会と農牧業

❖ **民族と宗教**…大部分はインド・ヨーロッパ語族のヒンディー語，インド半島南部はドラヴィダ系言語。イギリスからの独立の際(1947年)，宗教の違いによって国境線が決められた⇒**ヒンドゥー教徒**中心…インド・ネパール，**イスラーム教徒**中心…パキスタン(**ウルドゥー語**)・バングラデシュ(**ベンガル語**)・モルディブなど，**仏教徒**中心…スリランカ・ブータン(チベット仏教)。

■南アジアの農業地域

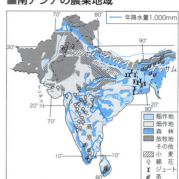

❖ **農牧業**…平坦地が広く，**インドやバングラデシュでは耕地率が高い**⇒**年降水量1,000mm以上の沿岸寄りの地域では稲作**が盛ん。その他地域は，畑作が中心。

① **ガンジス川**下流域で**米・ジュート**，中流域の**ヒンドスタン平原**…サトウキビ・米，**上流域では小麦**・サトウキビの栽培が盛ん。
② **アッサム地方**やヒマラヤ山麓(ダージリン)，**スリランカ**…茶の栽培が盛ん。
③ インダス川支流のサトレジ川上流域の**パンジャブ地方**…灌漑が整備され，**小麦や綿花，輸出向けの米**の栽培が盛ん。
④ **デカン高原**⇒肥沃な**レグール**(黒色綿花土)…綿花や落花生の栽培。

3　南アジアのおもな国

❖ **インド(人口約13億人，首都デリー)**

① **ヒンドゥー教徒**が大半(牛が聖なる動物⇒**牛肉は禁忌**(菜食主義)だが，**牛乳・乳製品を食し**，牛糞を燃料や建築材としても利用，**牛の頭数が多い**，**ガンジス川**⇒沐浴)。ただし人口の約1割がイスラームを信仰するため，国内のイスラーム教徒人口は多い。憲法上は禁止されているが，インド社会においては，現在でも**カースト制**が残存。
② **ヒンディー語**が公用語，**英語**が準公用語，他にも州ごとに複数の公用語。**カシミール地方**の領有をめぐって，パキスタンと対立(**ヒンドゥー教徒**VS**イスラーム教徒**)。
③ ザミンダール(大地主)制の残存により低い生産性だった⇒**1960年代後半からの「緑の革命」**による高収量品種の導入で，**1980年代には米(世界で生産第2位)と小麦(世界で生産第2位)の自給を達成**。1970年代からは「白い革命」⇒「緑の革命」の恩恵を受けなかった地域を中心に，**水牛を中心とする生乳とバターの生産が増加**。
④ 石炭(**ダモダル炭田**)や鉄鉱石(**シングブーム鉄山**)の産出は世界有数。イギリスからの独立後は混合経済体制(≒社会主義体制)を採用し，**外国からの輸入を制限**し，豊かな鉱産資源を用いて自給自足型の工業発展を目指した⇒**1991年から経済自由化**

を進め，企業の設立や活動が自由に，また100％外国資本の事業も可能に⇒**近年では自動車生産の伸びが著しい**。1990年代後半からは**ICTやソフトウェア産業の発達**⇒**ベンガルール**（「インドの**シリコンヴァレー**」）。また，英語圏の国の企業から委託されたコールセンターやデータ処理業務も盛ん。

■南アジアの鉱工業地域

⑤**ダモダル川**流域で多目的ダム建設による総合開発⇒洪水防止，灌漑の整備，電力供給＋国内の鉄鉱石・石炭を活用し，民族資本や国主導の鉄鋼業（ジャムシェドプルなど）

⑥**都市**…**デリー**（首都，人口規模第二の都市，旧市街地のオールドデリーと首都機能を持つニューデリー），**ムンバイ**（**人口最大の都市**，**綿工業**，映画産業），**コルカタ**（東部最大の都市，**ジュート工業**），**チェンナイ**（植民地時代からの貿易港，日系の**自動車産業が集積**），**ヴァラナシ**（ヒンドゥー教の聖地）。

✤ **パキスタン（人口約2億人，首都イスラマバード）**
① **イスラーム**，**ウルドゥー語**⇒バングラデシュは分離独立，**カシミール地方**をめぐりインドと対立。
② **パンジャブ地方**⇒灌漑による**小麦・綿花**，輸出向けの米の栽培，集散地はラホール。
③ **都市**…**イスラマバード**（首都，人口最大都市で海岸部にあったカラチからカシミール地方に近い内陸部へ）。**カラチ**（パキスタン最大の都市，旧首都）。

✤ **バングラデシュ（人口約1.6億人，人口密度高，首都ダッカ）**
① **イスラーム**，**ベンガル語**⇒パキスタンから分離独立。
② 国土の大部分が低地⇒**サイクロン**や雨季には洪水や高潮による被害が大きい（河川上流域での森林伐採や高い人口密度，治水・防水対策の未整備も被害を助長）。
③ **ガンジスデルタ**⇒米，ジュート栽培。

✤ **スリランカ（首都スリジャヤワルダナプラコッテ，人口最大都市はコロンボ）**
① **多数派，仏教徒の****シンハラ人****VS少数派，****ヒンドゥー教徒の****タミル人（ドラヴィダ系）**⇒最近は政情が安定，中継貿易立国へ。
② 南西部，南西季節風の風上側で多雨⇒**中央部の山地斜面で茶**，低地斜面で天然ゴム，低地でココヤシを栽培。

✤ **その他の南アジアの国々**
① **ネパール**…ヒンドゥー教，ヒマラヤ登山の拠点。
② **ブータン**…チベット仏教（ラマ教）。
③ **モルディブ**…**サンゴ礁（環礁）**でできた観光の島⇒国土の大部分が海抜高度1m未満の地域のため，**地球温暖化による海水面の上昇で水没の危機**。

ここが共通テストのツボだ!!

ツボ ① 南アジアの気候

南アジアの気候からモンスーン（季節風）を理解する！

● 南アジアの気候

季節風の影響が大きい（**インド半島**より東側）⇒インド北西部からパキスタンにかけては影響が小さい（＝乾燥）

① 夏季…**南西**モンスーンの影響から、インド半島西岸部やインド北東部からヒマラヤ山脈の南麓にかけては、**夏に多雨**。

② 冬季…**北東**モンスーンの影響から、多くの地域は**少雨**だが、インド半島**東岸部**ではベンガル湾上の湿潤風により、冬に多雨。

図 南アジアの気候

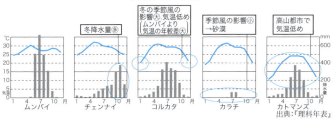
出典：『理科年表』

ツボ ② インド、パキスタン、バングラデシュの輸出

3か国とも衣類、繊維品が上位だが…

● **インド：産出は少ないが、古くからダイヤモンドの加工・研磨業が発達⇒ダイヤモンドが輸出の上位。**

● **パキスタン：米が輸出の上位**（小麦を主食にする人が中心であることや、インダス川流域での灌漑による輸出向けの米栽培が盛んなことによる）

● **バングラデシュ：米は輸出の上位にあがらない**。はきもの、革類といった外国企業による軽工業製品の輸出が上位。

インド（2017年）

輸出	百万ドル	％
石油製品	35,498	12.1
機械類	26,420	9.0
ダイヤモンド	24,640	8.4
衣類	18,313	6.2
繊維品	17,078	5.8
計	294,364	100.0

パキスタン（2017年）

輸出	百万ドル	％
繊維品	7,868	36.0
衣類	5,470	25.0
米	1,744	8.0
野菜・果実	588	2.7
精密機械	416	1.9
計	21,878	100.0

バングラデシュ（2015年）

輸出	百万ドル	％
衣類	26,720	84.2
繊維品	1,626	5.1
はきもの	697	2.2
魚介類	447	1.4
革類	298	0.9
計	31,734	100.0

出典：『世界国勢図会』

チャレンジテスト（大学入学共通テスト実戦演習）

問1 次のア～ウの文章は，図中に示したカトマンズ，カラチ，コルカタ（カルカッタ）のいずれかの都市の気候について述べたものである。ア～ウと都市名との正しい組合せを，下の①～⑥のうちから一つ選べ。

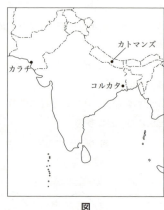

図

ア 雨季に年降水量の約4分の3の雨が降り，1年を通して高温である。サイクロンの襲来による被害を受けることもある。

イ 雨季に年降水量の約4分の3の雨が降る。最寒月の平均気温が10℃，最暖月の平均気温が24℃と，1年を通して温暖である。

ウ 年降水量が200mmより少ない。気温の日較差は大きく，日中の気温が40℃を超えることもある。

	①	②	③	④	⑤	⑥
ア	カトマンズ	カトマンズ	カラチ	カラチ	コルカタ	コルカタ
イ	カラチ	コルカタ	カトマンズ	コルカタ	カトマンズ	カラチ
ウ	コルカタ	カラチ	コルカタ	カトマンズ	カラチ	カトマンズ

問1 [答]

　アは雨季に降水が集中することから，モンスーンの影響を強く受ける地域と判断し，さらに1年を通して高温かつサイクロンの襲来を受けることから，インド半島東部のベンガル湾に近いコルカタとなる。イは，アと同様に雨季に降水が集中することから，同じくモンスーンの影響を強く受ける地域と判断し，最暖月の気温があまり高くないことから，ヒマラヤ山脈付近の高所であるネパールの首都カトマンズとなる。ウは，年降水量が200mmより少ないので，乾燥気候環境下にあると判断し，海岸部でありながらモンスーンの影響をほとんど受けず，アラビア半島から広がる亜熱帯高圧帯の影響が年中強いパキスタン最大都市のカラチとなる。

問2 次の図は，インドにおける主な農産物の生産量をインド全体に対する州ごとの割合で示したものであり，ア～ウは小麦，米，綿花のいずれかである。図中のア～ウと農産物との正しい組合せを，下の①～⑥のうちから一つ選べ。

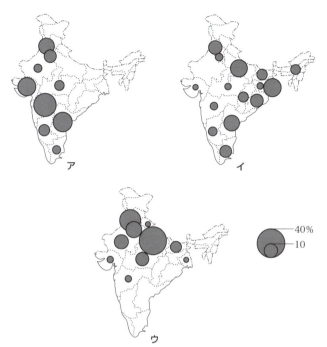

割合が1％未満の州については省略した。
統計年次は2001/02年。
Handbook of Statistics on the Indian Economy 2004-05 により作成。

図

	①	②	③	④	⑤	⑥
ア	小麦	小麦	米	米	綿花	綿花
イ	米	綿花	小麦	綿花	小麦	米
ウ	綿花	米	綿花	小麦	米	小麦

問2 [答]

　アは綿花となる。綿花栽培は，インド半島中央から西部にかけて広がるデカン高原を中心に，パキスタンとの国境近くで灌漑が整備された乾燥気候環境下で盛んである。イは米となる。米，つまり稲作は，年降水量1,000mm以上のインド北東部からインド半島の両岸にかけての地域と，ガンジス川流域で盛んである。ウは小麦となる。小麦は米とは対照的に，北部から北西部にかけての年降水量500mm前後の少雨地域で栽培が盛んである。

---

33 南アジア | 217

第2章　地誌 rank

34 西アジアと中央アジア

1 西アジアと中央アジアの自然環境 ★★☆

- **地形**…西アジアは北部に<u>アルプス＝ヒマラヤ造山帯</u>の山脈や高原（⇒地震・火山が多い），南部の<u>アラビア半島</u>は<u>安定陸塊</u>。両者の間の低地に<u>外来河川</u>の<u>ティグリス川</u>，<u>ユーフラテス川</u>。<u>紅海</u>がプレートの<u>広がる境界</u>部分にあたる。中央アジアは大部分が古期造山帯や<u>安定陸塊</u>に属する。

- **気候**…<u>アラビア半島</u>の中央部を<u>北回帰線</u>が通過し，年中<u>亜熱帯（中緯度）高圧帯</u>に覆われるため，大部分が<u>BW（砂漠気候）</u>，地中海沿岸や黒海，<u>カスピ海</u>の南部に<u>Cs（地中海性気候）</u>。全体的に標高の高い北部は，同じ乾燥帯でも気温は年中低め。北緯50度以南の中央アジアには乾燥帯（<u>内陸砂漠</u>）が広がる。

■西アジアの地形　　■西アジアの気候

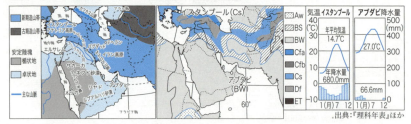

2 西アジアと中央アジアの社会 ★☆☆

- **西アジア**…西アジアではイスラエル（<u>ユダヤ教</u>）を除き，大部分で<u>イスラーム</u>⇒イスラームは大きく，2つの宗派に分かれ，大部分は<u>スンナ（スンニー）派</u>だが，イランは少数派の<u>シーア派</u>が大多数。イスラエルはユダヤ教・<u>キリスト教</u>・<u>イスラム教</u>が対立する地域⇒<u>エルサレム</u>はこの3つの宗教の聖地。
  アラブ諸国は<u>イスラーム</u>を信仰，<u>アラビア語</u>を公用語⇒西アジアの非アラブ諸国に，トルコ（<u>トルコ語</u>），イラン（<u>ペルシア語</u>），アフガニスタン（パシュトゥー語），イスラエル（<u>ヘブライ語</u>）がある。

■西アジア・中央アジアの言語

- **中央アジア**…中央アジア諸国は，タジキスタンを除いてトルコ系<u>イスラーム教徒</u>が

多い(ソ連時代の宗教的抑圧から解放)。しかし,現在でもキリル文字を使う国が多い。**黒海とカスピ海の間に位置するカフカス諸国は**,かつてのソ連時代の影響から,民族が入り乱れて居住し飛地が多く,**内戦や紛争が絶えない地域**となっている。

3 西アジアのおもな国

❖ イラン(人口約8,000万人,首都テヘラン)
① 公用語は<u>ペルシア語</u>≠アラブの国⇒<u>OPEC</u>加盟,<u>OAPEC</u>非加盟,<u>イスラーム教シーア派</u>。
② 地下水路の<u>カナート</u>⇒オアシス農業(ナツメヤシと小麦)。

❖ イラク(人口約4,000万人,首都バグダッド)
① <u>外来河川</u>の<u>ティグリス川</u>,<u>ユーフラテス川流域</u>=「肥沃な三日月地帯」⇒オアシス農業(小麦やナツメヤシ),**人口集中**。
② イスラーム(シーア派が多い),アラブ人大半,北部油田地帯に<u>クルド人</u>⇒<u>クルド人問題</u>。

❖ サウジアラビア(人口約3,000万人,首都リヤド)
① ほぼ全域が砂漠⇒**センターピボット農法**により小麦や野菜を栽培。
② 遊牧民族のベドウィン,イスラーム教スンナ派(戒律が厳しいワッハーブ派が多数),**イスラーム**最大聖地の<u>メッカ</u>(カーバ神殿),近年はイランとの関係が悪化。
③ 世界最大の原油輸出国⇒日本の原油輸入相手先第1位。最近では石油精製業も。**石油産業に従事する外国人労働者が多い**(2割強,東南アジア,南アジアが多い,最近は制限)。

❖ アラブ首長国連邦(人口約1,000万人,首都アブダビ)
① 日本の原油輸入相手先第2位⇒最近では**アルミニウム工業**や石油精製業も発達。**南アジアからの外国人労働者が多い**⇒**男性割合が高い**(女性の2倍強)。
② **都市**…<u>ドバイ</u>(自由貿易区,**中継貿易**港,**ハブ空港**⇒**中東の金融センター**,ICT企業の誘致,**物流拠点**,リゾート開発)。

❖ トルコ(人口約8,000万人,首都アンカラ)
① 第一次世界大戦敗北後から<u>政教分離</u>(世俗主義)へ⇒憲法からイスラーム教を国教とする条文を削除。**文字はアラビア文字に代わってアルファベット使用**。また,**親欧米路線へ**⇒<u>NATO</u>や<u>OECD</u>にも加盟し,<u>EU</u>との加盟交渉中⇒ヨーロッパ向けの労働集約型製造業(繊維・電気機械・自動車)の拠点へ。「東西文明の十字路」と呼ばれる。**クルド人の分離独立の気運が高い**。
② 西部は地中海式農業中心,東部は羊とヤギの飼育が盛ん。
③ カスピ海周辺で産出される**原油や天然ガスのヨーロッパ向けパイプラインの要衝**。工業化は北西部や首都アンカラ周辺に限られ,東部は農業中心⇒**東西の経済格差が大**。
④ **都市**…イスタンブール(トルコ最大の都市,アジアとヨーロッパの結節点)。

❖ キプロス…南部<u>ギリシャ系</u>(<u>正教会</u>)※EU加盟 VS 北部<u>トルコ系</u>(<u>イスラーム</u>)※トルコ軍駐留。

❖ イスラエル
① 首都<u>エルサレム</u>は,<u>ユダヤ教</u>・<u>キリスト教</u>・<u>イスラーム</u>の3つの一神教の聖地。

■西アジアの農業地域　　　　■西アジアの鉱工業地域

② **ヘブライ語**（公用語），**ユダヤ教**中心だが，**イスラーム教徒**でアラブ系の**パレスチナ人**も多い＝**パレスチナ問題**⇒パレスチナ人自治区（ガザ地区，ヨルダン川西岸⇒イスラエル政府への対応をめぐり対立）。第二次世界大戦後の独立に際して，**イギリスやアメリカ合衆国の支援があったことで，両国とは現在でもつながりが深い。**
③ **ダイヤモンド加工**に加え，情報通信産業や医療・光学機器など**先端技術産業が発達**。

✤ 西アジアのその他の国々
① **アフガニスタン**…**地下水路**のカレーズ，アメリカ合衆国の同時多発テロ⇒米軍による空爆でタリバン政権が崩壊，政情不安が続く⇒難民が多い。
② **シリア**…首都の**ダマスカス**は**迷路型都市**。2011年からはじまった民主化を求める反政府運動を機に，事実上の内戦状態に⇒**ヨーロッパなどへ大量の難民**が発生。

4　中央アジアの主な国とカフカス諸国　

✤ 中央アジアの主な国
① **カザフスタン**…トルコ系，イスラーム。北部は**ウクライナから続くチェルノーゼム**＝穀倉地帯（**小麦**）。石油や**天然ガス，ウラン鉱**，クロム鉱が豊富。**カラガンダ炭田**＋テミルタウの鉄鉱石＝**鉄鋼**。バイコヌール宇宙基地。
② **ウズベキスタン**…首都**タシケント**（綿花の集散地）。トルコ系，イスラム教。**アムダリア川**から取水し，**カラクーム運河の建設**により，**綿花栽培が可能に**（**綿花の生産量は世界有数**）⇒**アラル海**の水位低下で**漁業資源の死滅や周辺住民の健康被害**など発生。
③ **トルクメニスタン**…トルコ系，イスラーム。綿花栽培が盛んになったものの，過度な灌漑による土壌の塩類化などの問題が発生。**天然ガスや原油**に恵まれる。

✤ カフカス諸国
① **ジョージア（グルジア）**…南オセチアをめぐりロシアと断交⇒2009年CISを脱退。現在，南オセチアは事実上の独立状態。
② **アゼルバイジャン**…首都**バクー**。イスラーム教シーア派が多い⇒ナゴルノカラバフ自治州（東方正教アルメニア人が多い）の帰属をめぐりアルメニアと対立。ソ連解体後，外国資本を誘致して**カスピ海**の油田開発を推進⇒**原油が輸出の中心**。

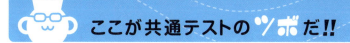

ここが共通テストのツボだ!!

ツボ ① イランとトルコ

● **イラン**…**イスラーム教徒**が多いことはトルコと共通するが，**イラン**は他の西アジア諸国とは異なり，**少数派の****シーア派****が中心**の国（⇔**多数派**は**スンナ派**）。1979年のイラン革命によってシーア派が中心となった結果，**徹底したイスラーム化**が進められ，女性は頭から体全体をチャドルと呼ばれる黒布でかくすようになるなど，文化や教育にも大きな影響を与えている。こうして，この頃から**反欧米路線**を掲げるようになった。また，**公用語**も**ペルシア語**であり周辺の西アジア諸国と異なる（⇔**多くの国**は**アラビア語**が公用語）⇒**OPEC**（**石油輸出国機構**）には**加盟**するが，**OAPEC**（**アラブ石油輸出国機構**）には**非加盟**。

● **トルコ**…アジアとヨーロッパの間に位置することから，「**東西文明の十字路**」と呼ばれる。**最大都市の****イスタンブール**は，**ボスポラス海峡**を挟んでヨーロッパ側とアジア側にまたがって位置しており，まさにそれを象徴している。とくに第一次世界大戦でオスマントルコ帝国が敗北すると，**トルコは****政教分離**を進めイスラームを国教とせず，一夫多妻制も禁止することになり，文字もアラビア文字からアルファベットに変えていった。親欧米路線の立場を取り，**イスラーム教徒**が多数を占める国で唯一**NATO**（**北大西洋条約機構**）や**OECD**（**経済協力開発機構**）**にも加盟**している。また，1980年代から**EU加盟**を目指し交渉を続けているが，加盟には至っていない（①EU加盟国はすべてキリスト教国⇒**イスラーム**に対する抵抗感，②所得水準が低く，人口規模が大きい⇒既存の加盟国が社会保障費などの負担を強いられる，③**キプロス問題**・**クルド人問題**など）。

ツボ ② パレスチナ問題の背景

　第一次世界大戦中，**イギリス**は敵対していたオスマントルコ帝国の支配下にあった地中海東部に住む**アラブ人**（＝**パレスチナ人**）に，**国家建設を約束**した。一方で，戦費がかさんでいたイギリスは，ヨーロッパで差別に苦しんでいたユダヤ人から援助を受ける代わりに，**かつて****ユダヤ人**の王国があった地中海東部に**ユダヤ人****国家を建設することを認めた**。その後，ドイツのナチスによる迫害で，多くの**ユダヤ人**はかつてユダヤ人王国があった地中海東部の**パレスチナ**へ安住の地を求めて移動し，戦後**ユダヤ人**国家イスラエルが建国された。その結果，古くから居住していたパレスチナ人は猛反発し，**支援する周辺のアラブ諸国とイスラエルとの間で****中東戦争**につながっていった。こうして，今日に至るまで両者が納得する解決に至っておらず，**多くのパレスチナ難民が発生**している。

チャレンジテスト（大学入学共通テスト実戦演習）

問1 次の**写真**中の**ア〜エ**は，アラブ首長国連邦の都市ドバイにおける特徴的な景観を撮影したものである。**写真**中の**ア〜エ**が示していることがらとその背景について述べた文章として下線部が適当で<u>ない</u>ものを，下の①〜④のうちから一つ選べ。

写真

① アは，林立する高層ビル群を示したものである。<u>国際的な金融拠点としての発展にともない，世界中から多くの投資が集中している。</u>
② イは，臨海部に整備された人工港を示したものである。<u>輸出指向型の工業化の結果，西アジア最大の自動車生産・輸出拠点が形成されている。</u>
③ ウは，海上に建設された居住・リゾート施設を示したものである。<u>非石油部門での経済発展をめざし，大規模な観光開発が急速にすすめられている。</u>
④ エは，外国人労働者が働く建設現場を示したものである。<u>不動産開発ブームを背景に労働力需要が高まり，国外から多くの労働者が採用されている。</u>

問1 [答] ②

② 誤文：アラブ首長国連邦は労働力人口が少ない。そのため，多くの労働力を必要とする組立工業の自動車生産はほとんど行われておらず，よって**輸出指向型**の工業も目指していない。
① 正文：**ドバイ**は，世界金融の中心である欧米と東・東南アジアをちょうど補完する地理的位置にあることから，**中東地域の金融センター**としての役割を担っている。また，**イスラーム**の文化圏にあることで，独特の商慣習をもつ**イスラーム**金融の中心にもなっている。さらに，ドバイでは外国企業に対する税金を優遇し，オイルマネーを背景にインフラ整備も進めてきたことで，世界各国から投資が集まるようになっている。
③ 正文：上述のとおり，オイルマネーを生かした新たな外貨獲得源として，**海浜リゾート**などの**観光産業**にも力を入れている。
④ 正文：こちらも上述のとおり，インフラ整備に伴う労働力不足を補うため，**南アジアのインド**などから外国人労働者が流入し，主に土木・建設作業に従事している（流入者の多くが男性）。

問2 次の①～④の文章は，イラン，エジプト，サウジアラビア，トルコのいずれかの国における政治と宗教・民族との関係について述べたものである。イランに該当するものを，次の①～④のうちから一つ選べ。

① この国は，アラブ民族主義の指導者のもとで近代化を成し遂げた。アラブ世界の中心として，植民地支配からの脱却に向けて中核的役割を果たした。
② この国は，シーア派の指導者を中心にイスラームに基づく国家建設をすすめてきた。独自の政策路線により，欧米諸国との間で対立している。
③ この国は，スンナ派の王族による政教一致の王政を維持してきた。豊富な石油資源を背景に，国際的に強い影響力を有している。
④ この国は，ヨーロッパを模範とした近代化を推進し，政教分離を行った。NATO（北大西洋条約機構）の一員として，欧米諸国との連携を強めている。

問2 [答] **②**

①はエジプトである。アラブ民族，アラブ世界とあることから，**アラビア語を話し****イスラーム**を信仰する人々が多い，**エジプトまたはサウジアラビア**のいずれかとなる。

②はイランで正解となる。イランは，ペルシア語を母語とする人々が多く，**イスラーム**の中では少数派である**シーア派**の人々が多数を占める。1979年の**イラン革命**を機に，厳格な**イスラーム**に基づいた国家建設を進めた。その結果，**反欧米路線**を掲げ，近年も欧米諸国との対立が絶えない。

③はサウジアラビアである。サウジアラビアは，アラビア語を母語とする人々が多く，**イスラーム**の中では多数派である**スンナ派**が多く，王族によって統治されている。また，世界有数の原油産出量と埋蔵量を誇り，**輸出は世界一**である。OPEC（石油輸出国機構）の中心国として，原油価格に大きな影響力を持っている。

④はトルコである。トルコは，**第一次世界大戦**の敗北をきっかけに，**イスラーム**と政治を切り離した**政教分離**を進め，イランとは対照的に**親欧米路線**をとってきた。また，多くの人々の母語であるトルコ語の表記には，**ヨーロッパからのアルファベットを用い**，アラビア文字を基本としたものから改められている。

35 アフリカ

1 アフリカの自然環境

- **地形**…全体的に台地状の地形（⇒河川は下流付近で急流をなすことが多いため，外洋船の遡航は難しい）が広がり，大部分が安定陸塊。北西部に新期造山帯（火山はない），南部に古期造山帯が見られ，東部にアフリカ大地溝帯が南北に走り，その周辺部では標高が高く，地震や火山が多い。

- **気候**…アフリカ大陸は赤道を挟んで南北に対称な広がりをもち（南北40度にほぼおさまる），赤道から離れるにつれて，Af→Aw→Cw→BS→BW→BS→Csとなる。南端にはその他の温帯（Cfb，Cfa）も見られる。アフリカ大陸の北半分と南半分のそれぞれ中央付近は，南北回帰線が通過している位置にあたり，一年中，亜熱帯（中緯度）高圧帯に覆われるため，世界最大のサハラ砂漠やカラハリ砂漠が見られ，乾燥帯が広い範囲に分布する。南西部を北流するベンゲラ海流の影響によって形成された海岸砂漠のナミブ砂漠も見られる⇒西岸沖は南北半球とも寒流が流れるため，気温は低め。サハラ砂漠はワジ（涸れ川）が多く，地下水路のフォガラなどを利用したオアシス農業が盛ん。サハラ砂漠の南縁部にあたるサヘル地域では砂漠化が著し

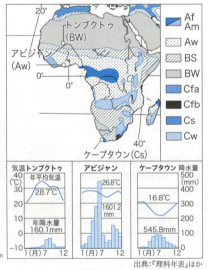

出典：『理科年表』ほか

い（原因⇒異常気象による干ばつや温暖化による降水量の減少，**人口爆発による過耕作・過放牧・薪炭材の伐採・過度な灌漑**（塩害））。

2　アフリカの社会

❖ **アフリカの人種・民族**
① サハラ砂漠以北：「ホワイトアフリカ」≒白人（アラビア語）＆イスラーム（公用語はアラビア語のみとなっている国が多い）。
② サハラ砂漠以南：「ブラックアフリカ」≒黒人（多民族）＆自然崇拝の伝統的な宗教（公用語を旧宗主国の言語にすることで民族対立の融和につなげている国が多い）。
③ エチオピアはキリスト教徒が多数。サハラ砂漠やアラビア半島に近い国では，イスラーム教徒が比較的多い。
④ 東アフリカ（ケニア・タンザニアなど）は，アラビア半島との交易が古くから盛ん⇒現地語＆アラビア語が融合した，交易語のスワヒリ語を公用語としている。

❖ **独立国と旧宗主国**…第一次世界大戦以前からの独立国は，**エチオピア，リベリア，南アフリカ共和国**。フランスは「横断政策」（北西部一帯⇒アルジェリア，モロッコなど＆マダガスカル），イギリスは「縦断政策」（東部を縦方向⇒ケニアなど＆ギニア湾岸のガーナ，ナイジェリアなど）をもとに植民地化。ベルギーは中央部のコンゴ民主共和国，ルワンダ，ブルンジ，**イタリアはリビア**，ソマリア，エリトリア，ポルトガルはアンゴラ，モザンビーク，スペインは西サハラを植民地化。

❖ **独立後の状況**
① **1960年の「アフリカの年」** に，旧フランス植民地を中心に17か国が独立し，それ以後独立国が増加。独立は北部が早く，南部が遅い。**独立後も，植民地時代の民族分布を無視した数理的国境を維持**したため，**多くの国で多民族を抱えており，国内における民族対立や国境紛争を誘発**し，**経済発展を阻害**⇒とくに**サハラ以南のアフリカ諸国**では顕著であり，**旧宗主国の言語を公用語**としていることが多い。
② 植民地化の影響から資本の蓄

■アフリカの独立国

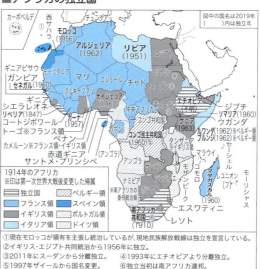

積が進まず，インフラの未整備，政治の不安定，金融制度の未発達，就学率の低さなどが工業化を阻害。そのため，**現在でも**モノカルチャー経済の国がほとんどである。**1990年代後半**には，赤道以南のアフリカ諸国を中心にHIVがまん延し，死亡率が上昇，平均寿命が縮まった国が多い。

③最近では，「アラブの春」（2010年末～2011年）と呼ばれる，北アフリカのアラブ諸国で民主化運動が活発化し，長期独裁政権が崩壊⇒その後は政情不安を抱える国が多い。また，**資源価格の上昇から**，資源を豊富にもつ南アフリカ共和国やナイジェリア，政情が安定するケニアなどでは中間層が増えつつあるものの，貧富の差は拡大している。

3 アフリカの産業

✤ 農牧業

① **プランテーション**…**熱帯・亜熱帯地域**では，植民地時代のプランテーションにより，**現在でも商品作物栽培中心の農業**⇒**主食となる作物栽培に耕地がまわらない**。輸入する余力が無いため自給率は高いが，1人当たりの栄養供給量が不足し，**飢餓や貧困から抜け出せない**。ギニア湾岸ではカカオ豆や天然ゴム，油ヤシ，**北部では落花生や綿花の栽培が盛ん**。一方，**排水良好な高原の広がる東アフリカでは，茶やコーヒー豆**，綿花の栽培が盛ん。

② **その他**…南北両端は地中海式農業，**サハラ砂漠**では遊牧（ラクダ）やオアシス農業（⇒地下水路の**フォガラ**），**外来河川**の**ナイル川**流域では灌漑による綿花や小麦，米の栽培，**熱帯アフリカでは主食となるキャッサバやヤムイモなどのイモ類**，**モロコシなどの雑穀（主に東部）**，南アフリカ共和国のハイベルトでは商業的混合農業や企業的牧畜，**マダガスカル島東部で稲作**。

✤ 鉱産資源

① **原油**…北部の**リビアやアルジェリア**，

■アフリカの農業地域

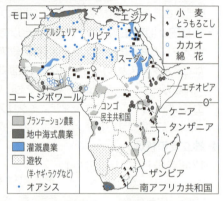

■アフリカの鉱工業地域

ギニア湾岸のナイジェリア，内戦の終結から近年産出を増やしている**アンゴラ**，ガボン，赤道ギニア，コンゴ共和国（⇒以上**OPEC加盟国**）やエジプト（OAPEC加盟）や，スーダンなど（⇒**主に中国向け**）。

② **銅鉱**…コンゴ民主共和国・ザンビアにまたがる**カッパーベルト**⇒近年，資源の枯渇や内戦で産出量が減少。**レアメタル**のコバルト鉱の産出が多い。

③ **その他**…石炭は南アフリカ共和国（古期造山帯ドラケンスバーグ山脈付近のトランスヴァール炭田），鉄鉱石はリベリアやモーリタニア，**ボーキサイトはギニア**やガーナ，**金鉱は南アフリカ共和国やガーナ**，ダイヤモンドはボツワナやコンゴ民主共和国，南アフリカ共和国，ウラン鉱はニジェールやナミビア，**クロム鉱，白金は南アフリカ共和国**で産出が多い。

4　アフリカのおもな国

✤ 北アフリカ

① **エジプト**…首都**カイロ**（BW）。人口約1億人。**外来河川**の**ナイル川**⇒**オアシス農業**（綿花や小麦）。旧ソ連の援助によって，急増する人口に対して食料を確保するための**灌漑による耕地拡大を主な目的**に，発電，洪水防止など多目的ダムとして**アスワンハイダム**が建設⇒**海岸線の後退，漁業資源の減少，地力低下，塩害，歴史的遺産の水没の危機**などの問題が発生。**スエズ運河**（水平式運河）。

② **リビア**…旧イタリア領，**OPEC**加盟。**1人当たりGNIはアフリカでトップクラス**。

③ **チュニジア**…**地中海式農業**，マグレブ三国（「西の端」の意味）。

④ **アルジェリア**…旧フランス領，マグレブ三国。トゥアレグ族（ベルベル人）⇒**遊牧**，**OPEC**，OAPEC加盟。

⑤ **モロッコ**…首都ラバト（最大都市はカサブランカ），**西サハラを事実上領有**，マグレブ三国。タコ・イカなどの**水産資源，リン鉱石**⇒化学肥料の輸出。

⑥ **スーダン**…首都ハルツーム（白ナイル川と青ナイルの合流点），**アラブ系イスラム教徒中心でイスラム化を推進する北部とアフリカ系キリスト教徒中心の南部との間で激しい対立⇒南スーダンの分離独立へ**（南スーダンは石油資源をめぐり内戦状態）。また，スーダン西部のダルフール地方では，北部のアラブ系民兵と西部に居住する黒人による内戦が激化し，多くの難民が発生。ゲジラ計画による大規模灌漑⇒綿花栽培。

✤ 西アフリカ

① **セネガル**…首都ダカール，旧フランス領，落花生。

② **チャド**…砂漠化の進行で**チャド湖**が縮小中。

③ **リベリア**…アフリカ初の黒人主権国家，**鉄鉱石**，**便宜置籍船国**⇒船舶保有量第2位。

④ **コートジボワール**…カカオ豆の**生産世界一**。

⑤ **ガーナ**…首都アクラ（経度0度付近），**カカオ豆，金鉱**（ガーナの輸出品1位），**ヴォ**

ルタ川の開発（アコソンボダムの水力⇒アルミニウム精錬）。
⑥ **ナイジェリア**…首都**アブジャ**。ニジェール川デルタ。アフリカ最大の人口大国（約2億人）。産油国（OPEC加盟）。**ビアフラ戦争**⇒南東部の石油資源の豊富な**ビアフラ地方**に居住する**イボ族**が分離独立しようとしたことで，他民族と戦争へ⇒イボ族の無条件降伏，民族融和のため最大都市**ラゴス**から国土中央の**アブジャ**へ遷都。

♣ 中央・東アフリカ
① **コンゴ民主共和国**…旧ベルギー領，**カッパーベルト**（銅鉱，近年は**コバルト**鉱が多い）。
② **ザンビア**…**カッパーベルト**（銅鉱，コバルト），**ザンベジ川**のカリバダムによる**水力**⇒**銅の精錬**。
③ **ルワンダ**…1994年に**多数派フツ族VS少数派ツチ族の内戦**⇒現在は，出身部族を示す身分証明書の廃止，汚職の廃止など部族を超えた**融和政策が順調に進展中**。ツチ族が帰国し，経済復興に注力⇒「アフリカの奇跡」（高付加価値なコーヒー・茶やすず鉱の生産，IT立国へ）。
④ **エチオピア**…アフリカ最古の独立国，**キリスト教徒**が多い（コプト派），**コーヒー豆の原産地**。
⑤ **ソマリア**…国土の形から「**アフリカの角**」，内戦状態で周辺海域では海賊が多発⇒世界各国の取締りなどにより安定。
⑥ **ケニア**…首都ナイロビ（高原上，UNEPの本部），旧イギリス領⇒**茶**や**コーヒー**，公用語は**スワヒリ語**（⇒**アラビア語**の影響）と英語。
⑦ **タンザニア**…キリマンジャロのコーヒー豆，近年**金鉱**の産出増加。
⑧ **マダガスカル**…東部は南東貿易風の影響で年中多雨，旧フランス領，マレー系のメリナ族，**稲作**。

♣ 南アフリカ
① **アンゴラ**…内戦終結で産油量増加⇒OPEC加盟。
② **ジンバブエ**…独裁政権の失政⇒経済は壊滅的状態だったが，近年は安定。
③ **ボツワナ**…ダイヤモンド。
④ **南アフリカ共和国**…少数の白人による**アパルトヘイト**（**人種隔離政策**）⇒1991年に**廃止**⇒経済制裁の解除から，鉄鋼・機械・**自動車工業**が発達し，周辺諸国からの出稼ぎ労働者も多い（アフリカ唯一の工業国）。南西部で地中海式農業，ドラケンスバーグ山脈西部のハイベルトで混合農業，鉱産資源が豊富（金，ダイヤモンド，石炭など），ケープタウン（Cs），ヨハネスバーグ（金鉱，商業都市）。

ここが共通テストのツボだ!!

ツボ ① 人種・民族と旧宗主国の分布

① 人種・民族…隔絶性の高い**サハラ砂漠が境目**。

(1) **サハラ砂漠以北**≒**アラブ人（アラビア語）**&**イスラーム**。
　※ 公用語は**アラビア語**のみとなっている国が多い。

(2) **サハラ砂漠以南**≒黒人（多民族）&自然崇拝の伝統的な宗教。
　※ 公用語は**旧宗主国**の言語にすることで**民族対立の融和**につなげている国が多い。
　※ **エチオピア**は**キリスト教徒**が多数。サハラ砂漠やアラビア半島に近い国では、イスラム教徒が比較的多い。

② 独立国と宗主国

(1) 独立国（第一次世界大戦以前）…**エチオピア、リベリア、南アフリカ共和国（旧イギリス領）**。

(2) 旧宗主国

● 旧**フランス**領（「横断政策」）⇒ギニア湾からフランスに近い北西部一帯。
　※ 例外として**マダガスカル**も。

● 旧**イギリス**領（「縦断政策」）⇒エジプトと南アフリカを結ぶ東部一帯
　※ 例外として**ギニア湾岸の****ガーナ、ナイジェリア**なども。

● 旧**ベルギー**領⇒**中央部のコンゴ民主共和国**など。

● 旧**イタリア**領⇒**地中海の対岸のリビア**など。

図 アフリカの旧宗主国 (1914年)

ツボ ② 中国のアフリカ進出

　近年、経済大国になった中国は、アフリカ諸国へのインフラ整備などの援助を積極的に実施。理由は大きく2つある。1つは援助の見返りに地下資源を優先的に回してもらうこと。もう1つは**中国が進める「一帯一路」構想**によって国際社会における影響力を強めること。「**一帯一路」構想**とは、港湾、鉄道、発電施設などインフラ投資を強化し、アジアに自国中心の経済圏をつくり、中国から欧州へ抜ける陸路と、中国沿岸から中東、アフリカに至る海路の2ルートで経済圏を築く国家戦略である。2015年に設立したAIIB（アジアインフラ投資銀行）も活用して、この構想を積極的に推進している。

チャレンジテスト（大学入学共通テスト実戦演習）

問1 アフリカの都市は，地域の自然環境の特徴を背景とした歴史的な成り立ちの違いによって類型化できる。次の図中のA～Cは，アフリカのいくつかの都市について，その成り立ちの特徴ごとに分類して示したものであり，下のア～ウの文は，そのいずれかを説明したものである。A～Cとア～ウとの正しい組合せを，下の①～⑥のうちから一つ選べ。

	①	②	③	④	⑤	⑥
A	ア	ア	イ	イ	ウ	ウ
B	イ	ウ	ア	ウ	ア	イ
C	ウ	イ	ウ	ア	イ	ア

● A
▲ B
■ C

嶋田義仁ほか編『アフリカの都市的世界』により作成。

図

ア　象牙などを商品とした交易の拠点として成長し，これらの都市を介してスワヒリ語が広がり地域の共通語となった。

イ　二つの異なる気候帯の境界付近に位置し，それらの一方からは岩塩など，他方からは金や森林産物などを商品とした交易の拠点となった。

ウ　ヨーロッパ諸国による植民地経営の行政機能をになうものとして発達した都市であり，ヨーロッパ風の建築や街路パターンなどが残っている。

問1 ［答］ ⑥

　まずはA～Cの分布の特徴を捉えよう。**A**は圧倒的に数が多く，ギニア湾岸から主に南部において多く分布する。**B**はサハラ砂漠の南寄りに近いところに，横並びで少数分布する。**C**はBと同様に数が少なく，大陸の東部の低緯度に集中する。これらの分布の特徴を踏まえると，まず**ア**は**C**となる。象牙とあることから，象など野生動物の宝庫となっている低緯度のサバナ気候環境下と想定できる。また，スワヒリ語はアフリカ大陸東部において，アラビア半島からやってきたアラビア語を話すイスラーム商人との間で生まれた交易語である。**イ**は**B**となる。2つの異なる気候帯の境界付近とあることから，概ね横並びに分布するはずである。また，一方からは岩塩，他方からは森林産物とあることから，それぞれ乾燥帯と熱帯との境目付近であることも見えてくる。**ウ**は**A**となる。ヨーロッパ諸国の植民地経営の行政機能とあることから，ヨーロッパから来やすかった大西洋に面する沿岸部を中心に分布が見られる。また，アフリカ大陸の大部分がヨーロッパからの植民地化を受けたので，植民地の拠点数は多くなり，それらの拠点となった都市が現在の各国の首都と対応していることも見えてくる。

問2 アフリカでは，国・地域ごとに特徴ある音楽がみられ，その背景は多様である。次のア〜ウの文章は，エチオピア，ガーナ，南アフリカ共和国のいずれかの国にみられるポピュラー音楽の特徴について説明したものである。ア〜ウと国名との正しい組合せを，下の①〜⑥のうちから一つ選べ。

ア 植民統治下で起こった西欧音楽と在来音楽との混合を背景に，力強い合唱を中心として発達した音楽である。人種差別撤廃運動が高まった1960年代からは，特にアメリカ合衆国の黒人系ポピュラー音楽から強い影響を受けた楽曲が多く生まれた。

イ 植民統治を受けずに栄えた王国であったこの国では，歌に弦楽器や太鼓を伴奏させる伝統的なダンス音楽を基礎とする現代音楽がみられる。古くから信仰されてきたキリスト教のほか多様な宗教が存在するが，その音楽様式には宗教の違いを超えた共通の特徴も認められる。

ウ 貿易のために立ち寄る諸民族と地元住民との交流を背景としてつくられた音楽を起源として，歌にギターや管楽器などを加えた演奏に特徴がある。近隣にはフランスの植民統治を受けた国々も多いが，この音楽はイギリスの統治を受けた国の都市を中心に発達した。

	ア	イ	ウ
①	エチオピア	ガーナ	南アフリカ共和国
②	エチオピア	南アフリカ共和国	ガーナ
③	ガーナ	エチオピア	南アフリカ共和国
④	ガーナ	南アフリカ共和国	エチオピア
⑤	南アフリカ共和国	エチオピア	ガーナ
⑥	南アフリカ共和国	ガーナ	エチオピア

問2 ［答］ ⑤

アは南アフリカ共和国である。人種差別撤廃運動，アメリカ合衆国の黒人系ポピュラー音楽から強い影響とあることから，かつて黒人に対する激しい差別政策のアパルトヘイトを行っていた南アフリカ共和国となる。イはエチオピアである。植民統治を受けずに栄えた王国，また古くから信仰されてきたキリスト教とあることから，ほとんど植民地化の影響を受けることがなかったアフリカ最古の独立国で，キリスト教コプト派の信仰者が多いエチオピアとなる。ウはガーナである。貿易のために立ち寄る諸民族，近隣にはフランスの植民統治を受けた国も多いが，この国はイギリスの統治を受けたとあることから，問1の解説でも述べたとおり，ヨーロッパから船で立ち寄りやすい，大西洋側のギニア湾岸に位置するガーナとなる。ギニア湾岸の国はフランス植民地だったところが多いが，ガーナやナイジェリアなどはかつてイギリス植民地だった影響から英語が公用語となっている。

第2章　地誌　　　　　　　　　　　　　　　　　　　　　　rank

36 ヨーロッパ

1　ヨーロッパの自然環境　

❖ **地形**…北緯50度以北は，かつてバルト海を中心に広がっていた大陸氷河の影響によって，低平で腐植に乏しいやせた土地が分布している（バルト楯状地など）。その影響からバルト海周辺部には氷河湖やモレーンが多く，ノルウェー西岸やイギリス北部のスコットランド地方ではフィヨルドが見られる。大西洋中央部にはプレートの広がる境界である大西洋中央海嶺が存在し，その一部が陸化したアイスランド島には火山や地溝が多く見られる。南部の北緯40度〜45度付近には，アルプス＝ヒマラヤ造山帯が東西方向に連なり，地震や火山が多い。その間には古期造山帯が広がる。ハンガリー平原やルーマニア平原には，肥沃なレスが分布している。また，パリ盆地やロンドン盆地にはケスタが見られる。海岸は沈水海岸が多く，北部にはフィヨルド，中部にはエスチュアリ（エスチュアリー）（ライン川とドナウ川，地中海に注ぐ川は三角州），南部にはリアス海岸（スペイン北西部）やダルマティア式海岸（アドリア海東岸部）が見られる。地中海沿岸には石灰岩が風化したテラロッサが多く分布し，カルスト地形（スロベニアなど）も見られる⇒白い住居が多い。

❖ **気候**…ヨーロッパ西部は，暖流の北大西洋海流と偏西風の影響で，高緯度の割に冬季でも温暖⇒ノルウェーの北部やアイスランドの南部までCfb〜Cfc（西岸海洋性

■ヨーロッパの地形

■ヨーロッパの気候

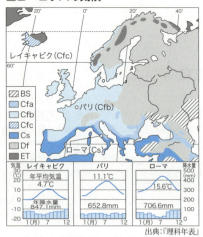

出典:『理科年表』

気候)。ヨーロッパ東部は、シベリア高気圧の影響を受け、**冬季に寒冷となるDf（冷帯湿潤気候）**⇒ヨーロッパの等温線は、**冬は緯線に対して垂直，夏は緯線にほぼ平行**。西部から東部に向かって，次第に降水量は減少。**地中海沿岸はCs（地中海性気候）**。黒海沿岸やハンガリー平原のプスタ，パダノヴェネタ平野はCfa（温暖湿潤気候）。局地風の**寒冷乾燥風の**ボラやミストラル，**高温乾燥風の**フェーンなどがある。

■ヨーロッパの平均気温

2　西部ヨーロッパのおもな国

♣ イギリス（面積24万km², 人口約6,700万人，首都ロンドン）

① テムズ川（河口部エスチュアリ），ロンドン盆地はケスタ，職住近接型のニュータウン。都心地区のシティの東側にあるドックランズは，ウォーターフロント開発による再開発で活性化。

② 偏西風と暖流の北大西洋海流の影響でCfb⇒ペニン山脈の西側で多雨，東側で少雨。

③ 北アイルランド問題＝ケルト系カトリックとアングロサクソン系プロテスタントの対立⇒現在は和平が順調に進展。2014年にはスコットランドの独立問題が発生。2020年8月現在，**イギリスは国民投票でEU離脱**（2000年代以降の東欧拡大による移民の急増やEUのエリート官僚への不満を背景に，シリア難民の流入などがきっかけ）。

④ 氷食を受けたやせた地⇒**酪農中心**（牧場・牧草地率が高い），**第1次産業人口率は低い**。

⑤ 産業革命発祥，北海油田の発見⇒原油輸出国だが，近年枯渇が進む。工業地域は，ランカシャー（マンチェスター，リヴァプール…綿織物），ヨークシャー（リーズ…毛織物），ミッドランド（バーミンガム…鉄鉱石＆石炭の原料立地型の鉄鋼，コヴェントリー…自動車），南ウェールズ（カーディフ…臨海立地の鉄鋼），スコットランド（グラスゴー，エディンバラ…造船⇒先端技術産業，シリコングレン），イングランド北東部（ミドルズブラ…北海油田からの石油化学），ロンドン（総合工業地域）。

⑥ **都市**…ケンブリッジ・オックスフォード（学術都市）など。

♣ アイルランド（首都ダブリン）

① ケルト系カトリック教徒が多い。

② IT分野の外資系企業に対して法人税を優遇し誘致⇒**1990年代に急速な経済成長**。

❖ **フランス**（面積約55万km^2，人口約6,500万人，首都パリ）
① 首都パリが面する**セーヌ川**（河口は**エスチュアリ**），**パリ盆地**は**ケスタ**。
② 冬季に**ローヌ川**沿いに寒冷乾燥風の**ミストラル**。
③ **ブルターニュ半島**に**ケルト系**のブルトン人。また，旧植民地の北アフリカ諸国（**イスラム教国**）からの移民流入の問題⇒移民に厳しい政教分離策を実施。
④ 欧州最大の農業国⇒パリ盆地周辺では企業的穀物農業，地中海地方では果実や野菜の栽培が盛ん。小麦，ぶどうの生産は世界有数。
⑤ **ロレーヌ地方**…鉄鉱石⇒原料立地型の鉄鋼業（メス，ナンシー）⇒**輸入に便利な臨海部**（**ダンケルク，フォス**）へ，**フランドル地方**…毛織物，リヨン…絹織物，**トゥールーズ**…航空機（部材は**EU**域内で分業生産）・電子。
⑥ 原子力発電割合が高い（7割強），サンマロ湾のランス潮汐発電所。高速鉄道のTGV。
⑦ **都市**…マルセイユ（最大の貿易港），**ストラスブール**（EU議会）など。

❖ **ドイツ**（面積約36万km^2，人口約8,300万人，首都ベルリン）
① 北部の北ドイツ平原は氷食のやせ地，南部は肥沃な**レス**，ライン地溝帯地域は温和⇒北部は酪農，中南部は混合農業，**ライン地溝帯ではぶどうの栽培**，経営規模は小さい。豚の飼育頭数・豚肉の生産では欧州最大級。
② 1990年に東西ドイツが統一⇒東西間の経済格差大，外国人労働者（東欧諸国やトルコなど）の流入の問題。
③ 欧州最大の工業国⇒EUの盟主として，自動車関連産業を中心に製造業の分野で世界的な競争力を有する企業が多い。工業の中心は，**ルール工業地帯**（⇒**ルール炭田**＋**ライン川**などの水運）。そのなかでも，炭田立地型の**エッセン・ドルトムント**の鉄鋼，輸入原料依存型の**デュースブルク**の鉄鋼，デュッセルドルフの機械など，最近では先端技術産業が中心となっている。南部の**ミュンヘン**の自動車，ビール，IC産業。
④ 環境先進国⇒**風力，太陽光発電**が盛ん。2022年に**原発全廃**予定。
⑤ **都市**…**フランクフルト**（金融，**ハブ空港**），**ハンブルク**（**ドイツ最大の貿易港**，石油化学，**エルベ川**の**エスチュアリ**）。

❖ **ベルギー**（首都ブリュッセル，**EU・NATOの本部**）
① 言語対立が激しい＝北部**フラマン人**（**オランダ語**，経済好調）VS南部**ワロン人**（**フランス語**，不況）⇒**連邦制**，**ブリュッセル**は両言語併用。
② 北部は**フランドル地方**の毛織物，ダイヤモンド加工，先端技術産業⇔南部は原料立地型の鉄鋼業中心で斜陽（＝南北間の経済格差が大きい）。

❖ **オランダ**（首都アムステルダム）
① 約1/4が海面下⇒干拓地の**ポルダー**（酪農，風車），**海岸砂丘**で園芸農業（野菜・花卉）。農産物輸出額は世界有数。
② 天然ガス，**中継貿易**で発展⇒多国籍企業が多く，貿易依存度が高い。
③ **都市**…ロッテルダム（ユーロポート⇒ヨーロッパ最大の貿易港，石油化学）。

❖ ルクセンブルク
① 金融業が中心で，**1人当たりGDPが世界トップクラス**。**EU**に加盟。

❖ スイス
① **永世中立国**，**EU非加盟**。
② **ドイツ語・フランス語・イタリア語・ロマンシュ語**（すべて公用語）⇒早くから**連邦制**に移行し**言語対立が少ない**。
③ **移牧**（夏＝高地で放牧，冬＝山麓で舎飼い）による**酪農**が盛ん。
④ **医薬品工業，電子・時計など精密機械工業が発達**。国際機関の本部，金融機関が多い⇒**1人当たりGDPが世界トップクラス**，外国人で高度の技術を持った人材が多い。
⑤ **都市**…チューリッヒ（最大都市，金融），ジュネーブ（国際機関）。

❖ オーストリア（首都ウィーン，ドナウ川沿い）
① **永世中立国**，**EU**に加盟。

3　北部ヨーロッパのおもな国

❖ ノルウェー（首都オスロ）
① **フィヨルド**&**偏西風**による降水⇒水力発電割合が高い⇒アルミニウム精錬。
② 偏西風と北大西洋海流⇒**冬季でも凍結しない**（不凍港やナルヴィクなど）。
③ **EU非加盟**，高福祉国。
④ **ヨーロッパ最大の漁獲国**（タラ，サケ，サバなど）。
⑤ **ヨーロッパ最大の産油国**⇒**北海油田**。

❖ スウェーデン（面積約45万 km^2，首都ストックホルム）
① **森林面積率が高い**（国土の約6割）⇒**製紙・パルプ**。
② 世界屈指の**高福祉高負担**。
③ 北部に**サーミ**（⇒トナカイの遊牧）。
④ **鉄鉱石**（キルナなど）⇒冬季は**ボスニア湾**が結氷⇒ノルウェーの不凍港**ナルヴィク**から輸出。
⑤ **製紙・パルプ工業**や**自動車**など高度な技術産業が発達。

❖ フィンランド（首都ヘルシンキ）
① **森と湖の国**⇒**森林面積率が高い**（国土の約7割）⇒**製紙・パルプ**が発達，**氷河湖**⇒**酸性雨**で湖沼が酸化。
② ウラル語族のフィン人，北部に**サーミ**（⇒トナカイの遊牧）。
③ 教育や研究・開発に力を入れる⇒**IT，通信関連企業**が発達。

❖ デンマーク（首都コペンハーゲン）
① 低平⇒**風力発電**（約5割），グリーンランドを領有。
② **酪農国**（肉類中心）⇒農業教育の普及や**農業協同組合の発達**，耕地で**飼料作物**を栽培し**舎飼い**が中心⇒**牧場・牧草地率は低く，耕地率は高い**。

❖ **アイスランド(首都レイキャビク)**
① 大西洋中央海嶺⇒火山と氷河の国⇒地熱と水力⇒アルミニウム精錬。
② 偏西風と北大西洋海流の影響⇒南部はCfc(北部はET気候)。
③ 水産国(タラなど)⇒魚介類の消費が多い。近年は観光産業を推進。

4　南部ヨーロッパのおもな国

❖ **イタリア(面積約30万km², 人口約6,000万人, 首都ローマ)**
① 新期造山帯⇒地震や火山(シチリア島のエトナ山, ナポリ近郊のヴェズヴィオ山)⇒地熱発電。
② 北部パダノヴェネタ平野⇒混合農業や稲作, 南部は大土地所有制残存⇒生産性の低い地中海式農業。
③ 北部の工業三角地帯＝ミラノ(繊維⇒水力), トリノ(自動車), ジェノヴァ(鉄鋼・石油化学)⇒南北格差が大きい⇒タラントに臨海立地型の鉄鋼。近年第3のイタリア(サードイタリー)が注目⇒職人を抱える中小企業が緊密な連携を取り, 高付加価値, 少量多品種の工業製品の生産に特化, イタリア中北部のフィレンツェやボローニャ, 北東部のヴェネツィアなど。
④ 都市…ナポリ(ヴェズヴィオ山⇒ポンペイの遺跡), ヴェネツィア(水の都⇒ラグーン周辺部, 温暖化で水没の危険性)。

❖ **スペイン(面積約50万km², 人口約4,500万人, 首都マドリード)**
① 乾燥した高原(メセタ)が大部分, ピレネー山脈はフランスとの国境, 北西部はリアス海岸。
② かつてはスペインとの国境であるピレネー山脈西部のバスク地方で分離独立運動の動きが激しかったが, 現在は北東部のカタルーニャ地方で分離独立運動が盛ん。
③ メセタ(羊の移牧), 北部(混合農業), 南部(地中海式農業), エブロ川流域などで稲作。豚の飼育頭数・豚肉の生産では欧州最大級。
④ バルセロナ(カタルーニャ地方の中心, 外国企業によるEU市場向けの自動車)。2008年の世界的な金融危機を機に経済が悪化⇒若年層を中心に高い失業率が続いている。

❖ **ギリシャ(首都アテネ)**
① 観光産業が中心。2011年の金融危機により大不況へ⇒若年層を中心に高い失業率。

5　東部ヨーロッパのおもな国

❖ **ポーランド(首都ワルシャワ)**
① 氷食を受け低平⇒モレーンや湖沼が多い⇒やせ地。
② スラブ系, カトリック教徒。

③酪農，混合農業⇒ライ麦，ばれいしょ。
④**シロンスク炭田**⇒原料立地型の鉄鋼。EU加盟後，電気機械や自動車産業が立地。

✤ チェコ（首都プラハ）・スロバキア（首都ブラチスラバ）
①経済格差（ボヘミア地方のガラス，ビールなど工業中心のチェコVS農業中心のスロバキア）⇒**分離独立**。
②ユーロ導入が早かったスロバキアでは，**電気機械や自動車産業の工場が立地**。

✤ ハンガリー（首都ブダペストは双子都市）
①東部に**プスタ**と呼ばれる温帯草原⇒**肥沃な**レス⇒**混合農業**が盛ん。
②**ウラル語族**が中心⇒民族島を形成（周囲はインド・ヨーロッパ語族のスラブ語）。

✤ ルーマニア
①**ラテン語系の民族**⇒民族島を形成（周囲はスラブ語系）。
②東欧随一の原油産出（プロエシュティ油田）。

✤ 旧ユーゴスラビア（ユーゴ＝「南」，スラビア＝「スラブ人」の意）のおもな国
①**スロベニア**…スロベニア人，カトリック教徒が多い。**カルスト地形**，**EU加盟**。
②**クロアチア**…クロアチア人，カトリック教徒が多い。**EU加盟**。
③**ボスニア・ヘルツェゴビナ**…セルビア人（正教会），ムスリム（イスラーム），クロアチア人（カトリック）が対立⇒**内戦で荒廃**，政情不安定。
④**セルビア**…セルビア人，**正教徒**が多い，**南部にはアルバニア系（イスラーム教徒）が多い**⇒**コソボ共和国として分離独立**（国連未加盟）。

■ヨーロッパの農業地域

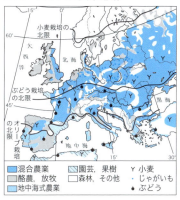

■ヨーロッパの鉱工業の分布

ここが共通テストのツボだ!!

ツボ ① EUの加盟国の格差

EUについて加盟国間格差とともに理解する。

① **加盟国**…**加盟数は28か国**（2019年10月現在）。ヨーロッパは歴史上，戦争が絶えなかった地域で，**石炭などの資源をめぐり世界大戦につながった反省**から，第二次世界大戦後，ベネルクス関税同盟，その後のECSC（ヨーロッパ石炭鉄鋼共同体）の結成が統合の始まり。

② **ECからEUへ**…経済統合（**域内関税の撤廃**など）や**共通農業政策**を中心に発展してきた**EC（ヨーロッパ共同体）**を基礎に，**通貨統合（ユーロ）**や**国境審査の廃止（シェンゲン協定）**，外交・安全保障，警察・刑事司法協力など，より幅広い協力をはかる超国家的組織の**EU（ヨーロッパ連合）**へ。

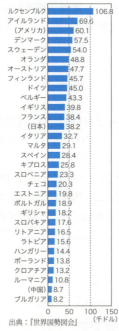

図1 EU各国の1人当たりGDPの比較（2017年）
出典：『世界国勢図会』

図2 失業率（%）（2014年）

ギリシャ	26.5
スペイン	24.5
キプロス	16.1
ポルトガル	14.1
スロバキア	13.2
イタリア	12.7
アイルランド	11.3
ラトビア	10.8
リトアニア	10.7
フランス	10.3
スロベニア	9.7
フィンランド	8.7
ベルギー	8.5
オランダ	7.4
エストニア	7.4
ルクセンブルク	6.0
マルタ	5.8
オーストリア	5.6
ドイツ	5.0
Euro圏19か国平均	11.6
クロアチア	17.3
ブルガリア	11.4
ポーランド	9.0
スウェーデン	7.9
ハンガリー	7.7
ルーマニア	6.8
デンマーク	6.6
チェコ	6.1
イギリス	6.1
EU28か国平均	10.2
（アメリカ）	6.2
（日本）	3.6

出典：『日EU経済情勢』（外務省）

③ **EUが抱える課題**…**2000年代以降の東欧諸国の加盟により，格差が拡大**。

⇒ 西欧・北欧＞南欧＞東欧＞2007年以降の加盟国（**ルーマニア，ブルガリア，クロアチア**）。

※ ただし，**失業率は南欧やクロアチア，ブルガリアで高く，チェコ，ハンガリー，ポーランドは低い**。

なぜ？⇒**南欧諸国より安価な労働力**を持ち，**大市場のドイツに隣接**し早くから政情・経済が安定。**西欧諸国の企業による労働集約型工業の生産拠点に**（＝雇用機会が多い）。

チャレンジテスト（大学入学共通テスト実戦演習）

問1 ヨーロッパでは国を越えた労働力の移動が盛んで，外国人労働者の就業状態は各国の置かれた状況に応じて多様である。次の図は，ヨーロッパのいくつかの国における自国民の失業率と外国人の失業率を示したものであり，ア～エは，下の①～④の国群のいずれかである。イに該当する国群を，下の①～④のうちから一つ選べ。

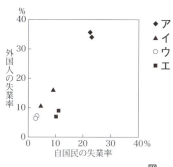

統計年次は 2012 年。
OECD の資料により作成。

図

① オランダ，フランス　　② ギリシャ，スペイン
③ スイス，ノルウェー　　④ ハンガリー，ポーランド

問1 ［答］

　まず**ウ**は，外国人も自国民も失業率が低いことから，③のスイス，ノルウェーとなる。両国とも，1人当たりGNIが世界でもトップクラスの国で経済が安定し，EUにも非加盟なことから，EU域内からの労働力の流入も少なく，失業率が低いことをよく表している。一方，**ア**は外国人も自国民も失業率が高いことから，②のギリシャ，スペインとなる。南ヨーロッパのギリシャやスペインでは，2010年以降の債務危機から不況に陥っているが，高福祉で失業手当等を受け取れるため，失業状態でも生活にそこまで困窮しないこともあり，自国民の失業率が高い状態になっている。また，これらの国は地中海に面していることでEUの玄関口になっており，距離的に近く貧しい北アフリカや西アジアからの移民や難民，スペインには旧植民地からの移民も流入してくる。そのため，外国人も就業機会に恵まれず失業率が高くなっている。

　残った**イ**と**エ**であるが，**イ**は自国民より外国人の，**エ**は外国人より自国民の失業率が比較的高くなっている。よって，経済が発展し雇用機会に恵まれる西ヨーロッパのオランダ，フランスには，EU域内を中心に知識や技術に乏しい未熟練労働者が流入するものの，就業機会には恵まれず失業率が高い**イ**が対応する。一方，2000年代に入ってEUに加盟した東ヨーロッパのハンガリーとポーランドは，同じEU加盟国の中では賃金水準が低いこともあって外国人労働者の流入はそもそも少ない。また，賃金水準が低いことから，西ヨーロッパ諸国やEU域外の多国籍企業が労働集約型工業の生産拠点を設けるようになり，自国民の就業機会は南ヨーロッパより恵まれている。よって，**エ**が対応する。

問2 次のア～ウの文は，イタリア，ドイツ，ベルギーのいずれかの国内における地域間経済格差について述べたものである。国名とア～ウとの正しい組合せを，下の①～⑥のうちから一つ選べ。

ア　西側の資本主義経済体制をとる国に，東側の社会主義経済体制をとっていた国が編入された結果，東西の経済格差が生じている。

イ　北部で工業が発達したのに対し，南部では製鉄所などの国営による工場の建設がすすめられたものの，南部の経済発展が依然として立ち遅れている。

ウ　北部では羊毛などの繊維工業，南部では石炭産業や鉄鋼業が発達していたが，南部の産業衰退によって北部の経済的優位が明瞭になった。

	①	②	③	④	⑤	⑥
イタリア	ア	ア	イ	イ	ウ	ウ
ドイツ	イ	ウ	ア	ウ	ア	イ
ベルギー	ウ	イ	ウ	ア	イ	ア

問2 [答]

問1がヨーロッパ内の地域間格差の問いだったのに対し，問2は国内の地域間格差の問いになっている。共通テストに近い傾向の問題である。

アはドイツである。1990年に東西ドイツが統一され，現在のドイツとなったが，<u>社会主義</u>地域であった旧東ドイツ地域は経済発展が遅れている。**イ**はイタリアである。イタリアは先進国では珍しく，地域間の<u>経済格差</u>が古くから大きい。北部のミラノ，トリノ，ジェノヴァの三角工業地帯は早くから工業が発展し豊かな地域となっているが，南部のローマやナポリなどの地域は経済発展が遅れている。そこで南北格差を是正するため，南部のタラントに臨海立地の製鉄所を建設し，工業化を推進しているが，北部と比べEUの大消費地から離れていることもあり，観光産業以外の目立った産業が伸びていない。**ウ**はベルギーである。問3にもつながるのだが，ベルギーは1970年代の石油危機以降，南部の重工業地帯が衰退する一方，北部は古くからの毛織物などの伝統産業に加え，海に面した地の利を生かし，<u>中継貿易</u>や<u>機械工業</u>などが発達している。そのため，北部と南部で<u>経済格差</u>を抱えるようになり，そのことが言語対立に拍車をかけている。

問3 次の図は，ヨーロッパ西部に位置するX国とY国における言語による地域区分を示したものである。X国とY国の言語にかかわる特徴について説明した下の文章中の空欄アとイに当てはまる語の正しい組合せを，下の①〜④のうちから一つ選べ。

点線と太線は国境を示している。
Statesman's Yearbook などにより作成。
図

　言語aとcはともに（　ア　）語派に属し，言語bとdはともにラテン語派に属する。X国とY国とは，国内で複数の言語が用いられている点で共通している。Y国では公用語を（　イ　）制定している。

① ア―ゲルマン　　イ―一つ
② ア―ゲルマン　　イ―複数
③ ア―スラブ　　　イ―一つ
④ ア―スラブ　　　イ―複数

問3　[答]　

　ヨーロッパにおける言語問題を抱える地域は，接している国を考えるとよい。
　X国のベルギーは，北部がオランダに接し，南部がフランスに接している。よって，北部はゲルマン語派のオランダ語（a）が，南部はラテン語派のフランス語（b）が話されている。Y国のスイスは，北部がドイツに，西部がフランスに，南部がイタリアに接している。よって，北部がゲルマン語派のドイツ語（c），西部がラテン語派のフランス語（b），南部が同じくラテン語派のイタリア語（d）となる。ちなみにその他の言語とは，先住の人々が話しているロマンシュ語（レートロマン語）であることも知っておきたい。両国とも言語問題の対応策として，複数の言語を公用語に制定したり，連邦制に移行したりして対応しているが，南北の経済格差が大きいベルギーでは言語による民族対立が激しくなっている。

第2章 地誌

37 ロシアと周辺諸国

rank

1 ロシアと周辺諸国の自然環境 ★☆☆

- **地形**…地形は南高北低⇒多くの河川が北極海側へ北流⇒融雪洪水。古期造山帯のウラル山脈を挟む地域は、氷食による低平な土地を形成し、大部分が安定陸塊の構造平野。エニセイ川からレナ川の間には、安定陸塊の中央シベリア高原が広がり、レナ川以東は環太平洋造山帯。黒海とカスピ海の間には、アルプス=ヒマラヤ造山帯のカフカス山脈。ウラル山脈を境に、西部のヨーロッパロシアと東部のシベリア、極東地域。

- **気候**…北緯50度以南は乾燥帯が広がり、以北は大部分が亜寒帯（冷帯）で、シベリア東部はDw（亜寒帯冬季少雨気候）（⇒気温の年較差が極めて大きい）、それ以外はDf（亜寒帯湿潤気候）。レナ川流域に北半球の寒極（オイミャコン−71.2℃）がある。北極海沿岸はET（ツンドラ気候）、黒海、カスピ海の周辺部にCfa（温暖湿潤気候）（⇒世界有数のリゾート地（ヤルタなど））が見られる。ウクライナからシベリア西部にかけては、世界で最も肥沃な土壌のチェルノーゼムが分布。シベリアには広くタイガ（針葉樹林帯）が分布し、地中には永久凍土⇒家屋からの放射熱が永久凍土を融解し地盤を軟弱化させ、家屋が傾くのを防ぐため高床式家屋が見られる。また、近年では森林伐採や地球温暖化の影響から永久凍土が融解し、湿地の形成による生態系の破壊や地下にあった温室効果ガスのメタンの放出による地球温暖化が懸念されている。

■ロシアと周辺諸国の地形

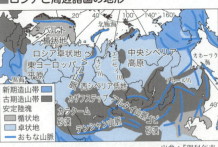

■ロシアと周辺諸国の気候

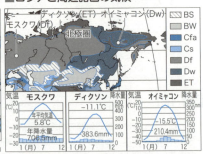

出典：『理科年表』

2 ロシアと周辺諸国の社会 ★★☆

- **ソ連の誕生と解体**
  ① 1922年に**世界初の社会主義国**として、ソビエト連邦が誕生したが、**計画経済の失敗**

で労働意欲が低下し次第に産業が停滞，東ヨーロッパ諸国との国際分業体制を推進したが，**西欧に比べると発展が遅れ，東西間で大きな格差**が生じた。1980年代半ばから，ペレストロイカ（改革），グラスノスチ（情報公開）を行い，市場経済の導入を行った。1989年，バルト三国で民主化・自由化運動が活発化し，1991年に独立。同年，旧ソ連が解体し，CIS（独立国家共同体）へと変更。**バルト三国はCISには入らず。**

②**1990年代は，市場経済への移行にともなう社会や経済の混乱から不況**に陥り，物価上昇や生活物資の不足，**失業者の増大**，年金生活者の困窮，**所得格差の拡大**などを引き起こした。**2000年代に入ると，エネルギー資源価格の上昇を追い風に経済は回復**した。また，第三次産業が進展し，軍事技術を背景に情報通信分野の成長も著しい。しかし，**資源依存型経済のため，資源価格の変動によって景気が左右されやすい。**

❖ **民族**…ロシアの人口の多くは**正教徒**であり，その多くはウラル山脈以西の地域やシベリア南部に居住している。また，かつてソ連を構成していた国にはロシア系住民も居住しており，ロシアへの移住や編入を求める動きにつながっており，内戦や紛争の温床となっている。極東地域にはトルコ系のタタール人なども居住している。

3 ロシアと周辺諸国の産業

❖ **農牧業**…コルホーズ（集団農場），ソフホーズ（国営農場）は解体⇒民間企業による農業法人や個人農場の育成がはかられるものの，生産性は上がっていない。また，**ダーチャ**と呼ばれる**都市生活者が郊外にもつ菜園付きの別荘地**での，野菜・果実・肉類の生産が農業を支えている。

農業地域は気候・土壌・植生とほぼ一致⇒**イルクーツク**を頂点に**オデッサ**（黒海北側）・**キエフ**・**サンクトペテルブルク**（すべて東経30度付近）を結んだ線で農牧業が分けられる。

■ロシアと周辺諸国の農業地域

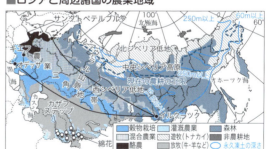

① **イルクーツク～オデッサ～キエフ**…BS気候≒**チェルノーゼム**⇒小麦の企業的穀物農業。
② **イルクーツク～オデッサより南**…BW気候⇒羊やヤギの遊牧，オアシス農業（綿花，野菜）。
③ **イルクーツク～キエフ～サンクトペテルブルク**…Df⇒**混合農業**（ライ麦，大麦，ばれいしょ，豚）。※**西部の大都市周辺では近郊農業や酪農。**
④ **北極海沿岸**…ET気候⇒トナカイの遊牧。
⑤ **それ以外の地域**…非農業地域（Dw）≒**タイガ（針葉樹林帯）**⇒林業。

❖ **鉱工業**…原料立地型のコンビナート方式で計画的に生産が行われていたが，**1991年のソ連邦解体にともなう社会主義体制の崩壊により工業は停滞**。しかし，2000

年代に入ると原油・天然ガス価格高騰の恩恵を受け，経済が上向きつつある⇒カスピ海の石油や天然ガスの権益や輸送ルートをめぐって，ロシアと周辺諸国が対立。ロシアは今後は中国や日本など東側向けの輸出を増やしていく方針。だが，

■ロシアと周辺諸国の鉱工業

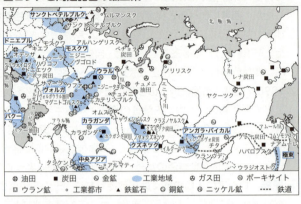

資源開発にともなう環境問題も深刻化。 ヨーロッパロシアのサンクトペテルブルクなど一部の大都市には，外国資本による製造業の拠点が形成された。ロシアは，2012年にはWTO加盟を達成したが，資源価格の下落や2014年のウクライナ領の一部を事実上併合したことによる欧米諸国からの経済制裁などから外国資本の進出が停滞。

4　ロシアと周辺のおもな国　★☆☆

❖ **ロシア連邦（面積約1,700万km², 人口約1.5億人，首都モスクワ）**
① 世界最大の面積（東経20度〜西経170度，11の等時帯），飛び地のカリーニングラード。
② **ヨーロッパロシア（ウラル山脈以西）**…サンクトペテルブルク（第2の都市，軍港）。
③ **ウラル工業地域**…ヴォルガウラル油田，マグニトゴルスク（鉄鋼）など。
④ **クズネツク工業地域**…クズネツク炭田⇒鉄鋼業，中心はノヴォクズネツク，チュメニ油田⇒ノヴォシビルスク（シベリア最大の都市）で石油化学。
⑤ **アンガラ・バイカル工業地域**…エニセイ川などの水力＆タイガ⇒アルミニウム精錬や製紙・パルプ工業，イルクーツク（木材），ブラーツク，クラスノヤルスク（アルミニウム）。
⑥ **極東地域**…環太平洋造山帯⇒カムチャツカ半島〜千島列島⇒火山・地震，中心はハバロフスク，ウラジオストク（軍港，水産加工），サハリンの原油・天然ガス開発。

❖ **バルト三国（ソ連から最初に離脱⇒EU，NATO加盟）**
① **エストニア**…アジア系，プロテスタント。　② **ラトビア**…スラブ系，プロテスタント。
③ **リトアニア**…スラブ系，カトリック。

❖ **ウクライナ（首都キエフ）**
① チェルノーゼム⇒穀倉地帯（小麦，ひまわり）。　② ドニエプル工業地域（旧ソ連最大の鉄鋼地帯）＝ドネツ炭田＋クリヴォイログ鉄山。チェルノブイリ（原発事故）。
③ 2014年にロシア系住民が多いクリム（クリミア）半島がロシアに事実上編入される（東部のドニエツクでも同様の動き）。

ここが共通テストのツボだ!!

ツボ ① ロシアの鉱工業

地形を境に各地域の特色をおさえる！

① エネルギー・鉱産資源
  (1) **西部（オビ川より西側）**：**原油・天然ガス**（とくに**カスピ海**周辺からウラル山脈周辺にかけて）を多く産出。
  (2) **東部（オビ川より東側）**：**石炭・金鉱**を多く産出。
  ⇒ 近年では東アジア向けの原油・天然ガスのパイプラインの敷設や極東・サハリンでの油田・天然ガス田開発を推進（⇒**ヨーロッパ依存からの脱却を目指す動き**）。

② 工業
  (1) ヨーロッパロシア：**モスクワ**や**サンクトペテルブルク**など**大都市を中心に総合的な工業地域**を形成。ソ連解体後は**外国企業による自動車・電気機械工業**が発達。
  (2) ヴォルガ川～ウラル山脈周辺：ヴォルガウラル油田や石炭・鉄鉱石が豊富なことにより工業化が進展⇒**石油化学工業・鉄鋼業の重工業地域**。
  (3) 西シベリア（ウラル山脈～エニセイ川）：オビ川上流の**クズネック炭田**を中心に，**南部を走るシベリア鉄道**周辺で**鉄鋼業**が発達。
  (4) 東シベリア：**エニセイ川**などの**水力発電**を背景にした**アルミニウム工業**や，豊富な森林資源による**製紙・パルプ工業**が，南部を走る**シベリア鉄道**沿いで発達。
  (5) 極東地域：日本海に面するウラジオストクではアジア企業の進出による木材・水産加工業が発達。

ツボ ② かつてソ連を構成していた中央アジア諸国

① 位置：「ん」の文字の書き順に「カトウタキ」と覚える。
② 民族：**トルコ系**，**イスラーム教徒**が多い（＝かつてのオスマントルコ帝国の影響）
③ 地形：北部・西部⇒低平。南東部（キルギス，タジキスタン）⇒高峻な山岳国。
④ 気候：大部分が**乾燥帯**。
⑤ 産業：**遊牧**（羊・ヤギ），綿花・小麦を栽培する**オアシス農業**。
⑥ 資源：カザフスタン（**石炭**，石油，天然ガス，**ウラン**），トルクメニスタン（石油，天然ガス），ウズベキスタン（天然ガス，**ウラン**）⇒3か国は**レアメタル**も豊富。

図 中央アジアの国々

37 ロシアと周辺諸国 | 245

チャレンジテスト（大学入学共通テスト実戦演習）

問1 次の図中に示したA〜Dにおける自然環境や人間活動について述べた文として下線部が最も適当なものを，下の①〜④のうちから一つ選べ。

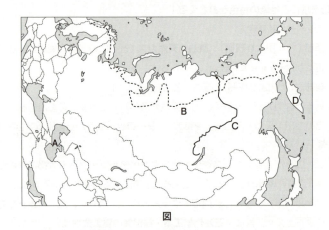

図

① Aの湖はワタ（綿花）の栽培などの灌漑農業によって<u>河川からの流入水量が大きく減少し，湖の陸化が著しい</u>。
② Bの線は北緯60度以北の地域において描かれており，<u>永久凍土の南限を示している</u>。
③ Cの河川は厳冬期に結氷し，<u>春になると河口部から解氷がすすむために洪水が頻発する</u>。
④ Dの半島の南部は，<u>プレートの境界に近接しているために地震が頻発する</u>。

問1 [答]

④ **正文**：ユーラシア大陸東端のカムチャツカ半島は，日本列島と同じく沈み込むプレートの狭まる境界に近接している。よって，地震が頻発し，火山も見られる。

① **誤文**：Aの湖は世界最大のカスピ海を示しているが，①の内容はその東側に位置するアラル海についての記述である。地図上での位置の違いには十分注意したい。

② **誤文**：ユーラシア大陸において，永久凍土はBのように北極海沿岸部だけではなく，もっと低緯度側まで広がっており，とくにユーラシア大陸北東部ではロシアと中国の国境付近まで広がっている。

③ **誤文**：Cの河川では，より温暖な低緯度側にある上・中流部から解氷（融氷）が始まる。Cの河川の下流部は，より高緯度側に位置するため，解氷が始まっても結氷していることが多く，増水した河川水が氾濫し，融雪洪水が発生することがある。

問2 次の図中のA～Cは，ロシアにおける三つの工業都市を示しており，下のア～ウの文は，A～Cのいずれかの特徴について述べたものである。図中のA～Cとア～ウとの正しい組合せを，下の①～⑥のうちから一つ選べ。

国境線は，設問にかかわる部分のみを記入した。
図

ア　この都市を中心とした地域は，露天掘り炭田を基盤として，鉄鋼業などの重工業が発達している。

イ　この都市を中心とした地域は，周辺に炭田，天然ガス田を有するうえ，毛皮の交易によって皮革工業も盛んである。

ウ　この都市を中心とした地域は，機械，金属，食品，繊維などの工業が総合的に発達している。

	A	B	C
①	ア	イ	ウ
②	ア	ウ	イ
③	イ	ア	ウ
④	イ	ウ	ア
⑤	ウ	ア	イ
⑥	ウ	イ	ア

問2　[答]　

　アはBとなる。露天掘り炭田を基盤として，鉄鋼業とあることから，クズネツク炭田が近くにあるBと判断できる。クズネツク炭田の場所は，ウラル山脈よりも東側を流れるオビ川の流域にある。ウラル山脈以東のシベリアは，全体的に自然環境が厳しいことから人口希薄な地域にあたるが，国境に近い南部のシベリア鉄道と河川との合流付近には，重工業が発達し大都市が見られる。そのため，図中に国境線が示されているものと思われる。イはCとなる。アと同様に炭田があるが，他にも天然ガス田があり，資源が豊富なことがうかがえる。ただ，アとは違って皮革工業など軽工業製品が中心で，重工業が発達していない。つまり，大消費地から離れており，ロシア南部を横断するシベリア鉄道など輸送網にも恵まれない，北東部内陸のCと判断できる。ウはAとなる。ウラル山脈よりも西側のヨーロッパロシアは，比較的温暖で湿潤であることから人口が多く，モスクワやサンクトペテルブルクなどの大都市も多く見られる。大都市では一般に様々な工業が発達する総合的な工業地域を形成することが多いことから，Aと判断できる。

第2章　地誌　　　　　　　　　　　　　　　　　　　　　rank C

38 アングロアメリカ

1　アングロアメリカの自然環境　★☆☆

❖ **地形**…大陸の西部に環太平洋造山帯のロッキー山脈，東部に古期造山帯のアパラチア山脈が南北に連なる。ハドソン湾を中心にかつて大陸氷河が広がっていたことから，氷食によるやせ地，氷河湖（五大湖やウィニペグ湖など）が多く分布し，安定陸塊のカナダ（ローレンシア）楯状地が広がっている。中央部には大平原のプレーリー，アラスカからカナダにはフィヨルド，アメリカ合衆国の大西洋岸からメキシコ湾岸にかけては海岸平野，大西洋岸のチェサピーク湾では溺れ谷がみられる。

❖ **気候**…西部と東部に山脈が南北に延びるため，大気は中央部を南北方向に移動しやすい（遮蔽物が少ないので）⇒等温線の形は，1月が下向きに凸型，7月が上向きに凸型となる。アメリカ合衆国の西経100度≒年降水量500mm⇒西部が乾燥帯，東部が湿潤な気候。北緯40度≒最寒月気温0℃，年平均気温10℃⇒以北がDf（冷帯湿潤気候），以南がCfa（温暖湿潤気候）。太平洋岸はCs（地中海性気候），フロリダ半島は唯一の熱帯。カナダの大部分はDf（冷帯湿潤気候）で，タイガが広がっている。北極海沿岸はET（ツンドラ気候），カナダからアラスカの太平洋岸は，暖流のアラ

■アングロアメリカの地形

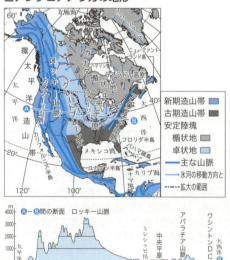

■アングロアメリカの気候

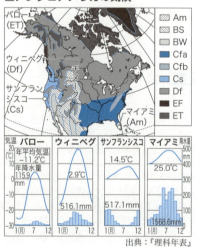

出典：『理科年表』

| 248 |

スカ海流と偏西風の影響で，Cfb（Cfc）気候（西岸海洋性気候）となっている。メキシコ湾やカリブ海で発生する熱帯低気圧のハリケーン，局地風として冬季に吹雪をともない北から南に向かって吹く強風のブリザードなどがある。

2 アングロアメリカの社会

アジア系人種（モンゴロイド）のネイティブアメリカンやイヌイット（エスキモー）が先住民。1492年にコロンブスが新大陸発見。北東部のニューイングランド地方から入植⇒現在でも白人が多い。東からはイギリス，北東からはフランス，南からはスペインが入植。その後，西漸運動で，西部や北部へと移動。アメリカ合衆国では，WASP（ホワイトアングロサクソンプロテスタント）が中心。アフリカ系（黒人）は南部や北部の大都市に，ヒスパニックはメキシコとの国境沿いに，アジア系は太平洋岸に比較的多い⇒大都市では人種や民族ごとの住み分け（セグリゲーション）が進んでいる。

■アメリカ合衆国の拡大（左図）と州別人口増加率（2000～2010年）（右図）

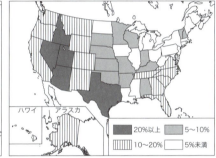

3 アングロアメリカの農牧業

適地適作主義⇒大規模農業で特に労働生産性が高いが，近年は生産過剰。穀物メジャーがアグリビジネスを展開し，農作物の流通・販売だけでなく，種子（ハイブリッド種）の開発から化学肥料，農薬の生産・販売を行い，農家への支配を強めている。

- ❖ 農牧業地域…西経100度（≒年降水量500mm）と北緯40度（≒1月の平均気温0度/年平均気温10度⇒亜寒帯（冷帯）と温帯の境目）が大きな境目。西経100度以西の乾燥地域は牧畜，以東の湿潤地域は耕作。
- ①西経100度付近（≒年降水量500mm，プレーリー，「世界のパン篭」）…小麦の企業的穀物農業地帯。北緯40度以北は春小麦，以南は冬小麦が栽培。
- ●春小麦地帯（北緯40度以北）…カナダの平原（プレーリー）三州（アルバータ州，サスカチュワン州，マニトバ州）からアメリカ合衆国の南北ダコタ州，ミネソタ州。カナダの春小麦の集散地は，マニトバ州の州都ウィニペグ（大陸横断鉄道の結節点）。
- ●冬小麦地帯（北緯40度以南）…アメリカ合衆国のカンザス州からオクラホマ州が中

心。集散地はオマハ，カンザスシティ。また，灌漑が整備され，冬でも比較的温暖な<u>コロンビア盆地では冬小麦</u>の栽培も見られる（春小麦も）。

②<u>北緯40度沿い（≒肥沃なレスなどが分布）</u>…とうもろこし地帯（<u>コーンベルト</u>）⇒大豆との<u>輪作</u>，家畜の飼料として利用し，養豚や肉牛の肥育を行っている⇒近年では<u>バイオエタノール</u>の原料作物としてとうもろこし栽培を拡大⇒森林破壊や土壌侵食が生じている。

■アングロアメリカの農牧業地域

③ニューイングランド地方から五大湖周辺…<u>冷涼な気候</u>(Df)，氷食を受けたやせ地，大市場に近接⇒<u>酪農</u>が盛ん。

④アメリカ合衆国南東部〜テキサス州，カリフォルニア州…綿花栽培が盛ん。かつての<u>黒人奴隷</u>による<u>プランテーション</u>農業から発展。近年では<u>連作障害</u>から，灌漑の整備されたテキサス州やカリフォルニア州など西部へと移動傾向。以前の栽培中心地の南東部では，大豆との輪作や混合農業，園芸農業に転換中。

⑤<u>カリフォルニア州（≒Cs（地中海性気候））</u>…ぶどうやオレンジなどの果実や野菜を中心とした<u>地中海式農業</u>⇒輸出も盛ん。灌漑の整備された<u>セントラルヴァレー</u>では稲作，<u>インピリアルヴァレー</u>では綿花が栽培されている。収穫作業はメキシコからの<u>ヒスパニック</u>に依存している。

⑥グレートプレーンズ〜グレートベースン（西経100度以西）…肉牛の企業的牧畜地帯。以前は肉牛をコーンベルトへ移送し肥育していたが，豊富な地下水を利用した<u>センターピボット農法</u>による灌漑農業（とうもろこし栽培）が確立⇒<u>フィードロット</u>による肉牛の肥育が行われている。しかし，近年では過剰揚水による地下水の枯渇や過度な灌漑による<u>塩害</u>が問題化。

⑦大都市近郊，フロリダ半島（大市場に近接，亜熱帯性気候）…<u>園芸農業</u>地帯。アメリカ合衆国北東部の大都市周辺では，花卉・野菜栽培を行う近郊農業，温暖な気候を活かしたフロリダ半島ではオレンジなど果実栽培を行う遠郊農業（輸送園芸）が盛ん。

4　アメリカ合衆国とカナダ　

✤ **アメリカ合衆国**（面積約960万km²，人口約3億人，首都ワシントンD.C.）

①数理的国境（カナダ⇒北緯49度，西経141度），自然的国境（メキシコ⇒<u>リオグランデ川</u>）。

②<u>テネシー川</u>⇒TVA（テネシー河谷開発公社）による<u>多目的ダムの建設</u>，<u>コロラド川</u>（フーバーダム）⇒ロサンゼルスへの導水・送電，<u>インピリアルヴァレー</u>の灌漑⇒<u>園芸農業</u>（野菜・果実・綿花），<u>コロンビア川</u>⇒発電（アルミニウム，<u>シアトル</u>の航空機）

250

や灌漑（冬小麦），セントラルヴァレー⇒灌漑による園芸農業，稲作。

③ 北東部（ニューイングランド地方）…ボストン～ワシントンがメガロポリス。ボストン（綿工業，学術都市，IC⇒エレクトロニクスハイウェイ），ニューヨーク（最大の都市，ハドソン川），フィラデルフィア（独立宣言），ボルティモア郊外に臨海立地型の鉄鋼。

④ 中西部…メサビ鉄山＋アパラチア炭田＋五大湖の水運⇒鉄鋼や自動車などの重工業⇒1970年代以降，衰退（＝フロストベルト），シカゴ（穀物取引所⇒農畜産物の集散地），デトロイト（自動車⇒現在は衰退，自動車工業の中心は，近接する南部の州やカナダの五大湖岸へ移動），ピッツバーグ（かつて鉄鋼⇒再開発＆医療産業・金融業へ）。

⑤ 南部…黒人奴隷による綿花栽培⇒連作障害で多角化（大豆など），栽培地域は西部へ。サンベルト＝北緯37度以南（＆太平洋側）において，温暖な気候，安価な土地や労働力，豊富な石油・天然ガスなどの資源を活かして，1960年代以降，宇宙・航空機産業などの先端産業を誘致⇒IC産業など先端産業が発達し，人口増加・成長著しい地域へ⇒シリコンプレーン（ダラスなどIC産業集積地），ヒューストン（石油化学，宇宙産業），ニューオーリンズ（農産物の積出港，ハリケーン被害，石油化学），アトランタ（滝線都市⇒綿工業，清涼飲料，情報メディア産業）。

⑥ 西部・太平洋岸…シアトル（木材加工，航空機），ロサンゼルス（第2の都市，宇宙・航空機産業，映画産業），サンフランシスコ（⇒近郊のサンノゼには，世界最大のICT産業集積地のシリコンヴァレー），ラスベガス（オアシス，カジノ）。

⑦ アラスカ…アンカレジ（ハブ空港⇒中継地として地位低下），ハワイ…日系人，ホットスポット。

❖ カナダ（面積約1,000万km², 人口約3,500万人，首都オタワ）

① 多文化主義⇒アジア系の移民が多い。ケベック州＝フランス系住民が多い，最大の都市はモントリオール⇒英語圏のオンタリオ州との州境付近に首都のオタワ，北部のヌナブト準州（イヌイット（エスキモー）初の自治州）。

② 平原三州（アルバータ州，サスカチュワン州，マニトバ州）⇒春小麦（集散地はウィニペグ）。太平洋岸⇒林業が盛ん⇒日本へ輸出。

③ ロッキー山脈東部のアルバータ州では原油やオイルサンドの産出⇒エドモントン（石油化学），カナダ東部のラブラドル半島では鉄鉱石，五大湖に近いサドバリではニッケル鉱。北部内陸では金鉱やウラン鉱。五大湖岸のオンタリオ州では，自動車産業。

④ 都市…トロント（カナダ最大，イギリス系住民最大の都市），ヴァンクーヴァー（サケ・マス，アジア系）。

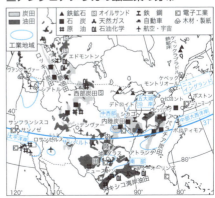
■アングロアメリカの鉱工業の分布

ここが共通テストのツボだ!!

ツボ ① 北アメリカの自然環境

① 地形と気候
- 大陸の西部にロッキー山脈などの環太平洋造山帯が幅広に，東部に古期造山帯のアパラチア山脈が南北に連なる。
- カナダ東部のハドソン湾を中心にかつて大陸氷河に覆われていたことから，氷食のやせ地，氷河湖（五大湖など）が多く分布（安定陸塊のカナダ楯状地）。
- 中央部には大平原のプレーリー，アラスカからカナダの太平洋岸にはフィヨルド，アメリカ合衆国の大西洋岸からメキシコ湾岸にかけては海岸平野がみられる。

⇒ (1) 西部と東部に山脈が南北にのびるため，大気は中央部を南北方向に移動しやすい（遮蔽物が少ないので）⇒等温線は7月が北向きに凸型，1月が南向きに凸型。
(2) 西経100度≒年降水量500mm（西部乾燥，東部湿潤）。
(3) 北緯40度≒最寒月平均気温0℃（以北が亜寒帯（冷帯）湿潤気候（Df），以南が温暖湿潤気候（Cfa））

② その他の気候…アメリカ合衆国の太平洋岸は地中海性気候（Cs），フロリダ半島南部は本土で唯一の熱帯。カナダの大部分は亜寒帯（冷帯）湿潤気候（Df）（タイガ）。北極海沿岸はツンドラ気候（ET）。カナダからアラスカの太平洋岸は，暖流のアラスカ海流と偏西風の影響で，西岸海洋性気候（Cfb～Cfc）。

ツボ ② カナダのおもな都市の特徴

① **オタワ**：首都。英語圏のオンタリオ州とフランス語圏のケベック州の州境付近に位置（民族対立を融和）。
② **トロント**：五大湖のオンタリオ湖に面し，カナダ最大都市。オンタリオ州の州都。イギリス系住民最大都市。自動車産業が発達。

図 カナダのおもな州・準州

③ **モントリオール**：フランス系住民が多いケベック州最大都市。繊維産業が発達。
④ **ヴァンクーヴァー**：フレーザー川の河口。サケ・マス漁，木材加工業。アジア系が多い。
⑤ **エドモントン**：春小麦の大産地である平原三州の，アルバータ州（他はサスカチュワン州，マニトバ州）の州都。原油（オイルサンド）・天然ガスの産地に近い。石油精製・化学工業。

チャレンジテスト（大学入学共通テスト実戦演習）

問1 次の図2中のア～ウは，図1中のA～Cのいずれかの地点の最暖月と最寒月の月平均気温を示したものである。A～Cとア～ウとの正しい組合せを，下の①～⑥のうちから一つ選べ。

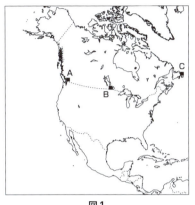

図1

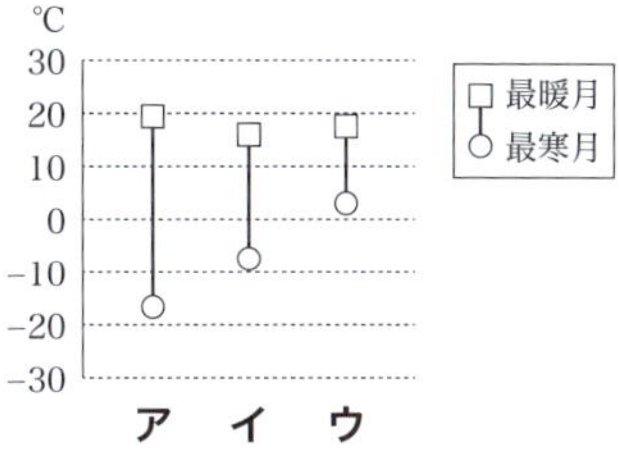

図2

気象庁の資料により作成。

	①	②	③	④	⑤	⑥
A	ア	ア	イ	イ	ウ	ウ
B	イ	ウ	ア	ウ	ア	イ
C	ウ	イ	ウ	ア	イ	ア

問1 [答]

　Aは，大陸の西岸沖を流れる暖流の<u>アラスカ海流</u>や偏西風の影響を受ける場所にあたることから，<u>気温の年較差</u>が小さく，冬季でも比較的温和なため，最寒月気温が最も高いウが対応する。残ったBとCであるが，Bは唯一大陸の内陸に位置することから，最も<u>気温の年較差</u>が大きいアが対応する。Cは大陸東岸に位置し，海洋性の気候から<u>気温の年較差</u>はウ同様に小さいが，Aよりもより高緯度にあり，沖合を流れる寒流のラブラドル海流の影響が強いことから，冬の寒さが厳しいイが対応する。

---

38 アングロアメリカ ｜ 253

問2 北アメリカの国々は多様な人種・民族で構成されている。アメリカ合衆国の人種・民族について説明した文として下線部が適当でないものを，次の①～④のうちから一つ選べ。

① 1960年代に移民法が改正された後，アジア系移民の流入人口がヨーロッパ系移民の流入人口を下回る傾向がみられる。
② 19世紀中ごろまで，アフリカ系の人々は，その多くがプランテーション農園で労働に従事していたため，南部に比較的集中している。
③ エスキモーは，ヨーロッパ人の入植以前から，主に北極海沿岸域で狩猟や漁労に従事して暮らしてきた。
④ ヒスパニックは，農業の季節労働やサービス業・建設業などの低賃金の単純労働に従事してきたが，最近では所得の高い専門職につく人々も増えている。

問2 ［答］ ①

① 誤文：移民法の改正後，アジア系の人々はより高賃金が得られるアメリカ合衆国へ雇用機会を求めて流入したり，近年では経済成長から所得水準が上がり，より高度な教育を受けるために大学や大学院への留学生も流入したりしている。よって，近年ではアジア系移民の流入人口がヨーロッパ系移民の流入人口を上回る。
② 正文：アメリカ合衆国においてアフリカ系の人々は，南部での綿花栽培に従事するために奴隷として連れてこられた。現在でもその影響から，アフリカ系の人々は南部に多く居住している。
③ 正文：エスキモー（イヌイット）は，シベリア東部から北アメリカに含まれるグリーンランドの北極海沿岸において先住民として暮らしてきた人々であり，海岸近くでアザラシやクジラ，セイウチなどの海獣を狩猟したり，サケ漁を行ったりして暮らしてきた。
④ 正文：ヒスパニックとはスペイン語を話すラテンアメリカ諸国出身の人々で，アメリカ合衆国内においては，農作物の収穫作業やウェイター・ウェイトレス，土木・建設作業などの単純労働に従事する人々が中心であった。ただ，最近では定住した移民の子孫の中には現地で教育を受けたことで知識や技術を習得し，一部には医師や弁護士など高所得が得られる専門職につく人々も増えている。

問3 次の図は，アメリカ合衆国の各州*における全従業者に占めるいくつかの産業別従業者の割合の上位5位を示したものであり，ア～ウはコンピュータ・電子部品製造業，食品製造業，石油・ガス採掘業のいずれかである。業種名とア～ウとの正しい組合せを，下の①～⑥のうちから一つ選べ。

*ハワイ州を除く。

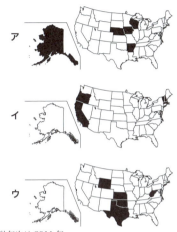

統計年次は2011年。
U.S.Bureau of Economic Analysis の資料により作成。

図

	①	②	③	④	⑤	⑥
コンピュータ・電子部品製造業	ア	ア	イ	イ	ウ	ウ
食品製造業	イ	ウ	ア	ウ	ア	イ
石油・ガス採掘業	ウ	イ	ウ	ア	イ	ア

問3 ［答］ ③

　まず**ア**の分布を見てみると，アラスカ州や五大湖南側の北緯40度沿いに上位州が見られる。よって，水産業が盛んだったり，とうもろこしや大豆の生産が中心で畜産業も盛んだったりする州に当たることから，食品製造業となる。

　次に**イ**を見てみると，はっきりと西海岸と東海岸の北東部に上位の州が偏っている。よって，カリフォルニア州のシリコンヴァレーやワシントン州からオレゴン州にかけてのシリコンフォレスト，ボストン近郊のエレクトロニクスハイウェイを含む州であることから，コンピュータ・電子部品製造業となる。

　最後に残った**ウ**を見てみると，西経100度付近の南部を中心に，西部内陸や東部のアパラチア山脈に近いあたりにも上位州が見られる。よって，これらの付近では，メキシコ湾岸油田や2006年ごろから採掘が活発化したシェールオイル・シェールガスの生産が盛んな場所に対応していることから，石油・ガス採掘業となる。地図帳などでは，シェールオイルやシェールガスの採掘が盛んな場所も示され始めているだけに，アメリカ合衆国内のどこで採掘されているのかにも気を配っておきたい。

39 ラテンアメリカ

第2章 地誌　rank B

1 ラテンアメリカの自然環境

✤ **地形**…**環太平洋造山帯**が北アメリカ大陸から続き，メキシコには高原，南アメリカ大陸の西岸付近に南北に**アンデス山脈**が連なる。南アメリカ大陸の東部は安定陸塊が大部分であるが，アマゾン盆地を境に南北にはギアナ高地やブラジル高原といった標高の高い地域が広がる。**カリブ海**の**西インド諸島**は**弧状列島**，**アマゾン川**やオリノコ川の**河口**には**三角州**，**ラプラタ川の河口**には**エスチュアリ（エスチュアリー）**，チリの南西岸には**フィヨルド**が見られる。

✤ **気候**…赤道直下はAf（熱帯雨林気候）が広がり，その周辺部にはAw（サバナ気候）が広がる。メキシコ高原やブラジル高原南部ではCw（温暖冬季少雨気候）。**アンデス山脈は高所のため低緯度にもET（ツンドラ気候）が見られる⇒高山都市（ラパス，キト，ボゴタ）に注意。**太平洋側には**寒流**の**ペルー海流**の影響によって形成された**海岸砂漠**が見られる（ペルーの海岸からチリ北部の**アタカマ砂漠**）。アルゼンチン南部は**アンデス山脈**の風下側に位置するため，砂漠の**パタゴニア**が広がる。チリの中部はCs（地中海性気候），南部はCfb（西岸海洋性気候），南端はET（ツンドラ気候）も見られる。**アマゾン川**流域に広がる**熱帯雨林**を**セルバ**，オリノコ川流域に広がる**サバナ**を**リャノ**，ブラジル高原に広がる**サバナ**を**カンポ（カンポセラード）**という。**ラプラタ川**下流域には大草原の**パンパ**が見られる。

■ラテンアメリカの地形

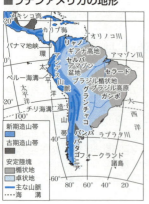

■ラテンアメリカの気候

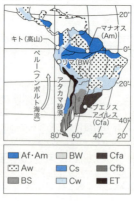

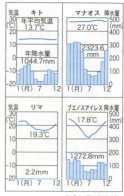

出典：『理科年表』

2　ラテンアメリカの社会

- **旧宗主国**…大部分が旧**スペイン**領。ブラジルは旧**ポルトガル**領。ハイチなどは旧**フランス**領。ジャマイカやガイアナなどは旧**イギリス**領。スリナムなどは旧オランダ領。
- **大土地所有制の残存**…現在でも植民地時代の大土地所有制（ラティフンディオ）が残存⇒ブラジルではファゼンダ，アルゼンチンではエスタンシア。
- **民族**
① ヨーロッパ系…アルゼンチン（8割強），ウルグアイ（8割強），コスタリカ（7割強）。
② 先住民（インディオ）…ペルー（約5割），ボリビア（約5割）。
③ アフリカ系…ハイチ（9割強），ジャマイカ（9割強）。
④ メスチソ（ヨーロッパ系と先住民の混血）…メキシコ（約6割），ベネズエラ（6割強）。
⑤ ムラート（ヨーロッパ系とアフリカ系の混血）…ドミニカ共和国（7割強）。

3　ラテンアメリカのおもな国

- **メキシコ（人口約1.3億人，首都メキシコシティ）**
① **メキシコシティ**⇒**高原，盆地**に位置し，湖沼の埋立地も一部に広がる⇒工業化や自動車による**大気汚染の深刻化**，**軟弱な地盤**で地震による被害が大きい，農村からの人口流入で**スラム**など**都市問題**。
② とうもろこしの原産地（⇒トルティーヤ，タコス）。
③ 銀鉱（内陸部），原油（メキシコ湾岸）。**NAFTA**（**北米自由貿易協定**）を結成し，域内貿易が活発化（貿易額の大半はアメリカ合衆国との貿易）⇒安価で豊富な労働力をいかした**アメリカ合衆国向けの生産拠点**として数多くの外国企業が進出（**自動車産業**など）⇒協定見直し。

- **ブラジル（面積約850万km^2，人口約2億人，首都ブラジリア）**
① **アマゾン川**＝世界最大の流域面積，河口から**マナオス**まで外洋船が遡航可。セルバ⇒**カラジャス鉄山**（露天掘り）の開発，大牧場の建設，横断道路（トランスアマゾニアンハイウェイ）の建設，水力発電用ダムの建設で**熱帯林破壊や土壌侵食**が深刻化。
② 旧ポルトガル領⇒公用語はポルトガル語。日系人が多い。
③ コーヒー豆（生産・輸出世界一⇒**テラローシャ**）とサトウキビ（生産世界一，**バイオエタノール**の原料用）の**モノカルチャー経済**⇒農業の多角化（**大豆**，小麦，とうもろこしなど）を推進，大農園の**ファゼンダ**⇒農畜産物が輸出の中心。
④ 鉄鉱石の産出・埋蔵世界有数（**カラジャス鉄山**，**イタビラ鉄山**）⇒**イタビラ鉄山**周辺で**鉄鋼業**。近年，リオデジャネイロ沖の深海底で油田開発が活発化し，**原油産出が増加**。また，**中型航空機の生産**も盛ん。1960年代末から1970年代前半に「ブラジルの奇跡」と呼ばれる急成長を遂げた（輸入代替型の工業化）が，**1980年代には累積債務やハイパーインフレ状態に**⇒1990年代から外資進出や輸入規制の緩和，国営企

業の民営化を行う。
⑤ **都市**…<u>ブラジリア</u>（<u>リオデジャネイロ</u>から遷都された計画的都市），<u>サンパウロ</u>（最大都市，コーヒー豆の集散地），<u>リオデジャネイロ</u>（第2の都市，旧首都，スラム），ベレン（天然ゴムの集散地）。

♣ **アルゼンチン（首都ブエノスアイレス）**
① <u>湿潤パンパ</u>＝混合農業（牧牛⇒冷凍船の発明など，<u>大豆</u>，とうもろこし），<u>乾燥パンパ</u>＝牧羊，その中間＝小麦の企業的穀物農業。　② 南部で原油・天然ガス。
③ **都市**…<u>ブエノスアイレス</u>（首都，<u>ラプラタ川</u>，農畜産物の集散地・積出港）。

♣ **その他のラテンアメリカの国**
① **コスタリカ**…バナナ，コーヒー，<u>エコツーリズム</u>立国。
② **パナマ**…<u>パナマ運河</u>，<u>便宜置籍船国</u>⇒商船保有量世界一。
③ **キューバ**…社会主義⇒2015年<u>アメリカ合衆国と国交正常化</u>へ。<u>サトウキビ</u>，ニッケル。
④ **ジャマイカ**…コーヒー，ボーキサイト。
⑤ **ハイチ**…イスパニョーラ島西部，世界初の黒人独立国家。
⑥ **ベネズエラ**…<u>オリノコ川</u>流域の<u>リャノ</u>，マラカイボ湖で原油（埋蔵量世界一）⇒OPEC加盟，鉄鉱石。
⑦ **コロンビア**…コーヒー，原油。
⑧ **エクアドル**…<u>キト</u>（高山都市，赤道直下），バナナの輸出世界一，原油⇒OPECに再加盟。
⑨ **ペルー**…首都<u>リマ</u>（海岸砂漠，標高は低い），先住民の<u>インディオ</u>の古代文明（<u>マチュピチュ</u>），寒流の<u>ペルー海流</u>⇒<u>アンチョビ</u>（魚粉に加工）⇒エルニーニョ現象などで漁獲高の変動が大きい，銀，すず，銅，アマゾン川の<u>イキトス</u>まで外洋船が遡航可。
⑩ **ボリビア**…首都<u>ラパス</u>（世界最高所の首都），すず，ウユニ塩原にはレアメタルのリチウム。
⑪ **チリ**…地震・津波，Cs気候⇒ぶどう栽培，サケ・マスの養殖⇒日本へ，銅の産出世界一（チュキカマタ）。
⑫ **ガイアナ**…旧イギリス領⇒インド系が多い。<u>ボーキサイト</u>。
⑬ **スリナム**…旧オランダ領⇒インド系，インドネシア系が多い。<u>ボーキサイト</u>。

■ラテンアメリカの農業地域　　■ラテンアメリカの鉱工業地域

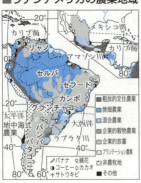

ここが共通テストのツボだ!!

ツボ ① 南アメリカの自然環境

赤道と南緯40度を意識しながら気候を理解する。

① アンデス山脈より東側の赤道直下は熱帯雨林気候(Af, Am),周辺部はサバナ気候(Aw)。
② メキシコ高原～アンデス山脈⇒高所地域が多いため,年中気温が低め(ラパス,キト,メキシコシティなど)。
③ ペルーからチリ北部は,寒流のペルー海流の影響による海岸砂漠。
④ アルゼンチン南部は,砂漠のパタゴニア。
⑤ チリ中部は地中海性気候(Cs),南部は西岸海洋性気候(Cfb),南端はツンドラ気候(ET)。

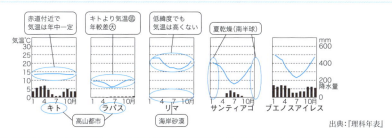

出典:『理科年表』

ツボ ② ブラジルの内陸部開発

ブラジルの多くの都市は沿岸部に位置(植民地化の際,内陸の荒地より水が豊かでヨーロッパなどとの貿易がしやすい沿岸部に人々が多く居住したため)⇒沿岸部の都市では人口が急増し,都市問題が生じたため,ブラジルは内陸部の開発を推進⇒内陸部に建設された首都ブラジリア。その他にも以下の開発が行われた。

① アマゾン川流域…大カラジャス計画(日本の援助)による鉄山開発(カラジャス鉄山,露天掘り),道路建設(トランスアマゾニアンハイウェイ),大牧場の建設,農地拡大⇒工業化や農牧業の多角化などで,コーヒーとサトウキビのモノカルチャー経済から脱却⇒しかし,熱帯林の破壊や土壌侵食,入植が進まずさらに都市部への人口集中を招き都市問題などが発生。
② セラード灌漑計画…広大なカンポとよばれる荒地に灌漑を整備して,農地の拡大を進める⇒とうもろこしや大豆,サトウキビの生産が盛ん。
③ 中西部開発…2000年代に入ってから,多国籍企業や政府が開発の遅れていた中西部(マトグロッソ州など)に灌漑や輸送網を整備し,中国向けの大豆生産を拡大(遺伝子組換え種の導入)⇒森林破壊や伝統的農業を行う地元住民との土地所有をめぐる対立。

39 ラテンアメリカ | 259

チャレンジテスト（大学入学共通テスト実戦演習）

問1 南アメリカ大陸の西部では，東西方向での短い距離の移動で景観が大きく変化する。次の写真中のア～ウは，図中のA～Cのいずれかの地点でみられる景観を撮影したものである。AからBを経てCまで移動した場合にみられる景観を順に並べたものとして最も適当なものを，下の①～⑥のうちから一つ選べ。

図

ア

イ

ウ

写真

① ア→イ→ウ ② ア→ウ→イ ③ イ→ア→ウ
④ イ→ウ→ア ⑤ ウ→ア→イ ⑥ ウ→イ→ア

問1 ［答］ ①

　アの写真を見ると，砂漠が広がっている。よって，沖合の寒流であるペルー海流の影響から海岸砂漠が広がっているAと判断できる。残ったイとウの写真を見てみると，同じように山を見ることができるが，その違いに注目をしたい。イの写真では山頂付近に白い雪が積もっており，樹木はほとんど生えておらず草原となっている。一方，ウの写真では山頂に雪はなく，密林に覆われている。植生景観は，いきなりガラッと変わるのではなく，徐々に変わっていくものなので，Aの砂漠に近接するBにおいて，いきなりウのような熱帯雨林のような景観が広がることは考えにくい。よって，Bはアンデス山脈の高所地域である程度降水が生じるが，標高が高いことで気温が低く，樹木等は見られないイと判断できる。そしてCは，アンデス山脈東麓に広がったアマゾン川流域の熱帯雨林のセルバの一部が写っているウと判断できる。

問2 南アメリカの国々では多民族・多文化の社会が形成されている。次の図は南アメリカのいくつかの国における住民の民族構成を示したものである。図に関することがらについて述べた文章として，下線部が最も適当なものを，下の①〜④のうちから一つ選べ。

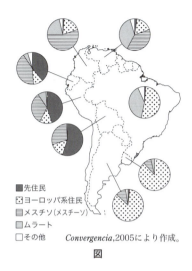

■先住民
▨ヨーロッパ系住民
☰メスチソ(メスチーソ)
▦ムラート
□その他

Convergencia, 2005により作成。

図

① アルゼンチンやウルグアイではヨーロッパ系住民の割合が高い。これは，<u>独立後に北アメリカからの移民を大量に受け入れたためである</u>。
② エクアドルやコロンビアではメスチソ(メスチーソ)の割合が高い。これらの国では，<u>ポルトガル語が国の公用語となっている</u>。
③ ブラジルやベネズエラではムラートの割合が高い。これは，<u>植民地時代にアフリカから多くの奴隷が連れてこられたためである</u>。
④ ペルーやボリビアでは先住民の割合が高い。これらの国では，<u>植民地支配を受ける以前からの宗教を信仰する住民が多数を占めている</u>。

問2 [答] ③

③ 正文：ムラートとは，ヨーロッパ系とアフリカ系の混血であるので，植民地時代にプランテーションを行う農業労働者として，アフリカから強制的に連れてこられた人々を祖先とする。

① 誤文：ヨーロッパ系住民の割合が高いのは，スペインの植民地時代から，高緯度で温暖湿潤な環境下にあったことで，暑さに弱いヨーロッパ系の人々でも入植しやすかったからである。

② 誤文：ラテンアメリカでポルトガル語が国の公用語になっているのは，ブラジルのみである。エクアドルやコロンビアをはじめ多くのラテンアメリカ諸国では，スペイン語が公用語になっている。

④ 誤文：ラテンアメリカの国々では，スペインやポルトガルに植民地化された際に広がったカトリックを信仰する人々が多数となっている。

第2章　地誌

40 オセアニアと極地方

rank

1 オセアニアの自然環境 ★☆☆

❖ **地形**…**環太平洋造山帯**は，ニューギニア島〜ニュージーランドを通過しており，オーストラリア大陸は通過していない。オーストラリア大陸は，東部に**古期造山帯**の**グレートディヴァイディング山脈**が見られ，その他の地域は**安定陸塊**が広がり低平だが，西部は台地状の地形となっている。オーストラリア大陸北東部の海域には世界最大級のサンゴ礁である**グレートバリアリーフ**，ニュージーランド南島の南西岸には**フィヨルド**が見られる。

❖ **気候**…オーストラリア大陸をおおよそ南北に二分する付近に**南回帰線**が通過しており，**一年中亜熱帯（中緯度）高圧帯に覆われる**ため，**グレートディヴァイディング山脈以西は乾燥帯が大部分**⇒「**世界で最も乾燥した大陸**」となっている。年降水量線がおおよそ同心円状に広がる。ニュージーランドは全域がCfb（西岸海洋性気候）だが，南島では脊梁山脈のサザンアルプス山脈が連なるため，**風上側の西部は多雨**だが，**風下側の東部は少雨**となっている。

■オセアニアの地形

■オセアニアの気候

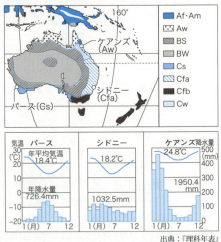

出典：『理科年表』

2 オセアニアの社会 ★★☆

オーストラリアの先住民は**アボリジニー**，ニュージーランドの先住民は**マオリ** ⇒ 18

世紀のクックの探検でイギリス領になった後，白人の入植が活発になり，先住民は土地の収奪や虐殺などにあい激減。19世紀中頃からゴールドラッシュが起こり，中国系や東南アジア系の移民が増加したのをきっかけに，移民を白人のみに制限する白豪主義を実施し，白人国家を目指した。しかし労働力不足などを背景に，1970年代になって白豪主義は廃止され，多文化主義を積極的に目指した。その結果，アジア系を中心に移民が急増し，現在ではオーストラリアの全人口の約2割がオーストラリア国外からの出身者で占められる。1973年のイギリスのEC加盟をきっかけに，欧米よりアジア重視の姿勢をとるようになったオーストラリアは，APEC（アジア太平洋経済協力会議）の創設を提唱し，アジア太平洋地域との経済協力を推進している。また，カナダやニュージーランドなどとともに，先進国に農産物の輸入自由化を求めるケアンズグループを結成している。

3　オセアニアのおもな国・地域

❖ オーストラリア（面積約770万km², 人口約2,500万人, 首都キャンベラ）

① 自然環境が厳しい＝都市人口率が高い。
② 白豪主義（＝白人以外の移民を制限）⇒多文化主義，先住民はアボリジニー。
③ 農牧業…牧羊＝年降水量250～500mm，牧牛＋小麦＝年降水量500～750mm，牧牛＝北部（暑熱地帯），酪農＝東部（湿潤地帯，大都市部），サトウキビ＝北東部（Cw），地中海式農業＝南西部（Cs）。
④ 鉱工業…資源が豊富⇒西部＝安定陸塊＝ピルバラ地区では鉄鉱石（マウントホエールバックなど），東部＝古期造山帯で石炭，⇒日本の鉄鉱石と石炭の約6割を依存，北部＝Aw＝ボーキサイト（ウェイパ），金鉱，ダイヤモンド，ウラン鉱など⇒しかし，資源産地が分散＆国内市場が小さいため，工業は未発達（輸出品の上位は，鉄鉱石や石炭などの鉱産資源が占める）。
⑤ イギリスの1973年のEC加盟の影響から貿易相手国が変化（貿易相手国は，イギリスから中国や日本などアジア諸国中心へ）。
⑥ 都市…シドニー（最大の都市），メルボルン（第2の都市）⇒中間地帯に計画的都市として首都のキャンベラ，パース（Cs，西部の中心），ケアンズ（グレートバリアリーフの観光拠点）。

❖ ニュージーランド（人口約500万人，首都ウェリントン）

① 環太平洋造山帯⇒北島は火山（地熱），南島は急峻なサザンアルプス山脈と南西部にフィヨルド。
② 全域でCfb⇒ただし，サザンアルプス山脈の西部が多雨，東部が少雨。
③ 先住民マオリ⇒かつて白人と対立していたが，現在では融和が進み，英語に加えマオリ語も公用語。
④ 北島＝酪農⇒2001年に農業協同組合を統合しニュージーランドの全輸出額の約

25%を占める，**南島東部**（カンタベリー平野）=**牧羊**や混合農業。

⑤ **都市**…**オークランド**（**最大の都市**，北島），クライストチャーチ（小麦・羊の集散地，南島）。

■オーストラリアの農業地域　　　　■オーストラリア・ニュージーランドの鉱工業分布

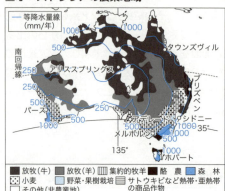 

❖ オセアニアのその他の国々・地域

① **ナウル**…リン鉱石が枯渇し，経済停滞。
② **キリバス**…世界で最も早く1日が始まる。
③ **パラオ**…世界で最後の信託統治領⇒現在独立。
④ **グアム島**…アメリカ領，観光・軍事基地。
⑤ **パプアニューギニア**…**東経141度がインドネシアとの数理的国境**⇒インドネシア系住民とニューギニア人との対立，銅鉱。
⑥ **フィジー**…**旧イギリス領**⇒**サトウキビ**のプランテーション⇒移住した**インド系**と現地のフィジー人との対立。
⑦ **ニューカレドニア**…フランス領，ニッケル鉱。
⑧ **トンガ**…日本向けのカボチャの輸出⇒最近は競争激化で減少。
⑨ **ツバル**…サンゴ礁（環礁）の島々⇒地球温暖化による海面上昇で水没の危機。

4　極地方（極圏（緯度66度34分）より高緯度側）　★☆☆

❖ **北極地方**…北極海は世界最大の地中海，**大陸棚**⇒**地球温暖化**により海氷が急減⇒**北極海航路**への期待，海底資源の開発・採掘が可能に（各国が資源争奪へ），世界最大の島であるグリーンランド（デンマーク領，**北半球唯一のEF**（氷雪気候）），スヴァールバル諸島（ノルウェー領）には石炭，イヌイットによるトナカイの遊牧や狩猟生活。
❖ **南極地方**…巨大な氷床⇒平均標高が高い，南極条約⇒**軍事利用禁止**，**領土権の凍結**，日本の昭和基地。

ここが共通テストのツボだ!!

ツボ ① オーストラリアの貿易相手国の変化

最大の貿易相手国は、**旧宗主国のイギリスからアジアの中国**！日本は鉱産資源に乏しいため、オーストラリアから鉄鉱石や石炭を輸入⇒**日本は貿易相手国の上位**。

図1 オーストラリアの貿易相手国の変化

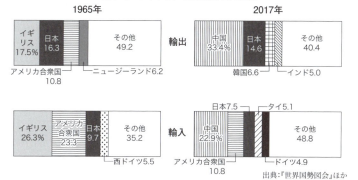

出典:『世界国勢図会』ほか

ツボ ② オセアニアの地域区分

経度180度以東は**ポリネシア**、経度180度以西はおおよそ赤道以北が**ミクロネシア**、以南が**メラネシア**。ただし、ニュージーランドは例外的に**ポリネシア**に分類。

図2 オセアニアの地域区分

40 オセアニアと極地方 | 265

チャレンジテスト（大学入学共通テスト実戦演習）

問1 次の図2中のア〜ウは，図1中のA〜Cのいずれかの地点における月平均気温と月平均降水量を示したものである。ア〜ウとA〜Cとの正しい組合せを，下の①〜⑥のうちから一つ選べ。

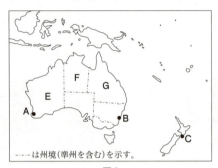

図1

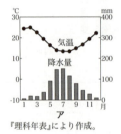
ア

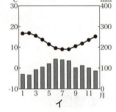
イ

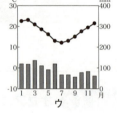
ウ

『理科年表』により作成。

図2

	①	②	③	④	⑤	⑥
ア	A	A	B	B	C	C
イ	B	C	A	C	A	B
ウ	C	B	C	A	B	A

問1 [答]

　アはオーストラリア大陸南西部のA地点と対応する。アは気温が上がる夏季に乾燥し，気温が下がる冬季に湿潤となる**Cs（地中海性気候）**を示していることから，緯度30度から40度の大陸西岸のA地点となる。残ったイとウであるが，どちらも年中湿潤な点は共通しており気温に違いが見られる。イは最暖月気温が22℃を超えないが，ウはわずかながら超えている。湿潤な気候環境下で最寒月気温が−3℃以上18℃未満，最暖月気温が22℃を超えると**Cfa（温暖湿潤気候）**，超えないと**Cfb（西岸海洋性気候）**となる。よって，オーストラリア大陸東岸部のB地点は，南緯30度から40度の大陸東岸に位置することから**Cfa（温暖湿潤気候）**となり，ウと対応する。また，より高緯度で年中海洋からの偏西風の影響を受けるニュージーランド北島南部のC地点は，**Cfb（西岸海洋性気候）**となり，イと対応する。

問2 問1の図1中のE~Gはオーストラリアのいくつかの州（準州を含む）を示したものであり、次のカ~クの文章はE~Gのいずれかの特徴を述べたものである。カ~クとE~Gとの正しい組合せを、下の①~⑥のうちから一つ選べ。

カ　この州の沿岸部は、気候が温暖であり、グレートバリアリーフなどの観光資源が存在する。それらを背景としてリゾート地が発達し、人口も増加している。

キ　この州の内陸部では、金、鉄鉱石、ニッケルやボーキサイトなどの鉱物資源に恵まれ、それらは大規模な露天掘りで採掘されている。

ク　この州の内陸部の乾燥地域では、掘り抜き井戸が分布し、そこから飲料水や農業用水が取水されている。また、ウルル（エアーズロック）周辺は、アボリジニの聖地として知られている。

	①	②	③	④	⑤	⑥
カ	E	E	F	F	G	G
キ	F	G	E	G	E	F
ク	G	F	G	E	F	E

問2 ［答］

　カはGと対応する。グレートバリアリーフなどの観光資源、それらを背景としてリゾート地となっているのは、オーストラリア大陸北東部に位置するGの州となる。安定陸塊が広がる大陸西部ではおもに鉄鉱石、南西部内陸部では金が産出されることから、キはEの州と対応する。オーストラリア大陸の中央内陸では乾燥地域が広がり、先住民のアボリジニーの聖地として知られるウルル（エアーズロック）と呼ばれる世界最大級の一枚岩があることから、クはFの州と対応する。

40　オセアニアと極地方

索引

欧文略語

AFTA（ASEAN自由貿易地域）	193
APEC（アジア太平洋経済協力会議）	193
ASEAN（東南アジア諸国連合）	116, 132, 193
AU（アフリカ連合）	193
BRICS	97
CIS（独立国家共同体）	243
EC（ヨーロッパ共同体）	151, 193, 194, 263
ECSC（ヨーロッパ石炭鉄鋼共同体）	193
EPA（経済連携協定）	130
EU（ヨーロッパ連合）	193, 194, 219, 233, 234, 235, 237
FTA（自由貿易協定）	130
GATT	130
GIS（地理情報システム）	10
IC産業（半導体・電子部品）	109, 251
LCC（格安航空会社）	123, 124
LNG（液化天然ガス）船	97
LRT	122
MERCOSUR（南米南部共同市場）	193
NAFTA（北米自由貿易協定）	193, 257
NATO（北大西洋条約機構）	193, 219, 221
OAPEC（アラブ石油輸出国機構）	219, 221
OECD（経済協力開発機構）	193, 219, 221
OPEC（石油輸出国機構）	96, 219, 221, 227
WASP	249
WTO（世界貿易機関）	130

あ

アオザイ	178
亜寒帯（冷帯）	43, 44
亜寒帯（冷帯）湿潤気候（Df）	42, 44, 252
亜寒帯低圧帯（寒帯前線）	36
亜寒帯（冷帯）冬季少雨気候（Dw）	42, 44
秋雨	65
アグリビジネス	249
アジア式稲作農業	76
アジア式畑作農業	76
アジアNIEs	132, 202
アスワンハイダム	55, 56, 227
アタカマ砂漠	256
アッサム地方	213
アトランタ	251
亜熱帯高圧帯（中緯度高圧帯）	36, 218, 224, 262
アパラチア山脈	248
アパラチア炭田	98, 111, 251
アパルトヘイト（人種隔離政策）	185, 228
アブジャ	162, 228
油ヤシ	71
アフリカ（アフロ）・アジア語族	179
アフリカ系（黒人）	249
アフリカ大地溝帯	17, 18, 224
アボリジニー	262, 263
アマゾン川	256, 257, 259
アムダリア川	220

アラスカ海流	248
アラビア半島	218
アラル海	56, 220
アルタイ諸語	179
アルバータ州	251
アルプス＝ヒマラヤ造山帯	218, 232, 242
アルミニウム	97, 108
アンカレジ	251
アンコールワット	208
アンシャン	98, 111, 202
アンチョビ	85, 258
安定陸塊	16, 18, 97, 218, 224, 248, 262, 263
アンデス山脈	256

い

E気候	42
硫黄酸化物	55
囲郭都市	155
イキトス	258
イスタンブール	221
イスラーム	178, 180
イスラマバード	162, 214
イタビラ鉄山	257
「一帯一路」構想	229
遺伝子組み換え作物	72
遺伝子組み換え種	70
イヌイット（エスキモー）	249, 251
移牧	77, 78, 235
イボ族	228
イルクーツク	243, 244
インダス川	212
インチョン	202
インディオ	257, 258
インドシナ半島	206, 207
インド・ヨーロッパ語族	179
インナーシティ問題	166, 168
インペリアルヴァレー	250

う

ヴァラナシ	214
ヴァンクーヴァー	251
ウィニペグ	249
ウーハン	202
ヴェズヴィオ山	236
ヴェネツィア	236
ウォーターフロント開発	167, 233
ヴォルタ川	227
雨季	37
浮稲	70
内モンゴル自治区	201
ウラル語族	179, 181
ウラル山脈	242
ウルサン	202

え

永久凍土	242
永世中立国	235
英領ジブラルタル	187
A気候	42
エーヤワディー川	208
液状化現象	27, 49
エコツーリズム	123, 258
エスチュアリ（エスチュアリー）	30, 232, 233, 234, 256
エッセン	234
エニセイ川	242, 244

エルニーニョ現象	49, 50, 85
エルベ川	234
エレクトロニクスハイウェイ	111, 251
塩害	250
沿岸漁業	85
園芸農業	76, 77, 91, 250, 251
鉛鉱	97
円弧状三角州	25
円村（環村）	154
遠洋漁業	85

お

オアシス農業	76
オイルサンド	96, 98, 251
オーストロネシア（マレー・ポリネシア）語族	180
大麦	71
小笠原気団	65
沖合漁業	85
オゾン層破壊	58
オゾンホール	58
オタワ	162
オックスフォード	233
オデッサ	243
オビ川	245
オホーツク海気団（高気圧）	65
親潮（千島海流）	85
オリーブ	71
オリノコ川	258
卸売業	122, 124
温室効果ガス	59
温帯	43, 179
温帯草原	43
オンタリオ州	251, 252
温暖湿潤気候（Cfa）	42, 44, 252
温暖冬季少雨気候（Cw）	42, 44
オンドル	179

か

カースト制	213
カール	31
改革・開放政策	200, 203
海岸砂丘	234
海岸砂漠	44, 224, 256, 259
海岸段丘	24, 26, 30
海岸平野	24, 26, 30
階級区分図	10, 12
海溝	17, 19, 20
塊村	154
海抜高度	36
海洋性気候	37
外来河川	32, 56, 218, 219, 226, 227
海嶺	17, 19, 20
カイロ	227
カカオ	71
河岸段丘	11, 24, 26
華僑	209
隔海度	36
加工貿易	130, 131
火砕流	49
火山	19, 102
カシミール地方	213
カシミール紛争	184, 188
カスピ海	218, 220
カタルーニャ地方	236
カタルーニャの独立問題	186
合掌造り	157
褐色森林土	43

268

カッパーベルト	97, 98, 227, 228	グレートバリアリーフ	32, 262	**さ**		
カトリック(旧教)	180, 181	グレートプレーンズ	78	サービス貿易	130	
カナート	219	黒潮(日本海流)	85	サーミ	235	
カフカス山脈	242	クロム鉱	97	サイクロン	48, 206, 208, 212, 214	
カラガンダ炭田	220	軍事都市	160	サザンアルプス山脈	263	
カラクーム運河	55			砂嘴	30	
カラジャス鉄山	257, 259	**け**		砂州	30	
カラチ	214	経済技術開発区	202	サスカチュワン州	249	
空っ風	48	経済自由化	213	サトウキビ	71	
カリブ海	256	経済特区	118, 202, 203	サドバリ	251	
火力発電	102, 104	京浜工業地帯	117	砂漠(砂漠化)	43, 58	
カルスト地形	32, 200, 232, 237	京葉工業地域	117	砂漠気候(BW)	42, 44, 218	
カルデラ湖	33	ケスタ	24, 27, 233, 234	サバナ	42, 256	
乾季	37	ケベック州	188, 251, 252	サバナ気候(Aw)	42, 44, 206	
観光公害(オーバーツーリズム)	124	ケベック州独立運動	187	サハラ砂漠	60, 224, 225, 226	
観光都市	160	ゲル	76, 179	サハリン	244	
ガンジス川	212, 213	ゲルマン系民族	180	サヘル	60, 224	
ガンジスデルタ	214	ゲルマン語派	179, 181	サリー	178	
環礁(アトール)	32, 214, 264	原子力発電	102, 104	サンアンドレアス断層	17	
岩石海岸	30	玄武岩	43	三角州(デルタ)		
乾燥帯	43, 179	ケンブリッジ	233		24, 25, 26, 49, 207, 232, 256	
乾燥パンパ	78, 258	原料指向型	108	山岳氷河(谷氷河)	31	
寒帯	43, 179			産業革命	109, 233	
環太平洋造山帯		**こ**		産業の空洞化	116, 131	
	200, 242, 248, 256, 262	広域中心都市(地方中枢都市)	124, 161	サンクトペテルブルク	243, 244	
干ばつ	65, 66	紅海	218	サンゴ礁	32, 59	
カンポ(カンポセラード)	78, 256, 259	鉱業都市	160	三峡ダム	55	
寒流	259	工業都市	160	酸性雨	55, 56, 235	
		航空機	109	散村	154, 156	
き		合計特殊出生率	137	三大都市圏	161	
気圧帯	36, 37	工作機械	109	サンノゼ	251	
キエフ	243	高山都市	256	サンパウロ	258	
企業的穀物農業	78	恒常風	36, 37	サンフランシスコ	251	
企業的牧畜業	78	洪水	27, 49, 84	ザンベジ川	228	
気候因子	36	構造平野	24	サンベルト	116, 118, 251	
気候区分	42	郷鎮企業	201, 202, 203	三圃式農業	76	
気候要素	36	交通指向型	108, 109			
汽水域	42	交通都市	160	**し**		
季節風(モンスーン)	37, 66, 212	後背湿地	11, 25, 27, 49	シアトル	250, 251	
北アイルランド紛争(問題)	186, 233	硬葉樹	43	シーア派	180, 218, 221	
北関東工業地域	117	広葉樹林	43	C気候	42	
北九州工業地域	117	小売業	122, 124	シェールオイル	96	
北大西洋海流	232, 236	コーヒー	71	シェールガス	97	
キト	258, 259	コーンベルト	250	ジェット気流	123	
キプロス紛争(問題)	185, 221	古期造山帯	16, 18, 96, 200, 232,	ジェノヴァ	236	
キャッサバ	71		248, 262, 263	シェンゲン協定	193, 194	
キャンベラ	162	国際河川	192	シェンチェン	202	
共通農業政策(CAP)	194, 238	国際連合(United Nations)	192	シオニズム運動	148	
極高圧帯	36	黒人奴隷	250	潮目(潮境)	85	
局地風	48	穀物メジャー	249	シカゴ	251	
極東風	36	国連海洋法条約	192	資源ナショナリズム	85, 96	
裾礁(フリンジングリーフ)	32	弧状列島	17, 19, 206, 256	資源メジャー	98	
キリスト教	180	古生代	16	市場指向型	108, 109	
金鉱	97	コソボ自治州独立運動	187	地震	19, 27	
近郊農業	77	五大湖	248, 251	地すべり	27	
		コナーベーション(連接都市)	161	施設園芸	91, 92	
く		コバルト鉱	97	自然増減	137	
クズネック炭田	244	ゴビ砂漠	32, 43	自然堤防	11, 25	
クリーンエネルギー	97	小麦	70	自然的国境	192	
グリーンツーリズム	123	米	70	持続可能な開発	131	
グリーンベルト	167	コルカタ	214	湿潤パンパ	258	
クリヴォイログ鉄山	244	コロラド川	250	自動車	108, 110	
クリム(クリミア)半島	243	コロンビア川	250	シドニー	263	
クルド人	188, 219	コロンビア盆地	250	シナ・チベット諸語	179	
クルド人の独立運動(問題)		コワンシーチョワン族自治区	201	地盤沈下	27	
	185, 219, 221	混合農業	76, 243	シベリア気団(高気圧)	64	
グレートアーテジアン盆地	78	コンパクトシティ	173	シベリア高気圧	200	
グレートディヴァイディング山脈	262					

語	ページ
シベリア鉄道	245
社会増減	137
社会保障制度	142
斜面崩壊（土砂崩れ）	27
ジャワ島	208
シャンハイ	201, 202, 203
宗教都市	160
集積指向型	108
集村	154
住宅都市	160
集中豪雨	66
自由貿易	130
儒教	180
出入国管理法	149
ジュロン工業団地	207
準平原	24
純林	43
城下町	155
商業都市	160
上座（南伝）仏教	180
少産少死型	138
少子高齢化	142
鍾乳洞	32
常緑広葉樹（樹林）	42, 43
職住近接	167, 233
職住分離	167, 173
食料供給量	90
食料自給率	90
食料・農業・農村基本法	91
食料品加工業	92
シリコンヴァレー	111, 214, 251
シリコングレン	233
シリコンプレーン	111
シロンスク炭田	237
人為的国境	192
新期造山帯	16, 18, 102, 236
シングブーム鉄山	213
人口移動	148
人口爆発	72, 136, 143
侵食平野	24, 27
新生代	16
薪炭材	84
シンチヤンウイグル自治区	201
新田集落	154, 156
シンハラ人	214
人民公社	201
針葉樹（樹林）	43

す

語	ページ
水源涵養	84
水産都市	160
垂直的分業	116
水田単作	91
水平的分業	116
水力発電	102, 104, 108
スエズ運河	227
図形表現図	10, 12
すず鉱	97
ステップ	43
ステップ気候（BS）	42, 44
ストラスブール	234
砂浜海岸	30
スプロール現象	166
スラブ系民族	180
スラブ語派	179, 181
スラム	60, 166, 257
スリランカ民族紛争	184, 188
ずれる境界	17

語	ページ
スンナ（スンニー）派	180, 218, 221

せ

語	ページ
西岸海洋性気候（Cfb，Cfc）	42, 44
西岸気候	37
正教会（ギリシャ正教，東方正教）	180, 181
政教分離	219, 221
生産過剰	91
生産責任制	201, 203
静止人口	138
政治都市	160
成帯土壌	44
西部大開発	201
セーヌ川	234
石炭	96, 108
石油	96
石油化学工業	109
石油危機	85, 96, 149, 173
セグリゲーション	166, 249
雪害	64
石灰岩	43
瀬戸内工業地域	117
狭まる境界	17, 20, 206
セマウル	202
セラード	259
セルバ	256
ゼロメートル地帯	27, 49
繊維工業	109
扇央	11, 25, 27
先カンブリア時代	16
扇状地	11, 24, 25, 26, 27, 49
先進国	130, 166
センターピボット農法	219, 250
蘚苔類	43
扇端	11, 25, 27
扇頂	25, 27
セントラルヴァレー	250, 251

そ

語	ページ
造船	109
ソウル	202
ソマリア紛争	185
疎林	42

た

語	ページ
ダーチャ	243
タイガ	43, 242, 248
第3のイタリア（サードイタリー）	236
大山脈	17
大乗（北伝）仏教	180
大豆	70
大西洋中央海嶺	17, 232, 236
堆積平野	24
台地（洪積台地）	11, 24, 26
大地形	16
大土地所有制	78, 236, 257
台風	48, 65, 206
ダイヤモンド	97
太陽光発電	102
大陸（内陸）性気候	37
大陸棚	85, 206
大陸氷河（氷床）	31, 33, 43, 232, 248, 252
タウンシップ制	155
高潮	49
高床式家屋	242
多産少死型	138

語	ページ
多産多死型	138
タシケント	220
棚田	76, 208
谷底平野	24, 27
多文化主義	149, 151, 188, 251, 263
ダマスカス	220
タミル人	214
ため池	65
ダモダル川	214
ダモダル炭田	213
ダラス	251
タラント	236
ダルフール紛争	185
タワーカルスト	32, 200
ダンケルク	234
短草草原	43
暖流	38, 48

ち

語	ページ
地衣類	43
チェチェン紛争	187
チェルノーゼム	43, 44, 220, 242, 243, 244
チェルノブイリ	244
チェンナイ	214
地下水	54
地球温暖化	50, 59, 242, 264
地形図	11
地溝（湖）	17, 19, 33
知識集約型産業	116
地図記号	11
地体構造	64
地中海式農業	78, 250
地中海性気候（Cs）	42, 43, 44, 78, 218, 252
窒素酸化物	55
地熱発電	102
チベット自治区	201
チマ・チョゴリ	178, 200
茶	71
チャオプラヤ川	207
チャド湖	227
チャドル	178
中央構造線	64
中京工業地帯	117
中継貿易	130, 132, 207, 219, 234
中心地機能	161
中生代	16
沖積平野	24, 49, 76
中東戦争	221
鳥趾状三角州	25
潮汐（潮力）発電	102
長草草原	42, 43
直交路型	155
チョンチン	201, 203
沈水海岸	30
チンリン山脈	201

つ

語	ページ
津波	19
つぼ型	138
釣鐘型	138
ツンドラ	43
ツンドラ気候（ET）	42, 44

て

語	ページ
D気候	42
ティグリス川	218, 219

デカン高原		213
適地適作		249
デジタルデバイド（情報格差）		123
鉄鋼業		108
鉄鉱石		97, 108
デトロイト		251
テネシー川		250
テムズ川		233
デュースブルク		234
テラローシャ		43, 257
テラロッサ		43, 232
デリー		214
電気機械（家電製品・電子機器）		109, 110
天井川		11, 25
テンチン		201
天然ガス		96
天然ゴム		71
電力指向型		108

と

ドイモイ政策		207
トゥールーズ		234
東海工業地域		117
東岸気候		37
道教		180
統計地図		10
銅鉱		97
等高線		11
等値線図		10
とうもろこし		70
ドーナツ化現象	166, 168, 173, 174
都市型水害		49
都市圏		161
都市鉱山		97
都市人口率		161
土壌侵食		84
都心部		168
土石流		27, 49
土地生産性		76, 80
ドッガーバンク		85
ドックランズ		233
ドットマップ		10
ドナウ川		232
ドネツ炭田		244
ドバイ		219
飛地		148
トランスミグラシ政策		148
ドリーネ		32
トリノ		236
ドルトムント		234
トロント		251
屯田兵村		154

な

内陸砂漠		218
ナイル川		226, 227
ナツメヤシ		71
ナポリ		236
ナミブ砂漠		224
南沙群島（スプラトリー諸島）	187, 307
南西季節風		37, 212
南東季節風		37, 64, 200
南東貿易風		36, 49
南南問題		131
軟木		43
南北貿易		130

に

西インド諸島		256
ニジェール・コルドファン諸語		180
西ガーツ山脈		212
西サハラ		187
日較差		37
ニッケル鉱		97
ニュータウン	167, 173, 233
ニューヨーク		251

ぬ

ヌナブト準州		251

ね

ネイティブアメリカン		249
熱帯		42, 44, 179
熱帯雨林		42, 256
熱帯雨林気候（Af，Am）	42, 44, 206
熱帯収束帯（赤道低圧帯）		36
熱帯低気圧		48, 50, 249
熱帯林破壊		58
年較差		37, 38

の

ノヴォクズネツク		244
ノヴォシビルスク		244
農村人口率		161

は

パークアンドライド		122
パース		263
バーミンガム		233
パーム油		71
梅雨		65
バイオエタノール	70, 71, 250, 257
バイオ燃料		71, 105
バイオマス発電		103
背斜構造		96
排他的経済水域		192
パオシャン		202
パオトウ		202
バオバブ		42
バクー		220
白豪主義	149, 151, 263
ハザードマップ（防災地図）		10
バスク人の独立運動		186
バスク地方		236
パタゴニア		256, 259
パダノヴェネタ平原		236
発展途上国		130, 166
ハドソン湾		252
バナナ		71
ハブ空港	123, 202, 207, 219, 234
バブル経済		173, 174
ハラール		124, 178
ハリケーン		48, 249
バリ盆地		234
春小麦		249, 251
バルセロナ		236
バルト海		232
ばれいしょ（じゃがいも）		71
パレスチナ紛争（問題）	184, 220, 221
ハンガリー平原		232
バンク（浅堆）		85
ハングル		200
バンコク		207
晩婚・非婚化		142

パンジャブ地方		213, 214
阪神工業地帯		117
パンパ		43, 256
ハンブルク		234
氾濫原		11, 24, 25, 27

ひ

ビアフラ戦争	185, 188, 228
B気候		42
ヒートアイランド現象		49
ヒスパニック	144, 149, 166, 249, 250
ピッツバーグ		251
一人っ子政策		143, 201
ピナトゥボ山		208
日干しレンガ		179
ヒマラヤ山脈		200, 212
ヒューストン		251
氷河湖	31, 33, 232, 235, 248
氷雪		43
氷雪気候（EF）		42, 44
ピレネー山脈		236
広がる境界	17, 20, 102, 218, 232
ヒンドゥー教		178, 180
ヒンドスタン平原		213

ふ

ファゼンダ		257
フィードロット		78, 250
フィジー		187
V字谷		30
フィッシュミール（魚粉）		85
フィヨルド	30, 232, 235, 248, 262, 263
フィリピン海プレート		64
フィレンツェ		236
フーチエン省		201
フードマイレージ		90
風力発電		102
フェアトレード		78
フェーン		48, 233
ブエノスアイレス		258
フォガラ		224, 226
フォス		234
プサン		202
富士山型		138
プスタ		237
二人っ子政策		143, 201
仏教		180
ブミプトラ政策		207, 209
冬小麦		70, 249, 250
プライメートシティ		207
プラザ合意		117
ブラジリア		162, 258, 259
ブラジル高原		256
フラマン人		234
フランクフルト		234
プランテーション	58, 71, 78, 250
フランドル地方		234
ブルターニュ半島		234
プレート		17
プレートテクトニクス		17
プレーリー		43, 248, 249
プレーリー土		43, 44
フロストベルト		251
プロテスタント（新教）	180, 181
フロンガス		58
文化・学術都市		160

へ

平成の大合併	173
ペキン	201, 203
ベニン山脈	233
ベビーブーム《第1次，第2次》	172
ペルー海流	85, 256
ベルギーの言語問題	186
ベンガルール	214
ベンガル湾	206, 212
便宜置籍船国	123, 227, 258
ベンゲラ海流	224
偏西風	36, 37, 38, 48, 55, 56, 102, 232, 233, 235, 236

ほ

貿易依存度	132
貿易風	36
貿易摩擦	91, 116, 117, 131
放射環状路（同心円）型	155
放射直交路型	155
訪日外国人旅行（インバウンド）	124
ボーキサイト	97, 108
ホーチミン	207
ホーン（尖峰）	31
北西季節風	37, 64, 66, 200
北東季節風	37, 212
北東貿易風	36
北陸工業地域	117
保護貿易	130
堡礁（バリアリーフ）	32
ボストン	251
ボスニア＝ヘルツェゴビナ紛争	187
ボスニア湾	235
ボスポラス海峡	221
北海油田	98, 235
ホットスポット	17, 251
ポドゾル	43, 44
ボハン	202
保養都市	160
ボラ	48, 233
ボルダー	234
ホワイ川	201
ホワンツー（黄土）高原	32
ホンコン	201, 202
ポンチョ	178

ま

マイクロプラスチック	59, 60
マオリ	262, 263
マカオ	201
マチュピチュ	258
マナオス	257
マニトバ州	249, 251
マレー半島	207
マングローブ林	42, 58, 207, 208
マンチェスター	233
マントル	19
マントル対流	17

み

三日月湖（河跡湖）	11, 25
水資源	54
ミストラル	48
水無川	11, 25, 27, 32
水屋	154, 157

ミッドランド	233
密林	42
緑の革命	208, 213
南シナ海	206
南スーダン	185
ミュンヘン	234
ミラノ	236
民工潮	203
ミンダナオ島	207, 208
ミンダナオ紛争	184

む

ムラート	257
ムンバイ	214

め

迷路型	155
メガロポリス	161, 251
メコン川	207
メサビ鉄山	251
メジャー（国際石油資本）	96
メスチソ	257
メセタ	236
メタン	242
メッカ	219
メッシュマップ	10
メルボルン	263
綿花	71

も

モータリゼーション	55, 122
モーダルシフト	122
木材の輸入自由化	84
モノカルチャー	78
モノカルチャー経済	131, 207, 226, 257, 259
モレーン	31, 33, 232, 236
モロ族	207, 208
モンゴロイド	249
モンスーンアジア	70, 136
門前町	155
モントリオール	251

や

焼畑（移動式）農業	76
やませ	48, 65

ゆ

U字谷	30
ユーフラテス川	218, 219
遊牧	76
ユーラシアプレート	64
ユーロ	123, 193, 238
輸出加工区	118, 202
輸出指向型	116, 118, 202, 207
輸送園芸	77, 78
ユダヤ教	178, 180
輸入代替型	116, 118

よ

用材	84
用水指向型	108

ら

ライ麦	71
ライン川	232, 234

ラグーン（潟湖）	30, 33
酪農	76, 77, 91, 250
落葉広葉樹林	43
ラゴス	228
ラスベガス	251
ラテン系民族	180
ラテン語派	179, 181
ラトソル	43, 44, 97
ラニーニャ現象	49
ラパス	258, 259
ラプラタ川	256, 258
ラブラドル高原	98
ラブラドル半島	251
ラマ教（チベット仏教）	180
ランカシャー	116, 233

り

リアス海岸	30, 200, 202, 232, 236
リオグランデ川	250
リオデジャネイロ	258
陸繋砂州（トンボロ）	30
陸繋島	30
陸弧	19
離水海岸	30
リマ	258
リャノ	256, 258
流線図	10
領海	192
領空	192
領土	192
臨海指向型	108
輪作	76, 250
林産都市	160
林地（林隙）村	154, 156

る

ルール工業地帯	234
ルール炭田	98, 111, 234
ルール地方	116
ルソン島	206, 208
ルワンダ内戦	185

れ

レアメタル	97, 227, 245
冷害	65
レグール	43
レス	32, 43, 232, 237
レナ川	242
連作障害	250, 251
連邦制	234

ろ

労働生産性	76, 80
労働力指向型	108
ローヌ川	234
六次産業化	92
ロサンゼルス	251
路村	154, 156
ロッキー山脈	248
ロレーヌ地方	234
ロンドン盆地	233

わ

ワジ	32, 224
輪中（集落）	154, 157
ワロン人	234

大学入学
共通テスト
必携
一問一答
問題集

地理B 集中講義

別冊

大学受験
SUPER LECTURE

旺文社

本書の利用法

ページの左段に問題文，右段に解答・解説がある形の一問一答問題集です。
赤セルシートで解答・解説を隠すことができるので，何度も繰り返し学習することが可能です。
間違えた問題は，理解が不十分なところですから，本冊に戻るなどして確認しましょう。
そうすることで，知識がより深く定着します。

CONTENTS

第1章 系統地理

1	統計地図と地形図の読図	2
2	大地形	3
3	平野地形	4
4	海岸地形とその他の小地形	5
5	気候の成り立ち	6
6	世界の気候区分と植生・土壌	8
7	異常気象と自然災害	10
8	環境問題①	12
9	環境問題②	13
10	日本の地形・気候・自然災害	14
11	おもな作物の特徴	16
12	世界の農業地域区分とおもな家畜	17
13	世界と日本の林業・水産業	19
14	世界と日本の食料問題	20
15	エネルギー資源と鉱産資源	21
16	発電と再生可能エネルギー	23
17	工業立地と工業地域	24
18	工業の発達と現状・課題，日本の工業	26
19	第3次産業・交通・通信と世界の観光	27
20	世界と日本の貿易	28
21	世界の人口分布と人口増加	29
22	先進国と発展途上国の人口問題	30
23	人口移動	31
24	集落の成り立ちと村落・都市の立地・形態	32
25	都市の発達，機能と生活	33
26	世界の都市・居住問題	34
27	日本の人口・人口問題，都市と都市・居住問題	36
28	世界の衣食住と言語・宗教	37
29	世界の民族・領土問題	38
30	国家・国家群	40

第2章 地誌

31	東アジア	42
32	東南アジア	44
33	南アジア	46
34	西アジアと中央アジア	48
35	アフリカ	49
36	ヨーロッパ	51
37	ロシアと周辺諸国	53
38	アングロアメリカ	55
39	ラテンアメリカ	57
40	オセアニアと極地方	58

第1章 系統地理

1 統計地図と地形図の読図

本冊 P.10

☑1 地理情報と地図を組み合わせて，データベース化し，さまざまな情報を検索・解析できるシステムを何というか。

1 GIS（地理情報システム）
地図上に地理情報を示したもの。

☑2 災害（地震・火山活動・水害など）の被害を予測したり，実際に災害が発生した際の避難経路・場所などを示したりした防災目的の地図を何というか。

2 ハザードマップ（防災地図）

☑3 階級区分図を国や地域別に表現する場合に適当でないものを，次の①～④のうちから1つ選べ。
① 年間の1人当たりエネルギー消費量
② 全発電量に占める再生可能エネルギーの割合
③ 10年間に減少した二酸化炭素排出量
④ GDP当たりの二酸化炭素排出量

3 ③
階級区分図は相対値を表すのに適当であり，絶対値を表すのには不適当である。

☑4 主曲線が20mごと，計曲線が100mごとの場合の地形図の縮尺は，2万5千分の1かそれとも5万分の1か。

4 5万分の1
2万5千分の1の場合，主曲線が10mごと，計曲線が50mごと。

☑5 5万分の1の地形図上で4cmの場合，実際の距離は何kmか。

5 2km
4cm × 50,000 = 200,000cm = 2,000m = 2km

☑6 次の図の◻で囲んだ地図記号が示す場所は，砂浜海岸かそれとも岩石海岸か。
また，その場所は侵食作用が強いかそれとも堆積作用が強いか。

6 岩石海岸，侵食作用が強い
砂浜海岸の場合，砂礫地や干潟の地図記号で表現され，堆積作用が強い。

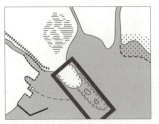

2 大地形

1 安定陸塊と古期造山帯でそれぞれ埋蔵が多い鉱物資源は何か。

2 古期造山帯ではないものを1つ選べ。
① アパラチア山脈
② カフカス山脈
③ グレートディヴァイディング山脈
④ ドラケンスバーグ山脈

3 アフリカ大陸唯一の新期造山帯である山脈は，アフリカ大陸のどのあたりに位置するか。またその山脈には火山はあるか。

4 大西洋中央海嶺の一部が海面から現れ，島となったのはどこか。

5 海溝と火山前線の位置関係は垂直か，それとも並行か。

6 アメリカ合衆国南西部に位置するプレートのずれる境界につくられた活断層の名称を答えよ。

7 ハワイ諸島の火山が誕生した場所は何と呼ばれるか。

---

1 安定陸塊―鉄鉱石，古期造山帯―石炭
新期造山帯には，銅鉱などの埋蔵が多い。

2 ②
カフカス山脈は，黒海とカスピ海の間に位置する，アルプス・ヒマラヤ造山帯の一つ。

3 アフリカ大陸北西部（アトラス山脈），火山はなし
大陸プレートどうしの狭まる境界やずれる境界部分にあたるため火山は形成されない。

4 アイスランド島
広がる境界で火山や地震が多く，地溝も見られる。

5 並行
沈み込む狭まるプレート境界である海溝から一定距離をおいてマグマだまりが形成されるため，火山は並行する。

6 サンアンドレアス断層
北アメリカプレートと太平洋プレートがすれ違う場所。

7 ホットスポット
プレート境界から離れたプレートの内部において，突発的にマグマが噴出する場所。

3 平野地形

本冊 P.24

1 準平原の一部で，オーストラリア大陸の中央付近に位置するウルル（エアーズロック）は，何と呼ばれる地形か。

1 残丘（モナドノック）
ウルルは世界最大級の一枚岩で，先住民のアボリジニーの聖地の一つ。

2 パリ盆地に見られる構造平野の名称を答えよ。

2 ケスタ
他に，ロンドン盆地でも見られる。

3 正誤 扇状地の堆積物は，扇頂より扇端の方が大きい。正か誤か。

3 ✕
扇頂の方が傾斜が急な山地に近く，河川の運搬力が大きいため，堆積物も大きい。

4 正誤 扇状地において，古くから集落が立地してきたのは，扇央である。正か誤か。

4 ✕
古くから集落が立地したのは湧水帯である扇端。扇央は水利に恵まれないため，集落は立地せず，古くは桑畑，現在では果樹園や畑，あるいは住宅地として利用されていることが多い。

5 正誤 氾濫原において，古くから集落が立地してきたのは，後背湿地より自然堤防上である。正か誤か。

5 ◯
砂礫中心の微高地である自然堤防は，水はけがよく水害の被害が少ないため，古くから集落が立地してきた。

6 ミシシッピ川河口に発達した三角州の形状名を答えよ。

6 鳥趾状三角州
河川の堆積作用が極めて強い場合に形成される形状である。

7 大都市郊外の台地（洪積台地）では，おもに高度経済成長期以降，都市化の進展からどのような土地利用が見られるようになったか。おもなものを2つ答えよ。

7 新興住宅地，工場，ゴルフ場など
上水道や鉄道・道路網の整備によって，開発が進んだ。

4 海岸地形とその他の小地形

本冊 P.30

1 離水海岸の地形をすべて選べ。
① 海岸平野
② エスチュアリ（エスチュアリー）
③ フィヨルド
④ リアス海岸

2 正誤 フィヨルドは，リアス海岸と比べて入り江が深く，幅はほぼ一定である。正か誤か。

3 カナダ東部を流れる大規模なエスチュアリ（エスチュアリー）が見られる河川名を答えよ。

4 砂浜海岸は（ ① ）作用が強く，岩石海岸は（ ② ）作用が強い場所に見られやすい。

5 砂州によって海と隔てられた水域の名称を答えよ。

6 最終氷期に大陸氷河は，ヨーロッパではおよそ北緯（ ）度以北に発達していた。

7 氷河の末端部に堆積してできた岩屑からなる小丘の名称を答えよ。

8 正誤 タワーカルストは，乾燥地域に見られやすい。正か誤か。

9 正誤 サンゴ礁は，大陸西岸の海域と比べて大陸東岸の海域の方が高緯度側まで発達しやすい。正か誤か。

10 上流に湿潤な集水域をもち，乾燥地域を貫流する河川の名称を答えよ。

---

1 ①
②～④はすべて沈水海岸地形。

2 ○
強い氷河の侵食作用を受けると，山頂近くでも海の近くでも，谷底は深く，幅はほぼ変わらないため，沈水時に入り江は深く，幅はほぼ一定となる。

3 セントローレンス川
ケベックやモントリオールが面している。

4 ①堆積 ②侵食

5 潟湖（ラグーン）
北海道のサロマ湖や，鳥取県と島根県の県境の中海などが代表例。

6 50
北アメリカではおよそ北緯40度以北に分布。

7 モレーン
かつての大陸氷河の中心があったバルト海やハドソン湾の周縁に多く分布。

8 ×
熱帯や亜熱帯の気温が高くて降水量が多い，石灰岩の溶食が活発な地域に見られやすい。

9 ○
一般に大陸東岸沖は暖流が流れているため，海水温が高いから。

10 外来河川
ナイル川が代表例。湿潤な上流域の国と乾燥が厳しい下流域の国の間で，水資源をめぐる対立が見られやすい。

5 気候の成り立ち

1 正誤 風は低気圧から高気圧に向かって吹く。正か誤か。

1 ✗
高気圧から低気圧に向かって吹く。

2 正誤 高気圧から吹き出す風は北半球では反時計回りに，南半球では時計回りに吹く。正か誤か。

2 ✗
自転の影響によるコリオリの力から，北半球では時計回り，南半球では反時計回りに吹く。

3 下図にA～Dで示された緯度帯のうち，高気圧帯をすべて選べ。

3 A（極高圧帯），C（亜熱帯高圧帯）

4 下図にa～dで示された緯度帯を吹く恒常風のうち，風向が東風（北東風，南東風）となるものをすべて選べ。

4 b（北東貿易風），c（南東貿易風）
aとdは偏西風。

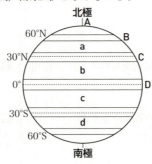

5 太陽回帰による気圧帯の変化から，南緯10度付近では，7月頃に（ ① ）季，1月頃に（ ② ）季となる。

5 ①乾 ②雨
南半球では7月頃に冬季（低日季）となるため亜熱帯高圧帯下で乾季，1月頃に夏季（高日季）となるため熱帯収束帯下で雨季となる。

☐ 6 下の地図のP地点とQ地点のうち，気温の年較差が大きいのはどちらか。

6 Q
中緯度地方の大陸東岸は大陸西岸に比べ気温の年較差が大きい。

☐ 7 下の地図のX地点，Y地点，Z地点のうち，気温の年較差が最も小さいのはどれか。

7 X
低緯度に位置するうえ，隔海度も小さいことから，X地点の気温の年較差が最も小さい。

☐ 8 正誤 季節風(モンスーン)は，夏季は海洋から大陸へ吹く。正か誤か。

8 ○
夏季には海洋から大陸へ，冬季には大陸から海洋へ吹く。

☐ 9 東アジア付近と南アジア付近における，冬季の季節風(モンスーン)の風向はどうなるか。

9 東アジア…北西
　南アジア…北東

6 世界の気候区分と植生・土壌

☑ 1 ケッペンは，何に基づいて気候を区分したか。

☑ 2 赤道直下を除いた低緯度側におもに分布し，野生動物が多く見られる気候区の，1年を通した降水の特徴はどのようなものか。

☑ 3 おもに緯度30度～40度の大陸西岸に見られる気候区として適当なものを，次の①～④のうちから1つ選べ。
① Cfa（温暖湿潤気候）
② Cfb（西岸海洋性気候）
③ Cs（地中海性気候）
④ Cw（温暖冬季少雨気候）

☑ 4 熱帯・亜熱帯の潮間帯などに発達した熱帯樹木の総称を何というか。

☑ 5 Cs（地中海性気候）環境下で見られる植生として適当なものを，次の①～④のうちから1つ選べ。
① 硬葉樹
② 照葉樹
③ 針葉樹
④ 落葉広葉樹

---

1 植生
気温と降水量の2つの指標を使えば，植生分布とおよそ対応することから区分した。

2 雨季と乾季が明瞭
夏季（高日季）には熱帯収束帯（赤道低圧帯）の影響から雨季となり，冬季（低日季）には亜熱帯高圧帯（中緯度高圧帯）の影響から乾季となる。

3 ③
Cfaは緯度30～40度の大陸東岸，Cfbは緯度40～60度の大陸西岸，Cwは低緯度のAw気候に接する高原など（大陸西岸なし）に見られやすい。

4 マングローブ（林）
潮間帯とは，高潮時の海岸線と低潮時の海岸線の間の海陸の境界部で，一般に汽水域となっている。

5 ①
夏の乾燥に耐えられるよう，水分の蒸発散を抑えるため葉が硬い樹木が多い。

☑6 次の図中のA～Cに対応する成帯土壌の名称を，それぞれ答えよ。

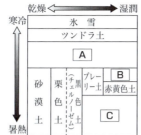

☑7 石灰岩が風化して形成された赤色の間帯土壌が見られる場所を，次の地図上の①～④のうちから1つ選べ。

6 A―**ポドゾル**
　B―**褐色森林土**
　C―**ラトソル**

ポドゾルは冷涼湿潤，褐色森林土は温暖湿潤，ラトソルは高温多雨。

7 ③

石灰岩が風化した間帯土壌はテラロッサ。おもにヨーロッパの地中海沿岸に分布。①は黒土またはプレーリー土，②はテラローシャ，④はレグール。

7 異常気象と自然災害

1 熱帯低気圧の特徴について述べた文として適当なものを，次の①〜④のうちから1つ選べ。
① 低緯度の大陸西岸沖で発生しやすい。
② 赤道も含めた熱帯海域で発生しやすい。
③ 緯度30度付近から高緯度側に向かって西から東に進路を変える。
④ ミャンマー付近に被害をもたらす熱帯低気圧は，おもに台風である。

1 ③
偏西風の影響を受けるため。

2 次の図のように，アルプス山脈の北側の風下斜面に南から吹く，局地風のフェーンとは，どのような性質をもつか。

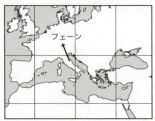

2 高温で乾燥している（高温乾燥風）

3 日本の東北地方に初夏に吹く冷涼湿潤風のやませによって，冷害の被害が大きくなるのは太平洋側か日本海側か。

3 太平洋側
やませは北海道北東に発達したオホーツク海高気圧から太平洋を通って吹いてくるため。

4 エルニーニョ現象の説明として適当なものを，次の①〜④のうちから1つ選べ。
① エルニーニョ現象は，南西貿易風が弱まることで発生する。
② エルニーニョ現象は，太平洋西部の海面温度が異常に上昇する現象である。
③ エルニーニョ現象が生じると，ペルーではアンチョビの漁獲高が増加する。
④ エルニーニョ現象が生じると，インドネシア付近では干ばつが生じやすい。

4 ④
南東貿易風が弱まることで，ペルー沖などの太平洋東部の海面温度が異常に上昇する現象。
ペルー沖ではアンチョビの漁獲高減少につながる。

☑ **5** コンクリート建造物の増加などから，都市内部の地表の気温が，周辺部よりも高くなっている現象を何というか。

☑ **6** 高温の火山灰や火山ガスなどが一体となって高速で山体を流下する現象を何というか。

☑ **7** フィリピンのルソン島にあるピナトゥボ山が，20世紀最大規模の噴火をした影響から，どのような異常気象が生じたか。

☑ **8** 濃尾平野などで見られる，海抜0mを下回るゼロメートル地帯は，どのようなことが要因でできたと考えられるか。

5 ヒートアイランド現象

6 火砕流
一般にプレートが沈み込む狭まる境界に見られる火山で発生しやすい。⇒日本で見られやすい。

7 気温低下
噴火で噴出した粉じんなどのエアロゾルが地球全体の成層圏に広がり，太陽光が地表に到達するのを遮断した。

8 地下水の過剰揚水による地盤沈下（干拓地の造成）

第1章 系統地理

8　環境問題①

1 陸水のうち最も多いものは何か。

1 氷河・氷雪
2番目に多いのは地下水。

2 次の図の不透水層によって挟まれたAの地下水を何というか。また，その地下水まで掘ったBの井戸を何というか。

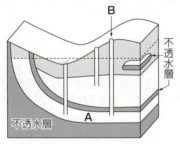

2 A―被圧地下水
　　B―掘り抜き井戸
オーストラリア大陸のグレートアーテジアン（大鑽井）盆地が代表例。

3 アラル海周辺の開発によって生じた環境問題として適当でないものを，次の①～④のうちから1つ選べ。
① 漁業資源の死滅
② 湖沼の酸性化
③ 塩分の飛散による健康被害
④ 過剰な灌漑による塩害

3 ②
湖沼の酸性化は酸性雨によって見られる現象。

4 エジプト領内のナイル川において，旧ソ連の援助で建設されたダムを何というか。

4 アスワンハイダム
海岸侵食，漁業資源の減少，土壌肥沃度の低下，歴史的遺産の移転などの問題が発生。

5 酸性雨の被害が顕著に見られる場所がある国として適当でないものを，次の①～④のうちから1つ選べ。
① オーストラリア
② カナダ
③ 中国
④ フィンランド

5 ①
酸性雨の被害は，発生源となる化石燃料を大量に燃焼し，工業化が進んだ地域や，偏西風などによってその風下側となる地域。⇒オーストラリアは，自国も周辺諸国も人口密度が低く，工業はあまり発達していない。

9 環境問題②

1 砂漠化の人為的要因を2つ以上あげよ。

2 熱帯林破壊について述べた次の①～④の文のうちから、適当なものを1つ選べ。
① アマゾン川中流部では、エビの養殖場の造成により、マングローブ林が伐採された。
② アマゾン盆地では、石炭の露天掘りにより、熱帯林が伐採された。
③ カリマンタン島では、油ヤシの農園の拡大により、熱帯林が伐採された。
④ ジャワ島では、トランスミグラシ政策による居住地の拡大により、熱帯林が伐採された。

3 フロンガスによってオゾン層が破壊されることで、人間にはどのような悪影響があるか。

4 次の図は、世界の二酸化炭素排出量の上位国の割合を示している。図中の①～④のうち、①、②に当てはまる国はどこか。

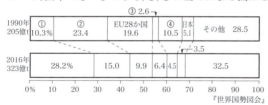

5 「ポスト京都」とも呼ばれ、具体的な地球上の平均気温の上昇抑制目標も定めた協定を何というか。

6 貴重な自然や歴史環境を守るため、募金や地元住民の資金をもとに保護していく運動を何というか。

7 有害廃棄物の先進国から発展途上国への越境防止を定めた条約を何というか。

解答

1 過放牧、過耕作、過度な灌漑による塩害、過剰な薪炭材の採取

2 ③
①マングローブ林は汽水域にしか見られない、②石炭ではなく鉄鉱石、④トランスミグラシ政策はジャワ島から他の島への移住を進める政策。

3 皮膚ガンや白内障の原因となること

4 ①—中国 ②—アメリカ合衆国
③はインド、④はロシア。二酸化炭素は温室効果ガスの1つで、その排出量は地球温暖化に大きく影響する。

5 パリ協定
先進国、発展途上国を問わず、協定参加国が自らの削減目標を作成・提出する義務を負う。

6 ナショナルトラスト(運動)
イギリスが始まり。

7 バーゼル条約
マイクロプラスチックの越境防止も対象に条約改正。

10 日本の地形・気候・自然災害

本冊 P.64

1 日本列島付近に集まる4つのプレート名を，大陸プレートと海洋プレートに分けて答えよ。

1 大陸プレート―北米プレート，ユーラシアプレート
海洋プレート―太平洋プレート，フィリピン海プレート

2 日本の海溝（プレート境界）型地震の例として，当てはまらないものを，次の①〜④のうちからすべて選べ。
① 関東大地震（関東大震災）―1923年
② 兵庫県南部地震（阪神・淡路大震災）―1995年
③ 東北地方太平洋沖地震（東日本大震災）―2011年
④ 熊本地震―2016年

2 ②　④
②，④は直下型（活断層型）地震。

3 日本付近の夏と冬に卓越する風について，風向も含めて答えよ。

3 夏―南東季節風（南東モンスーン）
冬―北西季節風（北西モンスーン）

4 次の地図中に示した**A～D**地点の雨温図として適当なものを，それぞれ下の①～④のうちから1つずつ選べ。

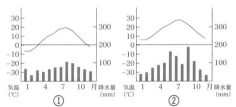

① ②

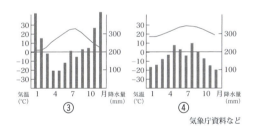

③ ④

気象庁資料など

4 A—①　B—③
　　C—②　D—④

A（網走）—降水少，梅雨がない。
B（上越）—冬季の降水（雪）量多。
C（高松）—降水少，梅雨あり，気温高め。
D（那覇）—気温が高め，年較差小，梅雨のピークが5月。

11 おもな作物の特徴

本冊 P.70

1 稲の栽培には，年降水量がおよそ何mm以上必要とされるか。

1 1,000mm以上

2 モンスーンアジアでの米の生産量は世界の約何割か。

2 約9割
消費も約9割のため貿易量が少ない。

3 インドシナ半島を流れる河川の下流域で，直播きによって栽培される低収量の稲を何というか。

3 浮稲

4 次の地図中の①と②は，春小麦と冬小麦の栽培地域を表す。このうち①の地域で栽培されるのはどちらか。

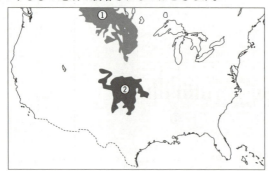

4 春小麦
高緯度地域では，冷涼で冬に播種できないため温暖になった春に播種する春小麦が栽培される。

5 2000年代以降，三大穀物で最も増産された作物は何か。

5 とうもろこし
バイオエタノールの原料需要の増加，肉食需要の増加による飼料需要の増加，遺伝子組み換え種の普及が背景。

6 大豆の輸入量世界一はどこの国か。

6 中国
経済成長による食生活の欧米化からの植物油需要の増大が背景。

7 小麦より耐寒性が強く，主食になる麦は何というか。

7 ライ麦
黒パンの原料。

8 キャッサバやヤムイモの生産量世界一はどこの国か。

8 ナイジェリア
アフリカの熱帯地域の主食はいも類。アフリカ最大の人口をもつため生産多。

☑9 ナツメヤシは，多雨と乾燥のどちらが栽培適地か。

9 **乾燥**
生産は西アジアから北アフリカの乾燥地域に限られる。

☑10 コーヒー豆の生産が近年急増し，生産量も輸出量も世界第2位となっている国はどこか。

10 **ベトナム**
1986年からのドイモイ政策以降，急増。

☑11 パーム油は，どの地域に生産が集中しているか。

11 **東南アジア**
インドネシアとマレーシアの2か国で8割強。

12 世界の農業地域区分とおもな家畜

本冊 P.76

☑1 次の写真のような，ヒマラヤ山脈からチベットにかけて飼育されているウシ科の家畜は何か。

1 **ヤク**
アンデス山脈のラクダ科の家畜であるリャマ，アルパカと混同しない。

☑2 イランや北アフリカで見られる地下水路をそれぞれ何というか。

2 **イラン―カナート**
  北アフリカ―フォガラ
扇状地の地形を利用。

☑3 森林を伐採，乾燥させ火入れしてできた草木灰を肥料として，いも類や雑穀を栽培する農法を何というか。

3 **焼畑（移動式）農業**
人口爆発による食料不足から焼畑周期が短縮し，熱帯林破壊の一因に。

☑4 混合農業とは，何と何を有機的に結びつけた農法か。

4 **穀物・飼料作物栽培と家畜飼育**
穀物と飼料作物を輪作して地力の維持を図りながら，豚や牛などの家畜飼育を行う。

☑5 アルプス山脈で行われている，夏は中腹の高原で放牧し，冬は山麓で舎飼いにする牧畜を何というか。

5 **移牧**
アルプス山脈では乳牛やヤギが，イタリアやスペインでは羊やヤギの移牧が行われる。

6 園芸農業について述べた次の①～④の文のうちから，適当でないものを1つ選べ。
① 輸送園芸で生産された作物は，おもに近郊農業の端境期に出荷される。
② 園芸農業で栽培される作物は，野菜や花卉が中心である。
③ 園芸農業地域は，企業的穀物農業地域と比べ，1ha当たりの農業生産額は低い。
④ 園芸農業は，世界的にはオランダで，日本国内では大都市周辺や高知県で盛んである。

7 農産物の生産から加工・流通・消費に至るフードシステム全体を統括する経営手法を何というか。

8 企業的牧畜業が盛んなアルゼンチンやオーストラリアでは，肉牛と羊ではどちらの飼育が先に盛んになったか。

9 ブラジルに残存する大土地所有制による大農場の名称は何というか。

---

6 ③
高価格な野菜・花卉の栽培が中心であるので，1ha当たりの農業生産額は高い。

7 アグリビジネス
アメリカ合衆国の多国籍企業である穀物メジャーが行っている。

8 羊
冷凍船が就航するまで，当時最大市場であるヨーロッパから遠距離のアルゼンチンやオーストラリアでは，肉牛の飼育は難しかった。

9 ファゼンダ
アルゼンチンではエスタンシア。

13 世界と日本の林業・水産業

□1 次の①～④の国のうち，森林面積率が最も高い国はどこか，1つ選べ。
① インド　② カナダ
③ チリ　　④ フィンランド

1 ④
北欧のフィンランドやスウェーデンは高い。

□2 発展途上国の森林伐採目的は，用材と薪炭材では一般にどちらが多いか。

2 薪炭材
貧しい発展途上国では化石燃料が普及していないため。

□3 日本の木材自給率は，2000年代以降，上昇傾向にあるか，それとも低下傾向にあるか。

3 上昇傾向
世界的な需要の高まりから木材の国際価格が上昇傾向，環境対策として国産材の利用の推進。

□4 暖流と寒流が出合い，好漁場となる場所を何というか。

4 潮目（潮境）
日本近海では，暖流の黒潮（日本海流）と寒流の親潮（千島海流）がぶつかる。

□5 ペルー沖で漁獲されたアンチョビは，どのように加工，利用されることが多いか。

5 フィッシュミール（魚粉）に加工，飼料として利用
腐りやすいため，すぐにフィッシュミールに加工され，家畜の飼料として利用される。

□6 次の図は，日本の漁業部門別生産量の推移を示したものである。図の①～④のうち，遠洋漁業を示したものを1つ選べ。

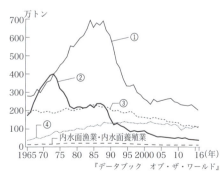

6 ②
遠洋漁業は1973年頃を境に減少し，1980年代以降も減少を続けている。
①は沖合漁業，③は沿岸漁業，④は海面養殖業。

14　世界と日本の食料問題

1 アメリカ合衆国，インド，フランス，ブラジルの中で，1人1日当たりの摂取カロリー量が最も少ないのはどの国か。

2 日本の品目別自給率（重量ベース）の中で自給率が最も低い品目を，次の①〜④のうちから1つ選べ。
① 果実　② 米
③ 大豆　④ 野菜

3 食料輸入量に輸送距離を乗じた指標を何というか。

4 1960年代〜1980年代において，EC（EU）の共通農業政策による恩恵から穀物自給率がより上昇したのは，イギリスとイタリアのどちらか。

5 農業基本法に代わって1999年から施行された法律を何というか。

6 次の図は，四国，東北，北陸，九州・沖縄の地域別農業産出額の割合（2017年）を示した図である。このうち，北陸と四国に当てはまるものを，A〜Dのうちから1つずつ選べ。

	米	野菜	畜産	その他
A	31.8%	17.6	32.8	17.8
B	58.9%	14.4	18.0	8.7
C	12.7%	37.4	22.2	27.7
D	9.7%	24.6	45.3	20.4

『日本国勢図会』

---

1 インド
ヒンドゥー教徒が多いインドは肉を食べない菜食主義者が多い。

2 ③
大豆は1割弱。果実は約40%，米は約95%，野菜は約80%。

3 フードマイレージ
地球環境への負荷を見る指標。日本は食料自給率が低く，遠距離の新大陸の国からの輸入が多いため，フードマイレージが極めて大きい。

4 イギリス
大規模農業の国で恩恵が大きかった。

5 食料・農業・農村基本法
農業には「食料」の安定供給機能や「農村」の多面的機能があることを意識付けた。

6 北陸—B
　四国—C
北陸は米どころ，四国は野菜の促成栽培などの園芸農業が盛ん。東北はAで，米に加えて畜産業が盛ん。九州・沖縄はDで，畜産業が盛ん。

15 エネルギー資源と鉱産資源

本冊 P.96

第1章 系統地理

☑1 石炭の輸出量上位2か国を答えよ。

1 インドネシア，オーストラリア
インドネシアは近年急増，オーストラリアは良質の石炭を産出。

☑2 原油の三大産出国を答えよ。

2 サウジアラビア，ロシア，アメリカ合衆国
アメリカ合衆国はシェールオイルの採掘で近年産出量が増加している。

☑3 第1次石油危機が起こった年を答えよ。

3 1973年
第4次中東戦争をきっかけに発生。

☑4 大気汚染物質などの排出が少ない天然ガスのようなエネルギーを何というか。

4 クリーンエネルギー
硫黄分が極めて少なく，二酸化炭素排出量も少ない。

☑5 日本に輸入される天然ガスは，どんな形状で運ばれているか。

5 LNG（液化天然ガス）
パイプラインの敷設が難しいため，冷却して液化し，効率よく輸送。

☑6 BRICS以外の鉄鉱石の産出上位国で日本の最大の輸入相手国はどこか。

6 オーストラリア
日本の鉄鉱石の5割強を依存している。

☑7 次の地図の斜線部で表した銅鉱床地帯を何というか。

7 カッパーベルト
近年はレアメタルのコバルト鉱の産出も多い。

☐ 8 ボーキサイトの埋蔵が多い気候帯について適当なものを，次の①〜④のうちから1つ選べ。
① 乾燥帯
② 熱帯
③ 温帯
④ 亜寒帯（冷帯）

☐ 9 廃棄される携帯電話や家電製品に使われているレアメタルなどの資源を何というか。

8 ②
ラトソルの土壌にアルミニウム分が集積している。

9 都市鉱山
2020年開催の東京オリンピック・パラリンピックのメダルは，都市鉱山から再資源化して作製。

16 発電と再生可能エネルギー

本冊 P.102

第1章 系統地理

1 北西ヨーロッパ諸国の中で，水力発電割合が最も高い国を，次の地図中の①～④のうちから1つ選べ。

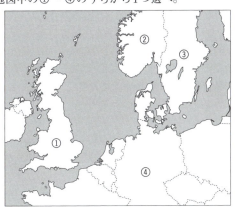

1 ②

②はノルウェー。氷食谷（落差大）＆偏西風の風上斜面（降水量多，落差大）。

2 火力発電の問題点を2つ答えよ。

2 資源の枯渇，環境問題（地球温暖化，大気汚染など）

3 地熱発電が盛んな国として適当でないものを，次の①～④のうちから1つ選べ。
① インドネシア
② デンマーク
③ ニュージーランド
④ メキシコ

3 ②

デンマークには火山なし，風力発電が5割超。

4 日本において発電割合が高いのは，太陽光発電と風力発電のどちらか。

4 太陽光発電

風力発電のように騒音問題がなく，小型で設置の障害が少ないため急速に普及した。

23

17 工業立地と工業地域

本冊 P.108

1 次の①〜④のうちから，原料指向型の工業の例に当てはまらないものを1つ選べ。
① 印刷　② 紙・パルプ
③ 食料品　④ 窯業

1 ①
印刷は市場指向型。

2 アメリカ合衆国で炭田立地型の製鉄都市として栄え，現在は医療産業や金融業などが発達するペンシルヴェニア州の都市名を答えよ。

2 ピッツバーグ

3 アルミニウム工業に当てはまるものを，次の①〜④のうちから1つ選べ。
① 原料指向型工業
② 市場指向型工業
③ 労働力指向型工業
④ 電力指向型工業

3 ④
中間製品のアルミナから精錬していく際に大量の電力を必要とする。

4 次の図のA，Bは日本とアメリカの自動車生産を表したグラフである。このうち，日本に当てはまるものはどちらか。

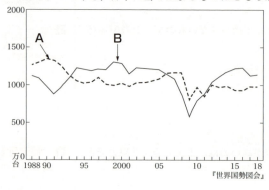

『世界国勢図会』

4 A
1970年代の石油危機で小型低燃費の日本車増，1980年代の日米自動車貿易摩擦で米国での現地生産増，国内生産減，2000年代はエコカー＆中国での需要増で増産。

5 アメリカ合衆国のワシントン州にある，航空機工業が盛んな都市名を答えよ。

6 フランスとベルギーの国境付近で古くからの毛織物生産が盛んな地域名を答えよ。

7 ヨーロッパのサンベルトに含まれない都市を，次の地図の①〜④のうちから1つ選べ。

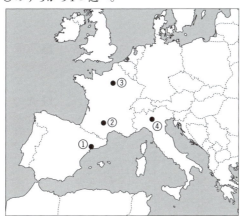

5 **シアトル**
ボーイング社の組立工場が近郊にある。

6 **フランドル地方**

7 **③**
③はパリ。ヨーロッパのサンベルトは，スペイン北東部からフランス南部，イタリア北部にかけての地中海沿岸。

18 工業の発達と現状・課題，日本の工業

本冊 P.116

☐ **1** アジアの国が行った工業化政策として，輸出指向型と輸入代替型では，どちらが先に行われたか。

☐ **2** 古くからの工業地域において，賃金や地価の上昇，公害，貿易摩擦などから他地域へと工場が移転し，失業者が増加するといった現象を何というか。

☐ **3** 1985年のプラザ合意以降円高が進んだことで，日本は輸出に有利になったか，それとも不利になったか。

☐ **4** 次の表は，下の①～④の製造品出荷額の都道府県別割合（2016年）を示した表である。表中のA～Dに当てはまる業種名を，下の①～④のうちから1つずつ選べ。

	1位		2位		3位		4位		5位	
A	北海道	7.6%	埼玉	6.2%	愛知	5.8%	兵庫	5.7%	千葉	5.3%
B	東京	15.5%	埼玉	14.2%	大阪	9.5%	愛知	6.5%	京都	4.5%
C	愛知	13.0%	兵庫	11.1%	千葉	9.5%	大阪	7.7%	広島	6.9%
D	長野	15.1%	福島	8.8%	東京	8.6%	神奈川	8.5%	兵庫	6.5%

『データでみる県勢』

① 印刷・同関連業
② 情報通信機械器具
③ 食料品
④ 鉄鋼業

---

1 輸入代替型
輸入代替型（国産化）→輸出指向型（外国企業誘致）の順。

2 産業の空洞化
日本では1980年代以降，顕在化した。

3 不利
円高は輸出に不利，輸入には有利。

4 A―③ B―① C―④ D―②
Aは原料指向の北海道と市場指向の大都市圏，Bは市場指向でとくに東京への集中，Cは自動車関連＆阪神＆京葉，Dは大都市圏と交通網で結びついた長野，福島と大都市圏。

19 第3次産業・交通・通信と世界の観光

本冊 P.122

☑ 1	郊外と都心部を直結する次世代型の路面電車を何というか。	**1 LRT** 乗り降り、乗り継ぎがしやすく、設備投資費が安い。
☑ 2	自動車から鉄道や船舶へ輸送機関を転換することを何というか。	**2 モーダルシフト** 環境対策。
☑ 3	郊外の駅にある駐車場に駐車し、鉄道やバスなどの公共交通機関に乗り換えて都心部へ向かう輸送体系を何というか。	**3 パークアンドライド** 都心部の渋滞緩和⇒環境対策。
☑ 4	近年急速に普及している格安航空会社を英文字3文字で答えよ。	**4 LCC**
☑ 5	アジアを代表する国際ハブ空港を2つ答えよ。	**5 インチョン、ホンコン、シンガポール、ドバイ**などから2つ
☑ 6	次の地図中に示された、A・Bの海峡名とC・Dの運河名を答えよ。 	**6 A—ボスポラス海峡** **B—マラッカ海峡** **C—スエズ運河** **D—パナマ運河** A、Bとも国際海峡。スエズ運河、パナマ運河とも拡張工事が完成。
☑ 7	アフリカのケニアなど発展途上国では、固定電話と携帯電話のどちらの普及率が高いか。	**7 携帯電話** 多額の設備投資を必要としないため。
☑ 8	都市生活者が、農山漁村での生活や文化を実体験する観光を何というか。	**8 グリーンツーリズム**

☑9 日本の都市別の卸売業販売額で三大都市圏に次ぐ札幌，仙台，広島，福岡の4つの都市を総称して何というか。

9 広域中心都市（地方中枢都市）
企業の本支社や大学，商業施設などが集中。人口規模は札幌＞福岡＞広島＞仙台の順。

20 世界と日本の貿易

本冊 P.130

☑1 第二次世界大戦後は自由貿易と保護貿易のどちらが推進されているか。

1 自由貿易
保護貿易が世界大戦につながった反省から。

☑2 在庫保管や，輸入物資を加工し中間製品として第三国へ再輸出する貿易を何というか。

2 中継貿易
シンガポール，オランダ，ベルギーなど。

☑3 2か国または2地域間以上での自由貿易協定を何というか。

3 FTA
日本はより包括的な協定のEPA（経済連携協定）を結んでいる。

☑4 特定の一次産品の輸出に依存する経済を何というか。

4 モノカルチャー経済
アフリカや中央アメリカの国々に多い。

☑5 生産者と消費者が商品作物を適正価格で売買する貿易を何というか。

5 フェアトレード
貧しい農業生産者の生活改善や持続可能な開発につなげる取り組み。

☑6 次の図は2017年の日本の貿易相手上位国の割合を示している。図の①〜④のうち，②に当てはまる国はどこか。

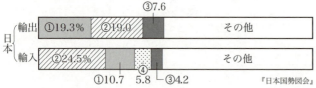

6 中国
2007年以降，アメリカ合衆国を抜いて最大になった。ほか，①＝アメリカ合衆国，③＝韓国，④＝オーストラリア。

☑7 正誤 現在の日本の最大の輸出品と輸入品はともに機械類である。正か誤か。

7 ○
輸出2位は自動車，輸入2位は石油。

28

21 世界の人口分布と人口増加

1 大陸別で見た場合に近年人口増加率が最も高いのはどの大陸か，次の①～④のうちから1つ選べ。
① アジア　　② アフリカ
③ オセアニア　④ 南アメリカ

> **1** ②
> アフリカは貧しい国が多く，高い出生率が続く。

2 人口が1億人を超える南アジアの国をすべて答えよ。

> **2 インド，パキスタン，バングラデシュ**
> 東アジアの総人口より南アジアの総人口のほうが多い。

3 アフリカ最大の人口大国を，次の図の①～④のうちから1つ選べ。

> **3** ①
> 1位はナイジェリア，2位はエチオピア，3位はエジプト。

4 ロシアを除いたヨーロッパ諸国の中で，最大の人口をもつ国はどこか。

> **4 ドイツ**
> ドイツは約8,300万人，フランスは約6,500万人，イギリスは約6,700万人，イタリアが約6,000万人。

5 1人の女性が生涯に産む子どもの数の平均値を何というか。

> **5 合計特殊出生率**

6 人口動態の少産少死型，静止人口，多産少死型，多産多死型を，時系列（経済発展）順に並べかえよ。

> **6 多産多死型→**
> **多産少死型→**
> **少産少死型→**
> **静止人口**
> 人口ピラミッドも富士山型→釣鐘型→つぼ型へ。

22 先進国と発展途上国の人口問題

本冊 P.142

1. 中国において，人口抑制のために1970年代末から行われてきた政策を何というか。

2. 20世紀後半の発展途上国，とくにアフリカで顕著に見られる現象で，人口が急増することを何というか。

3. 合計特殊出生率が高いのは，先進国か，発展途上国か。

4. 少子高齢化によって先進国ではどんなことが問題となるか。

5. ヨーロッパにおいて，社会保障を充実させたことで少子化対策に成功している代表的な国はどこか。

---

1 一人っ子政策
現在は，第二子までを認める二人っ子政策へ転換。

2 人口爆発
出生率が高いままで，医療や衛生状態の改善によって死亡率が低下したことによる。

3 発展途上国
先進国の多くは2.0以下で，発展途上国の多くは3.0以上となっている。日本は1.43（2017年）。

4 若年労働力の不足による国内産業の停滞，社会保障費の現役世代への負担増など

5 スウェーデン，フランスなど

23 人口移動

本冊 P.148

1 [正誤] インドネシアでは，人口集中が進むスマトラ島からジャワ島への移住を奨励している。正か誤か。

2 東南アジアを中心に世界各地に居住する，中国出身の人々を何というか。

3 印僑のおもな海外移住先を2つ以上あげよ。

4 [正誤] ドイツやフランスにおいて，トルコやアルジェリアなどから大量の外国人労働者を受け入れたのは，1970年代である。正か誤か。

5 アメリカ合衆国に居住するスペイン語を話すラテンアメリカ諸国出身者を何というか。

6 日本において，ブラジルやペルーから日系人が多く流入するようになったのはいつ頃からか。

7 EUに2007年に加盟して以降，若年労働力の流出が続く国を2つ答えよ。

---

1 ✗
ジャワ島から他の島への移住を推進。カリマンタン島への首都移転も計画。

2 華僑
現在，最大の華僑人口を抱えるのはインドネシア。

3 東南アジア諸国，旧イギリス植民地，中東の産油国，英語圏の先進国など
華僑と違って世界各地に分散している。

4 ✗
1960年代の高度経済成長期の労働力不足に対応するため受け入れた。

5 ヒスパニック
メキシコとの国境沿いの州に多く居住。

6 1990年代から
1990年の出入国管理法の改正で日系人に限定して，就労・在留資格が緩和されたから。

7 ルーマニア，ブルガリア
高賃金やより良い就業機会を求めて流出した。

24 集落の成り立ちと村落・都市の立地・形態

本冊 P.154

☑1 家屋の背後に短冊状の地割りをもち，道路沿いに列状に発達した，写真のような集落を何というか。

☑2 散村が多く見られる場所として適当でないものを，次の①～④のうちから1つ選べ。
① アメリカ合衆国西部　② アルプス山脈北斜面
③ 砺波平野　　　　　　④ 奈良盆地

☑3 洪水被害の多かった低湿な集落や耕地を人工堤防で囲った地域を何というか。

☑4 屯田兵村は，アメリカ合衆国の何と呼ばれる制度にならって設置されたか。

☑5 有力な寺社の参道沿いに商業的機能が集積した集落を何というか。

☑6 次の図のような型で表される都市の形態を何というか。また，そのような形態の都市として適当なものを，下の①～④のうちからすべて選べ。

① キャンベラ　② ダマスカス
③ パリ　　　　④ ワシントンD.C.

1 路村
日本の新田集落やドイツの林地村で見られる。

2 ④
奈良盆地は集村の塊村が多い。

3 輪中
濃尾平野の木曽川，長良川，揖斐川の輪中が有名。

4 タウンシップ制
アメリカ合衆国の西部開拓時の制度に倣い直交路型の地割りを採用した。

5 門前町
長野県の長野（善光寺）や香川県の琴平（金刀比羅宮）が有名。

6 都市の形態―放射環状路型
都市―①　③
②ダマスカスは迷路型，④ワシントンD.C.は放射直交路型。

25 都市の発達，機能と生活

1 OPECの加盟国で，民族融和を目的に南西部の旧首都から国土の中央付近に遷都したアフリカの国はどこか。

1 **ナイジェリア**
南西部の最大都市ラゴスから中央のアブジャへ遷都。

2 次の地図中の①～④はそれぞれ，エルサレム，イスラマバード，メッカ，ラサを示している。このうち宗教都市として適当でないものを記号で1つ選べ。

2 ①
イスラマバードはパキスタンの首都で政治都市。

3 避暑地として適当なものを，次の①～④のうちからすべて選べ。
① アテネ　② 軽井沢
③ ヤルタ　④ マイアミ

3 ②
①は夏の暑さが厳しい観光都市，③と④は避寒地。

4 河口に発達した都市として適当でないものを，次の①～④のうちからすべて選べ。
① イスタンブール
② シカゴ
③ ニューオーリンズ
④ ハンブルク

4 ①　②
①は海峡，②は湖岸。

5 隣接する2つ以上の都市の市街地が，行政的境界を越えて連続する都市群を何というか。

5 **コナーベーション**
ドイツのルール地方が好例。

6 正誤 都市人口率が高いのは，先進地域と途上地域ではおもに途上地域である。正か誤か。

6 ✗
途上地域は農業従事者が中心で都市より農村に居住する人が多い。

26 　世界の都市・居住問題

本冊 P.166

1 日本の大都市におけるドーナツ化現象では，おもにどのような年代の人々が郊外に流出したか。

2 土地が安価な郊外に，工場や住宅地が無秩序・虫食い状に拡大する現象を何というか。

3 アメリカ合衆国の大都市のように，都市内部で人種・民族・生活水準などで住み分けがなされている現象を何というか。

4 次の地図の①〜④はリマ，バンコク，デリー，メキシコシティのいずれかを示す。このうち，プライメートシティとして適当でないものを1つ選べ。

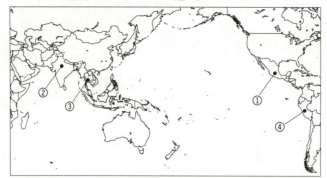

1 若年層（20代〜30代）
結婚や子どもの誕生をきっかけに良好な居住環境を求めて。

2 スプロール現象
無計画に拡大するため，公害問題やインフラ整備の阻害要因に。

3 セグリゲーション
アメリカ合衆国の場合，富裕層の白人やアジア系が郊外に，低所得者層のヒスパニックや黒人が都心周辺部に集住。

4 ②
インド最大の都市はムンバイ。そもそもインドや中国のような人口大国では1つの都市だけに人口が集中することはない。

5 ロンドンの田園都市とニュータウンの建設はどちらが先に行われたか。

6 正誤 ヨーロッパのパリやロンドンの都心部では，一度更地にした上で近代的建造物を建造する一掃型の再開発が盛んである。正か誤か。

7 旧市街地に富裕層を呼び込むなどして活性化を目指す再開発を何というか。

5 田園都市
20世紀初頭に実施，ニュータウンは戦後復興も兼ねて実施された。

6 ✗
歴史的建造物を生かしながら景観保全を行う修復・保全型の再開発が中心。

7 ジェントリフィケーション
再開発による「高級化」。アメリカ合衆国のニューヨークが好例。

27 日本の人口・人口問題，都市と都市・居住問題

☑1 第一次ベビーブームの世代とは，西暦何年〜何年生まれの世代を指すか。

1 1947年〜1949年生まれ
第二次世界大戦が終戦した1945年の2年後から。

☑2 [正誤] 日本は65歳以上の人口割合が世界一高い。正か誤か。

2 ○
28%超は世界一。

☑3 [正誤] 石油危機後の1970年代には，地方ではよりいっそう人口減少が進んだ。正か誤か。

3 ✕
大都市圏で不況になり人口流出が停滞，大都市圏から地方に戻る人も。

☑4 バブル経済期として最も適当なものを，次の①〜④のうちから1つ選べ。
① 1960年代後半
② 1970年代後半
③ 1980年代後半
④ 1990年代後半

4 ③
一般に1986年末〜1991年はじめにかけて≒1980年代後半。

☑5 [正誤] バブル経済崩壊後に再開発で住宅供給が増えた東京都心部では，昼間人口が減少から増加に転じた。正か誤か。

5 ✕
昼間人口はバブル経済期も崩壊後も概ね増加を続けている。

☑6 高度経済成長期に開発された郊外型のニュータウンは，現在どのような問題に直面しているか。

6 居住者の高齢化，建物の老朽化，人口減少，商店街の撤退など
職住分離型で通勤・通学に不便だと，新たな入居者による世代更新が起こりにくい。

28 世界の衣食住と言語・宗教

☑1 写真のような，女性の身体のラインを強調する薄手の生地で仕立て，上下分割したベトナムの民族衣装を何というか。

1 アオザイ
もとはモンゴルのデールの影響を受けた隣国の中国（チャイナドレス）の影響。

☑2 アンデス高地において，先住民が身につける，写真のような貫頭布を何というか。

2 ポンチョ
防寒・防風のため。

☑3 豚肉を食したり，酒を飲んだりすることが禁じられている宗教として適当なものを，次の①〜④のうちから1つ選べ。
　① イスラーム　　② キリスト教
　③ ヒンドゥー教　④ 仏教

3 ①
ラマダン（断食月）もあり。

☑4 日干しレンガを用いた住居が多い地域として適当なものを，次の①〜④のうちから1つ選べ。
　① 熱帯　② 乾燥帯　③ 温帯　④ 亜寒帯（冷帯）

4 ②
樹木が乏しい乾燥地域に多い。

☑5 ヨーロッパにおいて，ウラル語族が多数を占める国を2つ答えよ。

5 フィンランド，ハンガリー

☐ 6 ASEAN加盟国の中でキリスト教が多数を占める国はどこか。

6 フィリピン
東南アジアでは他に東ティモールもキリスト教が多数。

☐ 7 ゲルマン語族が多数を占める地域でおもに信仰されているキリスト教の宗派は何か。

7 プロテスタント
ラテン語族はカトリック，スラブ語族は正教会（東方正教）が多い。

29 世界の民族・領土問題

本冊 P.184

☐ 1 フィリピンでイスラーム教徒が多く居住するのは北部と南部ではどちらか。

1 南部
東南アジアではマレー半島以南に多く居住→フィリピンもそれに近い南部のミンダナオ島に多い。

☐ 2 クルド人が居住する国として適当でないものを，次の①～④のうちから1つ選べ。
① イラク
② イラン
③ サウジアラビア
④ トルコ

2 ③
イラク，イラン，シリア，トルコの国境付近に多く居住する。

☐ 3 アラブ系イスラーム教徒とアフリカ系キリスト教徒の長く続いた内戦後，2011年に分離独立したアフリカの国名を答えよ。

3 南スーダン
スーダンからの分離独立後も，石油の権益や輸送をめぐり両国間や南スーダン内で対立が続いている。

☐ 4 [正誤] かつて南アフリカ共和国において行われていたアパルトヘイトは，少数派の黒人を差別する政策であった。正か誤か。

4 ✗
多数派の黒人に対する差別政策。

☐ 5 近年，独立の気運が高まる，スペインのカタルーニャ州の中心都市の名称を答えよ。

5 バルセロナ
自動車関連産業などスペインの中で最も豊かな州の中心。

| 6 | かつて旧ユーゴスラビア連邦を構成していて，分離独立に際し，正教会，カトリック，イスラームが入り乱れて激しい内戦に陥った国はどこか。

| 7 | カナダにおいてフランス系住民が多い州は地図中の①〜④のどこか。

| 8 | 南沙群島（スプラトリー諸島）の領有を主張している国・地域をすべてあげよ。

| 6 | **ボスニア・ヘルツェゴビナ**
正教徒のセルビア人，カトリック教徒のクロアチア人，ムスリム（イスラーム教徒）のボシュニャク人の対立。

| 7 | **④**
④はケベック州。以前は分離独立の気運が高かった。①はアルバータ州，②はサスカチュワン州，③はオンタリオ州。

| 8 | **中国，台湾，ベトナム，フィリピン，マレーシア，ブルネイ**
6つの国・地域が領有を主張，インドネシアは主張していない。

第1章 系統地理

39

30 国家・国家群

1 地図中の□に入る数値を答えよ。

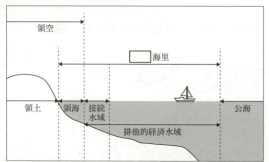

1 **200**
沿岸国は天然資源のみ独占的利用が認められる。

2 2か国以上の国を貫流し，航行の自由が認められている河川を何というか。

2 **国際河川**
外来河川との混同に注意。

3 国境として適当でないものを，次の①〜④のうちから1つ選べ。
① インド・パキスタン―河川
② インドネシア・パプアニューギニア―経線
③ フランス・スペイン―山脈
④ ペルー・ボリビア―湖沼

3 **①**
大インド（タール）砂漠が国境。

4 EUとNATOの本部がある都市はどこか。

4 **ブリュッセル**
どちらの本部もベルギーの首都に置かれている。

5 EUの原加盟国として適当でないものを，次の①〜④のうちから1つ選べ。
① イギリス
② イタリア
③ ドイツ
④ フランス

5 **①**
原加盟国は，ドイツ，フランス，イタリアとベネルクス三国（ベルギー，オランダ，ルクセンブルク）の6か国。

6 EU加盟国を中心に，国境審査を廃止するなどして，人の移動の自由化を進めた協定を何というか。

6 **シェンゲン協定**
これにより労働力，観光客の移動が活発化した。

7 ASEANの原加盟国をすべて答えよ。

7 **インドネシア，シンガポール，タイ，フィリピン，マレーシアの5か国**
当初は東南アジアにおける社会主義拡大の防止が目的。

8 ASEAN，EU，NAFTA，MERCOSURのうち，最大の人口を抱える組織と1人当たりGDPが最も高い組織をそれぞれ答えよ。

8 **最大の人口を抱える組織—ASEAN**
1人当たりGDPが最も高い組織—NAFTA
人口…ASEAN＞EU＞NAFTA＞MERCOSUR。1人当たりGDP…NAFTA＞EU＞MERCOSUR＞ASEAN。

第1章 系統地理

第2章 地誌
31 東アジア

本冊 P.200

1 [正誤] 中国の地形は「東高西低」である，正か誤か。

2 朝鮮民族固有の表音文字を何というか。

3 中国において，1978年から一部市場経済を導入した政策を何というか。

4 中国で，東部（沿海部）に比べ開発の遅れた西部（内陸部）の持続的な発展を促す，2000年代以降行われた大規模開発を何というか。

5 中国の4つの直轄市のうち，唯一西部（内陸部）にある都市名を答えよ。

6 イスラームを信仰するトルコ系の民族が多い地域を，次の図中の①～④のうちから1つ選べ。

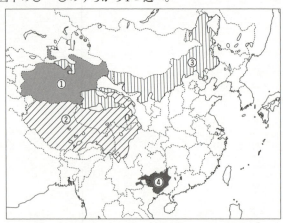

7 中国の農牧業地域において，畑作と稲作のおよその境目となっている山脈と川を答えよ。

---

1 ✗
西高東低，人口分布はそれとは逆の東高西低。

2 ハングル

3 改革・開放政策
「4つの近代化」というスローガンを立てて推進した。

4 西部大開発
南水北調，西気東輸，西電東送，青蔵鉄道が柱，後に退耕還林が加えられた。

5 チョンチン（重慶）
長江の上中流部に位置する。

6 ①
シンチヤンウイグル自治区には，トルコ系でイスラームを信仰するウイグル族が多い。

7 山脈―チンリン山脈
川―ホワイ川
年降水量1,000mmにほぼ対応，黄河と長江のほぼ間に位置する。

☑ 8 中国で初めて指定された経済特区はどこか。

☑ 9 1970年代に韓国において行われた農村近代化運動を何というか。

☑ 10 首都ソウルの外港の機能をもち、ハブ空港が置かれている都市として適当なものを、次の①〜④のうちから1つ選べ。
① インチョン
② ウルサン
③ プサン
④ ポハン

8 シェンチェン（深圳）
ホンコンに隣接、華僑の送出地、現在は「中国のシリコンヴァレー」と呼ばれる。

9 セマウル運動
自給率向上にはつながったが、農工間の格差是正にはつながらなかった。

10 ①
②〜④はすべて南東部に位置し、ウルサンは自動車、プサンは韓国第2の都市、ポハンは臨海立地の製鉄都市。

32　東南アジア

本冊 P.206

1 次の図中の①〜④のうち海溝が見られないのはどこか，すべて選べ。

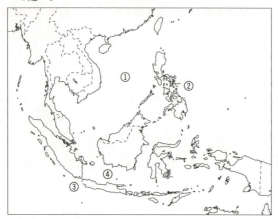

1 ①　④
海溝は弧状列島と並行して外洋側にのびる。

2 第二次世界大戦前に，東南アジアで唯一独立を維持した国はどこか。

2 タイ
西方から植民地化を進めたイギリスと東方から植民地化を進めたフランスが衝突するのを緩和した。＝緩衝国

3 東南アジア各国で多数を占める宗教・宗派の組合せとして適当なものを，次の①〜④のうちからすべて選べ。
① ベトナム―上座仏教
② フィリピン―カトリック
③ マレーシア―儒教
④ インドネシア―イスラーム

3 ②　④
①のベトナムは大乗仏教，③のマレーシアはイスラームが多数を占める。

4 1986年からベトナムで行われている，一部市場経済の導入を進めた政策を何というか。

4 ドイモイ政策
中国の改革・開放政策にならった。

5 マレーシアにおいて，経済的地位が低いマレー人を優遇する政策を何というか。

5 ブミプトラ政策
マレー語のみ公用語，イスラームのみ国教，マレー人への大学入学等の優先枠など。

6 シンガポールの公用語を4つすべて答えよ。

7 インドネシアにおいて，2000年代に入って生産を伸ばし，現在世界有数の輸出を誇るエネルギー資源は，石油か石炭か。

8 フィリピンのバナナ栽培の中心は，地図中の①と②のどちらか。

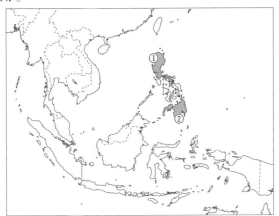

6 中国語，マレー語，タミル語，英語
民族融和からすべての民族の母語と英語を公用語とした。

7 石炭
石油資源の枯渇から，代わりに泥炭を中心に採掘が活発化した。

8 ②
①はルソン島，②はミンダナオ島。南部のミンダナオ島のほうが，台風による被害が少なくて済むため。

第2章 地誌

45

33　南アジア

1 正誤　ヒマラヤ山脈には火山がある。正か誤か。

1 ✕
大陸プレートどうしの狭まる境界には火山は形成されない。

2 ベンガル湾上で発生する熱帯低気圧の名称を答えよ。

2 サイクロン
バングラデシュは例年大きな浸水等の被害を受けている。

3 南アジアの夏と冬の季節風（モンスーン）の風向をそれぞれ答えよ。

3 夏―南西
　　冬―北東

4 南アジアの国と，そこで多数を占める宗教との組合せとして適当なものを，次の①～④のうちから1つ選べ。
① インド―仏教
② パキスタン―ヒンドゥー教
③ バングラデシュ―イスラーム
④ モルディブ―キリスト教

4 ③
インドはヒンドゥー教，パキスタンはイスラーム，モルディブはイスラームが多数。

5 インド北東部のアッサム地方やヒマラヤ山麓で栽培が盛んなプランテーション作物は何か。

5 茶
高温多雨かつ排水良好の地で栽培に好適。

6 デカン高原に分布する綿花栽培に好適な土壌の名称を答えよ。

6 レグール
黒色綿花土とも呼ばれる。

7 次のA～Dは，羊毛，ジュート，茶，綿花の国別生産量の割合を示している。このうち，ジュートを示すグラフはどれか。

7 D
ジュートはガンジス川下流域が主産地の繊維原料。インドとバングラデシュの2か国で世界の9割以上を生産する。なお，Aが茶，Bが綿花，Cが羊毛。

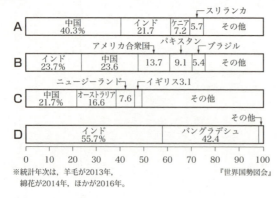

※統計年次は，羊毛が2013年，綿花が2014年，ほかが2016年。
『世界国勢図会』

☑ 8 インドとパキスタンが領有をめぐって対立し，現在でも国境線が不確定となっている地域を何というか。また，この地域で多数を占める宗教は何か。

☑ 9 「インドのシリコンヴァレー」と呼ばれるベンガルールの位置を，地図中の①～④のうちから1つ選べ。

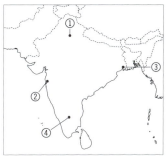

☑ 10 スリランカで多数を占める民族名と宗教は何か。

---

8 地域—**カシミール地方**
宗教—**イスラーム**
この地域の支配層であった少数派のヒンドゥー教徒が，インドへの帰属を求めたことで対立。

9 **④**
デカン高原の南部に位置。

10 民族—**シンハラ（シンハリ）人**
宗教—**仏教**
少数派のヒンドゥー教徒のタミル人と長く内戦状態にあった。

第2章 地誌

47

34 西アジアと中央アジア

1 イラクの中央を流れ,「肥沃な三日月地帯」を形成する, 外来河川を2つ答えよ。

1 ティグリス川, ユーフラテス川
小麦の栽培起源地としても知られ, 古くから農耕文明が栄えてきた。

2 次の地図中の①〜④の国のうち, アラブ諸国に含まれない国をすべて選べ。

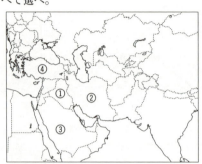

2 ②　④
アラブ諸国＝アラビア語（①はイラク, ③はサウジアラビア）。②のイランはペルシア語, ④のトルコはトルコ語が母語。

3 中央アジアで広く信仰されている宗教は何か。

3 イスラーム
大部分がトルコ系イスラーム。

4 トルコ, イラン, イラク, シリアにまたがって居住する民族を何というか。

4 クルド人
どの国でも少数派のため迫害を受けている。

5 サウジアラビアにあるイスラーム最大の聖地を何というか。

5 メッカ
アラビア半島の西方に位置, カーバ神殿あり。

6 中東地域のハブとして機能する, アラブ首長国連邦にある都市を何というか。

6 ドバイ
中継貿易港やハブ空港あり。⇒物流拠点, リゾート開発が盛ん。

7 トルコの首都と, 人口規模最大都市を答えよ。

**7 首都—アンカラ
　最大都市—イスタンブール**
国土の均衡ある発展を目指し, ヨーロッパ寄りのイスタンブールから中央寄りのアンカラに遷都。

☐8 イスラエルのエルサレムは3つの宗教の聖地である。3つすべて答えよ。

8 **ユダヤ教，キリスト教，イスラーム**

☐9 事実上国土が南北に二分されているキプロスの，北部と南部でおもに信仰される宗教を答えよ。

9 **北部―イスラーム**
南部―キリスト教（正教会）
北部はトルコ系，南部はギリシャ系。
南部のみEUに加盟。

35　アフリカ

本冊 P.224

☐1 次の地図中の①～④のうちから，アフリカ大陸最高峰の地点を選べ。

1 **③**
安定陸塊ではあるが，アフリカ大地溝帯の周辺は火山が多く，例外的に標高が高い。高山都市が多い（ナイロビ，アディスアベバなど）。

☐2 アフリカ大陸南西部に見られる海岸砂漠の名称と，その形成に影響を与えている海流名を答えよ。

2 **海岸砂漠―ナミブ砂漠**
海流―ベンゲラ海流
寒流の影響から上昇気流が発達せず降水量が少ない。気温も低め。

☐3 世界で最も砂漠化が進む，サハラ砂漠南縁部を何というか。

3 **サヘル**
この地域のいちばんの砂漠化要因は過放牧。

☐4 エチオピアで多数を占める宗教は何か。

4 **キリスト教**
コプト派と呼ばれるキリスト教を信仰する人々が多い。

☑5 ギニア湾岸諸国で旧イギリス植民地だった国を2つあげよ。

☑6 アフリカ大陸中央に位置するコンゴ民主共和国の旧宗主国を答えよ。

☑7 国名と，各国で輸出上位にあがるプランテーション作物の組合せとして適当でないものを，次の①〜④のうちから一つ選べ。
① ガーナ―カカオ豆
② セネガル―綿花
③ エチオピア―コーヒー豆
④ ケニア―天然ゴム

☑8 マダガスカル島に多く移住した人々の出身地域はどこか。

☑9 アフリカで最大のダイヤモンド産出量を誇る国はどこか。

☑10 石油の権益をめぐる民族間の対立から，1960年代にビアフラ戦争が起こった国はどこか。

---

5 **ガーナ，ナイジェリア**
ギニア湾岸諸国は多くはフランス植民地だったが，ガーナとナイジェリアはイギリス植民地だった。両国とも英語が公用語。

6 **ベルギー**
独立後，銅鉱などの資源をめぐる争いから現在でも内戦が続いている。

7 **④**
アフリカでは天然ゴムは，年中高温多雨なギニア湾が生産の中心。東アフリカの排水良好な高原をもつケニアでは茶やコーヒー豆の栽培が中心。

8 **東南アジア**
マレー系のメリナ族が多く，稲作が盛ん。

9 **ボツワナ**
世界最大のダイヤモンド取引所が置かれている。

10 **ナイジェリア**
南東部のイボ族が多く居住するビアフラ地方の石油の権益をめぐり対立。

36 ヨーロッパ

本冊 P.232

1 バルト海周辺に見られる地形として適当なものを，次の①〜④のうちからすべて選べ。
① タワーカルスト　② バリアリーフ
③ 氷河湖　　　　　④ モレーン

2 顕著なエスチュアリが見られない場所を，次の①〜④のうちから1つ選べ。

3 ヨーロッパ地中海沿岸に多く分布するテラロッサはおもに何という母岩が風化した土壌か。

4 次の等温線を示した図は，1月か7月，どちらのものか。

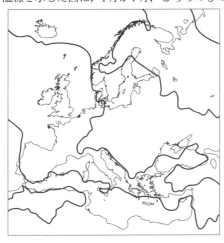

---

1 ③ ④

最終氷期にヨーロッパに広がっていた大陸氷河の中心はバルト海にあった。そのため氷河地形が多く見られる。

2 ③

③（ライン川）だけは，高峻なアルプス山脈を上流域にもち，河川水の勢いが強いため，河口付近まで土砂が運搬・堆積し三角州（デルタ）を形成。ほか，①はテムズ川，②はロアール川，④はエルベ川。

3 石灰岩

石灰質の土壌が多いことからカルスト地形も多い。

4 1月

冬季は，暖流上を吹いて運ばれてきた西方からの暖気と，東方のシベリアからの寒気がヨーロッパにも押し寄せるため，緯線と垂直方向に等温線が走る。

☑5 産業革命の発祥地といわれるイギリスのランカシャー地方は，ペニン山脈の西方か，東方か。

5 西方
西方で海洋からの偏西風の風上側にあったことで，湿度が高く糸が切れにくかったことからマンチェスターで綿工業が発達した。

☑6 フランス南西部にある航空機工業が発達する都市はどこか。

6 トゥールーズ
エアバス社の航空機の組立工場がある。

☑7 ヨーロッパ最大の工業地帯であるルール工業地帯が発達した立地因子を2つ答えよ。

7 水運，炭田
ライン川やルール川の水運，ルール炭田。

☑8 ドイツ最大の貿易港はどこか。

8 ハンブルク
エルベ川のエスチュアリに面しており，古くからハンザ同盟都市としても発達。

☑9 EU非加盟の永世中立国で，金融業や時計工業，医薬品工業などが盛んなヨーロッパの国はどこか。

9 スイス
世界最古の永世中立国で，高技術をもち，国際機関の本部も多い。ちなみにオーストリアは同じ永世中立国であるが，EUに加盟。

☑10 スカンディナヴィア半島北部に居住し，トナカイの遊牧を行ってきた民族を何というか。

10 サーミ
狩猟と漁労を生業としてきた。

☑11 早くから農業協同組合を発達させ，肉類中心の酪農国となった北ヨーロッパの国はどこか。

11 デンマーク
農業教育にも力を入れてきた。豚肉などの肉類を積極的に輸出している。

☑12 図の ▬ で囲った，繊維や皮革，機械など，高付加価値の工業製品を伝統的に生産する地域を何というか。

12 第三のイタリア（サードイタリー）
フィレンツェ，ボローニャ，ヴェネツィアなど。

☑️13 最近，スペインにおいて分離独立運動が活発なバルセロナを中心とする州名を答えよ。

13 カタルーニャ
自動車工業や観光産業などスペインの中でも豊かな地域を形成→多くの税金を払っているにもかかわらず，国からの予算配分が少ないことへの不満など。

☑️14 EU加盟が2007年と遅れた東ヨーロッパの2か国を答えよ。

14 ルーマニア，ブルガリア
EU加盟国の中でも所得水準が低い。

37　ロシアと周辺諸国

本冊 P.242

☑️1 次の図の■■で示した，新期造山帯の山脈を何というか。

1 カフカス山脈
ロシアとジョージア，ロシアとアゼルバイジャンの国境。

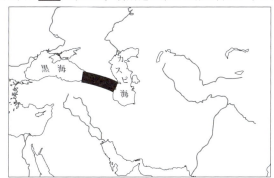

☑️2 ウクライナからシベリア西部にかけて分布する，肥沃な土壌の名称を答えよ。

2 チェルノーゼム
小麦，とうもろこし，ひまわりの栽培が盛ん。

☑️3 永久凍土の中に存在する温室効果ガスは何か。

3 メタン
メタンの温室効果は二酸化炭素の約21倍。タイガ伐採や地球温暖化から永久凍土が融解し，大気中に放出。

☑️4 ロシアで最も多く信仰されているキリスト教の宗派は何か。

4 正教会（東方正教）

☑️5 ロシアにおいて，都市生活者が郊外にもつ菜園付きの別荘地を何というか。

5 ダーチャ
1990年代のソ連解体後の食料難を自給自足でしのぐことにつながった。

☑ 6 次の地図中のA〜Cのうち，混合農業が最も盛んな地域を1つ選べ。

6 C
黒海〜カスピ海の北側≒チェルノーゼム≒小麦の企業的穀物農業。そのさらに北側が混合農業地域。

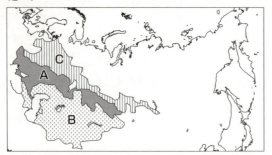

☑ 7 旧ソ連に含まれていたが，ソ連解体後，CIS（独立国家共同体）に加わらず，EUに加盟した国をすべて答えよ。

7 エストニア，ラトビア，リトアニア
文化的にロシアと異質だったバルト三国。

☑ 8 ロシアの油田や天然ガス田が集中する，ウラル山脈東方を流れる大河の名称を答えよ。

8 オビ川
中流域に油田，下流域に天然ガス田がある。

☑ 9 ウクライナの輸出1位である工業製品は何か。

9 鉄鋼
ドネツ炭田，クリヴォイログ鉄山⇒旧ソ連最大の鉄鋼基地。

38 アングロアメリカ

本冊 P.248

□**1** 北アメリカ大陸中央部に広がる小麦生産が盛んな大平原を何というか。

1 プレーリー
「世界のパン篭」と呼ばれる，小麦の大生産地域。

□**2** 次の図に示された等温線は，1月か7月，どちらのものか。

2 1月
等温線の形が南に向かって凸型。冬季は遮蔽物が少ない大陸の中央を寒気が南下しやすいから。

□**3** 次の図の中でA〜Dに対応する農牧業を，①〜④からそれぞれ1つずつ選べ。
① とうもろこし
② 春小麦
③ 冬小麦
④ 酪農

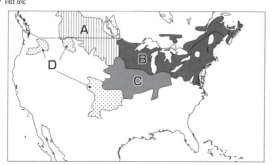

3 A—② B—④

C—① D—③

□**4** アメリカ合衆国とカナダの国境の大部分は，自然的国境か数理的国境か。

4 数理的国境
アラスカ州とカナダの国境は西経141度，五大湖より西側は北緯49度が国境。

☑5 アメリカ合衆国の社会において，中心となってきた人種・民族の呼称を英文字4文字で答えよ。

☑6 かつては鉄鋼や自動車などの工業で栄えたが，1970年代以降衰退した五大湖周辺の地域を何というか。

☑7 テキサス州のダラスなどを中心とするIC産業集積地帯を何というか。

☑8 カナダにおいて，①人口最大都市と②フランス系住民人口最大の都市をそれぞれ答えよ。

☑9 カナダの平原三州のうち，石油資源が豊富な州はどこか。

---

5 WASP
ホワイトアングロサクソンプロテスタント＝白人＆ゲルマン系＆プロテスタントの略。

6 フロストベルト
北緯37度以南＆太平洋側の「サンベルト」と対照の言葉として使われる。

7 シリコンプレーン
石油によるオイルマネー，軍事・航空機産業，ハブ空港が発達の背景。

8 ①トロント　②モントリオール
トロントはオンタリオ州，モントリオールはケベック州。

9 アルバータ州
中心都市はエドモントン。平原三州は他にサスカチュワン州，マニトバ州（西から順に「アサマ」）。

39 ラテンアメリカ

本冊 P.256

□1 アマゾン川流域に広がる熱帯雨林の名称として適当なものを，次の①〜④のうちから1つ選べ。
① カンポ　② セルバ　③ パンパ　④ リャノ

□2 高山都市に当てはまらないものを，次の①〜④のうちから1つ選べ。
① キト　② ボゴタ　③ ラパス　④ リマ

□3 アルゼンチン南部に広がる砂漠は，海岸砂漠か雨陰（風下）砂漠か。

□4 ラテンアメリカ諸国の中で唯一ポルトガル領だった国はどこか。

□5 ヨーロッパ系住民の割合が多数を占める国を，次の①〜④のうちからすべて選べ。
① アルゼンチン　② ウルグアイ
③ ジャマイカ　④ ハイチ

□6 メキシコシティでスラムが多く見られるのは，都心部か郊外か。

□7 ブラジルの二大鉄山のA，Bのうち，Aの鉄山の名称を答えよ。

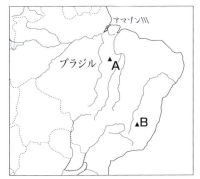

---

1 ②
カンポはブラジル高原に広がるサバナ，パンパはアルゼンチンからウルグアイにかけて広がる温帯草原，リャノはベネズエラのオリノコ川流域に広がるサバナ。

2 ④
リマ以外は高所地域に位置しており，年中気温が低い（「常春の気候」）。ラパスは世界最高所の首都。

3 雨陰（風下）砂漠
年中偏西風の風下側に当たるため，乾燥した大気が卓越することで形成。

4 ブラジル
他の多くのラテンアメリカ諸国はスペイン領。

5 ①　②
ヨーロッパ系（白人）の割合が高いのは南米南部の温和な地域。カリブ海の西インド諸島はアフリカ系（黒人）の割合が高い国が多い。

6 郊外
一般に途上国のスラムは，インフラが未整備で，本来居住地としては適さない，低湿地や傾斜地に低所得者層が集住し形成される。

7 カラジャス鉄山
ブラジル高原の南東部（B）に位置するのはイタビラ鉄山。

| ☐ 8 | 農畜産物の集散地として古くから発達したアルゼンチンの首都，および面している河川名を答えよ。 | **8** 首都―ブエノスアイレス
河川―ラプラタ川
ラプラタ川のエスチュアリに面し，パンパの農畜産物を扱う。 |

| ☐ 9 | チリが世界産出1位を誇り，おもに電線などに利用される鉱産資源は何か。 | **9** 銅鉱
世界の3分の1を生産。 |

40　オセアニアと極地方

本冊 P.262

☐ **1** 正誤　オーストラリア大陸に新期造山帯は分布する。正か誤か。

1 ✗
大部分が安定陸塊で，東部を南北に古期造山帯のグレートディヴァイディング山脈がはしる。

☐ **2** オーストラリア大陸北東部に位置する世界最大級のサンゴ礁の形態は何か。

2 堡礁（バリアリーフ）
陸や中央の島から離れた沖合に発達するサンゴ礁。

☐ **3** ニュージーランドで火山が集中するのは，北島か南島か。

3 北島
南島には火山はないが，高峻なサザンアルプス山脈がある。

☐ **4** オークランドと同じ気候区に属する地点を，図中の①〜④のうちから1つ選べ。

4 ③
Cfb（西岸海洋性気候）。両地点とも同緯度で，年中海洋からの偏西風の影響を受ける。①はAw（サバナ気候），②はCfa（温暖湿潤気候），④はCs（地中海性気候）。

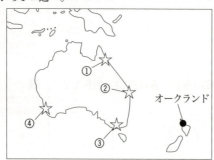

☐ **5** オーストラリアとニュージーランドの先住民を，それぞれ何というか。

5 オーストラリア―アボリジニー
ニュージーランド―マオリ
マオリ語はニュージーランドの公用語の1つ。

6 かつてオーストラリアが行っていた白人以外の移民を制限する政策を何というか。

7 オーストラリアにおいて、被圧地下水を用いた牧畜が盛んな場所はどこか。

8 オーストラリア北部の半島部で産出が多い資源として適当なものを、次の①〜④のうちから1つ選べ。
① 原油
② 石炭
③ 鉄鉱石
④ ボーキサイト

9 オーストラリアとニュージーランドの人口最大都市と首都をそれぞれ答えよ。

---

6 **白豪主義**
1970年代に入ってから多文化主義に転換、アジア系移民が急増した。

7 **グレートアーテジアン（大鑽井）盆地**
被圧地下水からの掘り抜き井戸を用いており、おもに牧羊が盛ん。

8 **④**
北部の半島部の土壌は熱帯のラトソルでアルミニウム分が多い。

9 **オーストラリア・最大都市―シドニー　首都―キャンベラ　ニュージーランド・最大都市―オークランド　首都―ウェリントン**
両国とも最大都市が首都ではない。

MEMO

MEMO

MEMO

MEMO

[大学入学共通テスト 地理B 集中講義] 別冊 S2k222

大学入学
共通テスト 必携 一問一答問題集